# 国有产权管理法规文件速查手册

## 混改篇

主编 ◎ 刘鹏

中国金融出版社

责任编辑：王雪珂
责任校对：刘　明
责任印制：陈晓川

## 图书在版编目（CIP）数据

国有产权管理法规文件速查手册. 混改篇/刘鹏主编. —北京：中国金融出版社，2021.5

ISBN 978-7-5220-1142-4

Ⅰ.①国… Ⅱ.①刘… Ⅲ.①国有企业—企业法—中国　Ⅳ.①D922.291.91

中国版本图书馆CIP数据核字（2021）第099047号

国有产权管理法规文件速查手册. 混改篇
GUOYOU CHANQUAN GUANLI FAGUI WENJIAN SUCHA SHOUCE. HUNGAIPIAN

出版发行　中国金融出版社
社址　北京市丰台区益泽路2号
市场开发部　（010）66024766，63805472，63439533（传真）
网上书店　www.cfph.cn
　　　　　（010）66024766，63372837（传真）
读者服务部　（010）66070833，62568380
邮编　100071
经销　新华书店
印刷　保利达印务有限公司
尺寸　169毫米×239毫米
印张　25.25
字数　409千
版次　2021年5月第1版
印次　2021年5月第1次印刷
定价　78.00元
ISBN 978-7-5220-1142-4
如出现印装错误本社负责调换　联系电话（010）63263947

# 前　言

党的十八大以来，在以习近平总书记为核心的党中央坚强领导下，我国的国资监管政策体系不断完善，并向纵深发展。目前我国已基本形成由法律、行政法规、部门规章和审慎监管规则等组成的国有资产管理法规体系，依法监管的内涵、工具和手段日臻完善。

鉴于我国经营性国有资产集中统一监管仍在推进过程中，不同监管部门对所监管企业的规定不尽相同，为方便读者对国有产权监管的法规文件开展检索和研究，我们基于多年从事国有产权交易的实战经验，组织专门力量对现行法规文件进行了梳理，形成了这套"国有产权管理法规文件速查手册"丛书。

丛书共收录了截至2021年4月30日现行有效的国有产权管理法规文件171件，分为综合篇、混改篇和税收篇三册。为方便查询，其中综合篇按照中央企业类（指国务院国资委履行出资人职责的央企）、金融企业类、文化企业类和事业单位类对法规文件进行了分类；在每个大类下，又按照产权登记、资产评估、资产交易、国有股权管理、综合管理等不同类型的经济行为对相关文件予以了归集。

丛书既可作为国有产权监管、运营和研究人员日常工作的手边书，也可作为国有产权管理的培训教材使用。我们由衷期望本书对于乘风破浪、不负韶华，为不断深化和推进国有企业改革而奋斗着的国资工作者有一定的参考价值。丛书的出版得到了出版社王雪珂老师的鼎力支持，我的同事侯舒翔、曹洋、孙蕾等人也给予了很多帮助，在此一并表示诚挚的谢意。

**国有产权管理法规文件速查手册（混改篇）**

国有资产管理涉及的相关法律法规和政策文件浩如烟海，且会不断增加和修正，限于编者水平，丛书疏漏之处在所难免，欢迎各位读者批评指正，反馈意见敬请发送至本人邮箱：liupeng@echanquan.com。

编者

2021 年 5 月于北京

# 目录 CONTENTS

中共中央、国务院关于深化国有企业改革的指导意见　　1
　（2015 年 8 月 24 日　中发〔2015〕22 号）

## 一、分类推进国有企业改革

关于印发《关于国有企业功能界定与分类的指导意见》的通知　　15
　（2015 年 12 月 7 日　国资发研究〔2015〕170 号）

国务院办公厅关于推动中央企业结构调整与重组的指导意见　　19
　（2016 年 7 月 17 日　国办发〔2016〕56 号）

关于印发《关于完善中央企业功能分类考核的实施方案》的通知　　25
　（2016 年 8 月 24 日　国资发综合〔2016〕252 号）

中央企业负责人经营业绩考核办法　　30
　（2019 年 3 月 1 日　国务院国有资产监督管理委员会令第 40 号）

## 二、发展混合所有制经济

国务院关于国有企业发展混合所有制经济的意见　　41
　（2015 年 9 月 23 日　国发〔2015〕54 号）

关于印发《关于鼓励和规范国有企业投资项目引入非国有资本的指导意见》的通知　50

（2015年10月26日　发改经体〔2015〕2423号）

关于印发《中央企业实施混合所有制改革有关事项的规定》的通知　56

（2016年12月5日　国资发产权〔2016〕295号）

关于深化混合所有制改革试点若干政策的意见　60

（2017年11月29日　发改经体〔2017〕2057号）

关于印发《中央企业混合所有制改革操作指引》的通知　64

（2019年10月31日　国资产权〔2019〕653号）

## 三、改革激励分配机制

关于印发《关于国有控股混合所有制企业开展员工持股试点的意见》的通知　81

（2016年8月2日　国资发改革〔2016〕133号）

关于进一步做好中央企业控股上市公司股权激励工作有关事项的通知　87

（2019年10月24日　国资发考分规〔2019〕102号）

关于印发《中央企业控股上市公司实施股权激励工作指引》的通知　91

（2020年4月23日　国资考分〔2020〕178号）

关于印发《国有科技型企业股权和分红激励暂行办法》的通知　118

（2016年2月26日　财资〔2016〕4号）

关于扩大国有科技型企业股权和分红激励暂行办法实施范围等有关事项的通知　130

（2018年9月18日　财资〔2018〕54号）

财政部　科技部　国资委关于《国有科技型企业股权和分红激励暂行办法》的
　　问题解答　　　　　　　　　　　　　　　　　　　　　　　　　　132
　　（2017年11月10日）

关于做好中央科技型企业股权和分红激励工作的通知　　　　　　　　142
　　（2016年10月31日　国资发分配〔2016〕274号）

关于进一步加大授权力度促进科技成果转化的通知　　　　　　　　　146
　　（2019年9月23日　财资〔2019〕57号）

关于印发《"双百企业"和"科改示范企业"超额利润分享机制操作指引》的
　　通知　　　　　　　　　　　　　　　　　　　　　　　　　　　　149
　　（2021年1月19日　国务院国有企业改革领导小组办公室）

# 四、完善现代企业制度

关于印发《关于全面推进法治央企建设的意见》的通知　　　　　　　161
　　（2015年12月8日　国资发法规〔2015〕166号）

国务院办公厅关于进一步完善国有企业法人治理结构的指导意见　　　168
　　（2017年5月3日　国办发〔2017〕36号）

中央企业工资总额管理办法　　　　　　　　　　　　　　　　　　　175
　　（2018年12月27日　国务院国资委令第39号）

关于印发《"双百企业"推行经理层成员任期制和契约化管理操作指引》和
　　《"双百企业"推行职业经理人制度操作指引》的通知　　　　　182
　　（2020年1月22日　国务院国有企业改革领导小组办公室）

关于印发《国有企业公司章程制定管理办法》的通知　　　　　　　　195
　　（2020年12月31日　国资发改革规〔2020〕86号）

## 五、为国有企业改革创造良好环境条件

国家发改委关于支持国有企业改革政策措施的梳理及建议　205
（2015年　发改经体〔2015〕3103号）

国务院关于印发《加快剥离国有企业办社会职能和解决历史遗留问题工作方案》的通知　222
（2016年　国发〔2016〕19号）

国务院办公厅转发国务院国资委、财政部《关于国有企业职工家属区"三供一业"分离移交工作的指导意见》的通知　228
（2016年6月11日　国办发〔2016〕45号）

## 六、强化监督防止国有资产流失

国务院办公厅关于加强和改进企业国有资产监督防止国有资产流失的意见　235
（2015年10月31日　国办发〔2015〕79号）

国务院办公厅关于建立国有企业违规经营投资责任追究制度的意见　241
（2016年8月2日　国办发〔2016〕63号）

关于推进中央企业信息公开的指导意见　250
（2016年12月30日　国资发〔2016〕315号）

中央企业违规经营投资责任追究实施办法（试行）　254
（2018年7月13日　国务院国有资产监督管理委员会令第37号）

关于做好贯彻落实《中央企业违规经营投资责任追究实施办法（试行）》有关事项的通知　270
（2018年8月17日　国资发监督二〔2018〕72号）

关于做好中央企业违规经营投资责任追究工作体系建设有关事项的通知　　273
　　（2019年4月30日　国资发监督二〔2019〕43号）

关于印发《关于加强中央企业内部控制体系建设与监督工作的实施意见》的通知　　277
　　（2019年10月19日　国资发监督规〔2019〕101号）

关于印发《国资监管提示函工作规则》和《国资监管通报工作规则》的通知　　282
　　（2020年1月7日　国资发监督规〔2020〕4号）

关于印发《关于深化中央企业内部审计监督工作的实施意见》的通知　　287
　　（2020年9月28日　国资发监督规〔2020〕60号）

关于印发《国资监管责任约谈工作规则》的通知　　295
　　（2021年2月20日　国资发监责规〔2021〕14号）

# 七、完善国有资产管理体制

国务院关于改革和完善国有资产管理体制的若干意见　　303
　　（2015年10月25日　国发〔2015〕63号）

国务院办公厅关于转发《国务院国资委以管资本为主推进职能转变方案》的通知　　309
　　（2017年4月27日　国办发〔2017〕38号）

国务院关于推进国有资本投资、运营公司改革试点的实施意见　　317
　　（2018年7月30日　国发〔2018〕23号）

国务院关于印发《改革国有资本授权经营体制方案》的通知　　325
　　（2019年4月19日　国发〔2019〕9号）

关于印发《国务院国资委授权放权清单（2019年版）》的通知　　333
（2019年6月3日　国资发改革〔2019〕52号）

关于印发《国务院国资委关于以管资本为主加快国有资产监管职能转变的实施意见》的通知　　339
（2019年11月27日　国资发法规〔2019〕114号）

# 八、加强和改进党对国有企业的领导

中组部负责人就《关于在深化国有企业改革中坚持党的领导加强党的建设的若干意见》有关问题答记者问　　347

# 附录

一、"科改示范企业"名单　　355
（截至2021年5月15日　来源：国务院国资委网站）

二、"双百企业"名单　　369
（截至2021年5月15日　来源：国务院国资委网站）

# 中共中央、国务院关于深化国有企业改革的指导意见

（2015年8月24日　中发〔2015〕22号）

　　国有企业属于全民所有，是推进国家现代化、保障人民共同利益的重要力量，是我们党和国家事业发展的重要物质基础和政治基础。改革开放以来，国有企业改革发展不断取得重大进展，总体上已经同市场经济相融合，运行质量和效益明显提升，在国际国内市场竞争中涌现出一批具有核心竞争力的骨干企业，为推动经济社会发展、保障和改善民生、开拓国际市场、增强我国综合实力作出了重大贡献，国有企业经营管理者队伍总体上是好的，广大职工付出了不懈努力，成就是突出的。但也要看到，国有企业仍然存在一些亟待解决的突出矛盾和问题，一些企业市场主体地位尚未真正确立，现代企业制度还不健全，国有资产监管体制有待完善，国有资本运行效率需进一步提高；一些企业管理混乱，内部人控制、利益输送、国有资产流失等问题突出，企业办社会职能和历史遗留问题还未完全解决；一些企业党组织管党治党责任不落实、作用被弱化。面向未来，国有企业面临日益激烈的国际竞争和转型升级的巨大挑战。在推动我国经济保持中高速增长和迈向中高端水平、完善和发展中国特色社会主义制度、实现中华民族伟大复兴中国梦的进程中，国有企业肩负着重大历史使命和责任。要认真贯彻落实党中央、国务院战略决策，按照"四个全面"战略布局的要求，以经济建设为中心，坚持问题导向，继续推进国有企业改革，切实破除体制机制障碍，坚定不移做强做优做大国有企业。为此，提出以下意见。

国有产权管理法规文件速查手册（混改篇）

## 一、总体要求

（一）指导思想

高举中国特色社会主义伟大旗帜，认真贯彻落实党的十八大和十八届三中、四中全会精神，深入学习贯彻习近平总书记系列重要讲话精神，坚持和完善基本经济制度，坚持社会主义市场经济改革方向，适应市场化、现代化、国际化新形势，以解放和发展社会生产力为标准，以提高国有资本效率、增强国有企业活力为中心，完善产权清晰、权责明确、政企分开、管理科学的现代企业制度，完善国有资产监管体制，防止国有资产流失，全面推进依法治企，加强和改进党对国有企业的领导，做强做优做大国有企业，不断增强国有经济活力、控制力、影响力、抗风险能力，主动适应和引领经济发展新常态，为促进经济社会持续健康发展、实现中华民族伟大复兴中国梦作出积极贡献。

（二）基本原则

——坚持和完善基本经济制度。这是深化国有企业改革必须把握的根本要求。必须毫不动摇巩固和发展公有制经济，毫不动摇鼓励、支持、引导非公有制经济发展。坚持公有制主体地位，发挥国有经济主导作用，积极促进国有资本、集体资本、非公有资本等交叉持股、相互融合，推动各种所有制资本取长补短、相互促进、共同发展。

——坚持社会主义市场经济改革方向。这是深化国有企业改革必须遵循的基本规律。国有企业改革要遵循市场经济规律和企业发展规律，坚持政企分开、政资分开、所有权与经营权分离，坚持权利、义务、责任相统一，坚持激励机制和约束机制相结合，促使国有企业真正成为依法自主经营、自负盈亏、自担风险、自我约束、自我发展的独立市场主体。社会主义市场经济条件下的国有企业，要成为自觉履行社会责任的表率。

——坚持增强活力和强化监管相结合。这是深化国有企业改革必须把握的重要关系。增强活力是搞好国有企业的本质要求，加强监管是搞好国有企业的重要保障，要切实做到两者的有机统一。继续推进简政放权，依法落实企业法人财产权和经营自主权，进一步激发企业活力、创造力和市场竞争力。进一步完善国有企业监管制度，切实防止国有资产流失，确保国有资产保值增值。

——坚持党对国有企业的领导。这是深化国有企业改革必须坚守的政治方向、政治原则。要贯彻全面从严治党方针，充分发挥企业党组织政治核心作用，加强企业领导班子建设，创新基层党建工作，深入开展党风廉政建设，坚持全心全意依靠工人阶级，维护职工合法权益，为国有企业改革发展提供坚强有力的政治保证、组织保证和人才支撑。

——坚持积极稳妥统筹推进。这是深化国有企业改革必须采用的科学方法。要正确处理推进改革和坚持法治的关系，正确处理改革发展稳定关系，正确处理搞好顶层设计和尊重基层首创精神的关系，突出问题导向，坚持分类推进，把握好改革的次序、节奏、力度，确保改革扎实推进、务求实效。

（三）主要目标

到2020年，在国有企业改革重要领域和关键环节取得决定性成果，形成更加符合我国基本经济制度和社会主义市场经济发展要求的国有资产管理体制、现代企业制度、市场化经营机制，国有资本布局结构更趋合理，造就一大批德才兼备、善于经营、充满活力的优秀企业家，培育一大批具有创新能力和国际竞争力的国有骨干企业，国有经济活力、控制力、影响力、抗风险能力明显增强。

——国有企业公司制改革基本完成，发展混合所有制经济取得积极进展，法人治理结构更加健全，优胜劣汰、经营自主灵活、内部管理人员能上能下、员工能进能出、收入能增能减的市场化机制更加完善。

——国有资产监管制度更加成熟，相关法律法规更加健全，监管手段和方式不断优化，监管的科学性、针对性、有效性进一步提高，经营性国有资产实现集中统一监管，国有资产保值增值责任全面落实。

——国有资本配置效率显著提高，国有经济布局结构不断优化、主导作用有效发挥，国有企业在提升自主创新能力、保护资源环境、加快转型升级、履行社会责任中的引领和表率作用充分发挥。

——企业党的建设全面加强，反腐倡廉制度体系、工作体系更加完善，国有企业党组织在公司治理中的法定地位更加巩固，政治核心作用充分发挥。

## 二、分类推进国有企业改革

（四）划分国有企业不同类别。根据国有资本的战略定位和发展目标，结合不同国有企业在经济社会发展中的作用、现状和发展需要，将国有企业分为商业类和公益类。通过界定功能、划分类别，实行分类改革、分类发展、分类监管、分类定责、分类考核，提高改革的针对性、监管的有效性、考核评价的科学性，推动国有企业同市场经济深入融合，促进国有企业经济效益和社会效益有机统一。按照谁出资谁分类的原则，由履行出资人职责的机构负责制定所出资企业的功能界定和分类方案，报本级政府批准。各地区可结合实际，划分并动态调整本地区国有企业功能类别。

（五）推进商业类国有企业改革。商业类国有企业按照市场化要求实行商业化运作，以增强国有经济活力、放大国有资本功能、实现国有资产保值增值为主要目标，依法独立自主开展生产经营活动，实现优胜劣汰、有序进退。

主业处于充分竞争行业和领域的商业类国有企业，原则上都要实行公司制股份制改革，积极引入其他国有资本或各类非国有资本实现股权多元化，国有资本可以绝对控股、相对控股，也可以参股，并着力推进整体上市。对这些国有企业，重点考核经营业绩指标、国有资产保值增值和市场竞争能力。

主业处于关系国家安全、国民经济命脉的重要行业和关键领域、主要承担重大专项任务的商业类国有企业，要保持国有资本控股地位，支持非国有资本参股。对自然垄断行业，实行以政企分开、政资分开、特许经营、政府监管为主要内容的改革，根据不同行业特点实行网运分开、放开竞争性业务，促进公共资源配置市场化；对需要实行国有全资的企业，也要积极引入其他国有资本实行股权多元化；对特殊业务和竞争性业务实行业务板块有效分离，独立运作、独立核算。对这些国有企业，在考核经营业绩指标和国有资产保值增值情况的同时，加强对服务国家战略、保障国家安全和国民经济运行、发展前瞻性战略性产业以及完成特殊任务的考核。

（六）推进公益类国有企业改革。公益类国有企业以保障民生、服务社会、提供公共产品和服务为主要目标，引入市场机制，提高公共服务效率和能力。这类企业可以采取国有独资形式，具备条件的也可以推行投资主体多元化，还可以通过购买服务、特许经营、委托代理等方式，鼓励非国有企业参与经营。对公益类国有企业，重点考核成本控制、产品服务质量、营运效率和保障能力，根据企业不同特点有区别地考核经营业绩指标和国有资产保值增值情况，考核中要引入社会评价。

## 三、完善现代企业制度

（七）推进公司制股份制改革。加大集团层面公司制改革力度，积极引入各类投资者实现股权多元化，大力推动国有企业改制上市，创造条件实现集团公司整体上市。根据不同企业的功能定位，逐步调整国有股权比例，形成股权结构多元、股东行为规范、内部约束有效、运行高效灵活的经营机制。允许将部分国有资本转化为优先股，在少数特定领域探索建立国家特殊管理股制度。

（八）健全公司法人治理结构。重点是推进董事会建设，建立健全权责对等、运转协调、有效制衡的决策执行监督机制，规范董事长、总经理行权行为，充分发挥董事会的决策作用、监事会的监督作用、经理层的经营管理作用、党组织的政治核心作用，切实解决一些企业董事会形同虚设、"一把手"说了算的问题，实现规范的公司治理。要切实落实和维护董事会依法行使重大决策、选人用人、薪酬分配等权利，保障经理层经营自主权，法无授权任何政府部门和机构不得干预。加强董事会内部的制衡约束，国有独资、全资公司的董事会和监事会均应有职工代表，董事会外部董事应占多数，落实一人一票表决制度，董事对董事会决议承担责任。改进董事会和董事评价办法，强化对董事的考核评价和管理，对重大决策失误负有直接责任的要及时调整或解聘，并依法追究责任。进一步加强外部董事队伍建设，拓宽来源渠道。

（九）建立国有企业领导人员分类分层管理制度。坚持党管干部原则与董事会依法产生、董事会依法选择经营管理者、经营管理者依法行使用人权相结合，不断创新有效实现形式。上级党组织和国有资产监管机构按照管理权限加强对国有企业领导人员的管理，广开推荐渠道，依规考察提名，严格履行选用程序。根据不同企业类别和层级，实行选任制、委任制、聘任制等不同选人用人方式。推行职业经理人制度，实行内部培养和外部引进相结合，畅通现有经营管理者与职业经理人身份转换通道，董事会按市场化方式选聘和管理职业经理人，合理增加市场化选聘比例，加快建立退出机制。推行企业经理层成员任期制和契约化管理，明确责任、权利、义务，严格任期管理和目标考核。

（十）实行与社会主义市场经济相适应的企业薪酬分配制度。企业内部的薪酬分配权是企业的法定权利，由企业依法依规自主决定，完善既有激励又有约束、既讲效率又讲公平、既符合企业一般规律又体现国有企业特点的分配机制。建立健全与劳动力市场基本适应、与企业经济效益和劳动生产率挂钩的工资决定和正常增长机制。推进全员绩效考核，以业绩为导向，科学评价不同岗位员工的贡献，合理拉开收入分配差距，切实做到收入能增能减和奖惩分明，充分调动广大职工积极性。对国有企业领导人员实行与选任方式相匹配、与企业功能性质相适应、与经营业绩相挂钩的差异化薪酬分配办法。对党中央、国务院和地方党委、政府及其部门任命的国有企业领导人员，合理确定基本年薪、绩效年薪和任期激励收入。对市场化选聘的职业经理人实行市场化薪酬分配机制，可以采取多种方式探索完善中长期激励机制。健全与激励机制相对称的经济责任审计、信息披露、延期支付、追索扣回等约束机制。严格规范履职待遇、业务支出，严禁将公款用于个人支出。

（十一）深化企业内部用人制度改革。建立健全企业各类管理人员公开招聘、竞争上岗等制度，对特殊管理人员可以通过委托人才中介机构推荐等方式，拓宽选人用人视野和渠道。建立分级分类的企业员工市场化公开招聘制度，切实做到信息公开、过程公开、结果公开。构建和谐劳动关系，依法规范企业各类用工管理，建立健全以合同管理为核心、以岗位管理为基础的市场化用工制度，真正形成企业各类管理人员能上能下、员工能进能出的合理流动机制。

## 四、完善国有资产管理体制

（十二）以管资本为主推进国有资产监管机构职能转变。国有资产监管机构要准确把握依法履行出资人职责的定位，科学界定国有资产出资人监管的边界，建立监管权力清单和责任清单，实现以管企业为主向以管资本为主的转变。该管的要科学管理、绝不缺位，重点管好国有资本布局、规范资本运作、提高资本回报、维护资本安全；不该管的要依法放权、绝不越位，将依法应由企业自主经营决策的事项归位于企业，将延伸到子企业的管理事项原则上归位于一级企业，将配合承担的公共管理职能归位于相关政府部门和单位。大力推进依法监管，着力创新监管方式和手段，改变行政化管理方式，改进考核体系和办法，提高监管的科学性、有效性。

（十三）以管资本为主改革国有资本授权经营体制。改组组建国有资本投资、运营公司，探索有效的运营模式，通过开展投资融资、产业培育、资本整合，推动产业集聚和转型升级，优化国有资本布局结构；通过股权运作、价值管理、有序进退，促进国有资本合理流动，实现保值增值。科学界定国有资本所有权和经营权的边界，国有资产监管机构依法对国有资本投资、运营公司和其他直接监管的企业履行出资人职责，并授权国有资本投资、运营公司对授权范围内的国有资本履行出资人职责。国有资本投资、运营公司作为国有资本市场化运作的专业平台，依法自主开展国有资本运作，对所出资企业行使股东职责，按照责权对应原则切实承担起国有资产保值增值责任。开展政府直接授权国有资本投资、运营公司履行出资人职责的试点。

（十四）以管资本为主推动国有资本合理流动优化配置。坚持以市场为导向、以企业为主体，有进有退、有所为有所不为，优化国有资本布局结构，增强国有经济整体功能和效率。紧紧围绕服务国家战略，落实国家产业政策和重点产业布局调整总体要求，优化国有资本重点投资方向和领域，推动国有资本向关系国家安全、国民经济命脉和国计民生的重要行业和关键领域、重点基础设施集中，向前瞻性战略性产业集中，向具有核心竞争力的优势企业集中。发挥国有资本投资、运营公司的作用，清理退出一批、重组整合一批、创新发展一批国有企业。建立健全优胜劣汰市场化退出机制，充分发挥失业救济和再就业培训等的作用，解决好职工安置问题，切实保障退出企业依法实现关闭或破产，加快处置低效无效资产，淘汰落后产能。支持企业依法合规通过证券交易、产权交易等资本市场，以市场公允价格处置企业资产，实现国有资本形态转换，变现的国有资本用于更需要的领域和行业。推动国有企业加快管理创新、商业模式创新，合理限定法人层级，有效压缩管理层级。发挥国有企业在实施创新驱动发展战略和制造强国战略中的骨干和表率作用，强化企业在技术创新中的主体地位，重视培养科研人才和高技能人才。支持国有企业开展国际化经营，鼓励国有企业之间以及与其他所有制企业以资本为纽带，强强联合、优势互补，加快培育一批具有世界一流水平的跨国公司。

（十五）以管资本为主推进经营性国有资产集中统一监管。稳步将党政机关、事业单位所属企业的国有资本纳入经营性国有资产集中统一监管体系，具备条件的进入国有资本投资、运营公司。加强国有资产基础管理，按照统一制度规范、统一工作体系的原则，抓紧制定企业国有资产基础管理条例。建立覆盖全部国有企业、分级管理的国有资本经营预算管理制度，提高国有资本收益上缴公共财政比例，2020年提高到30%，更多用于保障和改善民生。划转部分国有资本充实社会保障基金。

## 五、发展混合所有制经济

（十六）推进国有企业混合所有制改革。以促进国有企业转换经营机制，放大国有资本功能，提高国有资本配置和运行效率，实现各种所有制资本取长补短、相互促进、共同发展为目标，稳妥推动国有企业发展混合所有制经济。对通过实行股份制、上市等途径已经实行混合所有制的国有企业，要着力在完善现代企业制度、提高资本运行效率上下功夫；对于适宜继续推进混合所有制改革的国有企业，要充分发挥市场机制作用，坚持因地施策、因业施策、因企施策，宜独则独、宜控则控、宜参则参，不搞拉郎配，不搞全覆盖，不设时间表，成熟一个推进一个。改革要依法依规、严格程序、公开公正，切实保护混合所有制企业各类出资人的产权权益，杜绝国有资产流失。

（十七）引入非国有资本参与国有企业改革。鼓励非国有资本投资主体通过出资入股、收购股权、认购可转债、股权置换等多种方式，参与国有企业改制重组或国有控股上市公司增资扩股以及企业经营管理。实行同股同权，切实维护各类股东合法权益。在石油、天然气、电力、铁路、电信、资源开发、公用事业等领域，向非国有资本推出符合产业政策、有利于转型升级的项目。依照外商投资产业指导目录和相关安全审查规定，完善外资安全审查工作机制。开展多类型政府和社会资本合作试点，逐步推广政府和社会资本合作模式。

（十八）鼓励国有资本以多种方式入股非国有企业。充分发挥国有资本投资、运营公司的资本运作平台作用，通过市场化方式，以公共服务、高新技术、生态环保、战略性产业为重点领域，对发展潜力大、成长性强的非国有企业进行股权投资。鼓励国有企业通过投资入股、联合投资、重组等多种方式，与非国有企业进行股权融合、战略合作、资源整合。

（十九）探索实行混合所有制企业员工持股。坚持试点先行，在取得经验基础上稳妥有序推进，通过实行员工持股建立激励约束长效机制。优先支持人才资本和技术要素贡献占比较高的转制科研院所、高新技术企业、科技服务型企业开展员工持股试点，支持对企业经营业绩和持续发展有直接或较大影响的科研人员、经营管理人员和业务骨干等持股。员工持股主要采取增资扩股、出资新设等方式。完善相关政策，健全审核程序，规范操作流程，严格资产评估，建立健全股权流转和退出机制，确保员工持股公开透明，严禁暗箱操作，防止利益输送。

## 六、强化监督防止国有资产流失

（二十）强化企业内部监督。完善企业内部监督体系，明确监事会、审计、纪检监察、巡视以及法律、财务等部门的监督职责，完善监督制度，增强制度执行力。强化对权力集中、资金密集、资源富集、资产聚集的部门和岗位的监督，实行分事行权、分岗设权、分级授权，定期轮岗，强化内部流程控制，防止权力滥用。建立审计部门向董事会负责的工作机制。落实企业内部监事会对董事、经理和其他高级管理人员的监督。进一步发挥企业总法律顾问在经营管理中的法律审核把关作用，推进企业依法经营、合规管理。集团公司要依法依规、尽职尽责加强对子企业的管理和监督。大力推进厂务公开，健全以职工代表大会为基本形式的企业民主管理制度，加强企业职工民主监督。

（二十一）建立健全高效协同的外部监督机制。强化出资人监督，加快国有企业行为规范法律法规制度建设，加强对企业关键业务、改革重点领域、国有资本运营重要环节以及境外国有资产的监督，规范操作流程，强化专业检查，开展总会计师由履行出资人职责机构委派的试点。加强和改进外派监事会制度，明确职责定位，强化与有关专业监督机构的协作，加强当期和事中监督，强化监督成果运用，建立健全核查、移交和整改机制。健全国有资本审计监督体系和制度，实行企业国有资产审计监督全覆盖，建立对企业国有资本的经常性审计制度。加强纪检监察监督和巡视工作，强化对企业领导人员廉洁从业、行使权力等的监督，加大大案要案查处力度，狠抓对存在问题的整改落实。整合出资人监管、外派监事会监督和审计、纪检监察、巡视等监督力量，建立监督工作会商机制，加强统筹，创新方式，共享资源，减少重复检查，提高监督效能。建立健全监督意见反馈整改机制，形成监督工作的闭环。

（二十二）实施信息公开加强社会监督。完善国有资产和国有企业信息公开制度，设立统一的信息公开网络平台，依法依规、及时准确披露国有资本整体运营和监管、国有企业公司治理以及管理架构、经营情况、财务状况、关联交易、企业负责人薪酬等信息，建设阳光国企。认真处理人民群众关于国有资产流失等问题的来信、来访和检举,及时回应社会关切。充分发挥媒体舆论监督作用,有效保障社会公众对企业国有资产运营的知情权和监督权。

(二十三)严格责任追究。建立健全国有企业重大决策失误和失职、渎职责任追究倒查机制,建立和完善重大决策评估、决策事项履职记录、决策过错认定标准等配套制度,严厉查处侵吞、贪污、输送、挥霍国有资产和逃废金融债务的行为。建立健全企业国有资产的监督问责机制,对企业重大违法违纪问题敷衍不追、隐匿不报、查处不力的,严格追究有关人员失职渎职责任,视不同情形给予纪律处分或行政处分,构成犯罪的,由司法机关依法追究刑事责任。

## 七、加强和改进党对国有企业的领导

(二十四)充分发挥国有企业党组织政治核心作用。把加强党的领导和完善公司治理统一起来,将党建工作总体要求纳入国有企业章程,明确国有企业党组织在公司法人治理结构中的法定地位,创新国有企业党组织发挥政治核心作用的途径和方式。在国有企业改革中坚持党的建设同步谋划、党的组织及工作机构同步设置、党组织负责人及党务工作人员同步配备、党的工作同步开展,保证党组织工作机构健全、党务工作者队伍稳定、党组织和党员作用得到有效发挥。坚持和完善双向进入、交叉任职的领导体制,符合条件的党组织领导班子成员可以通过法定程序进入董事会、监事会、经理层,董事会、监事会、经理层成员中符合条件的党员可以依照有关规定和程序进入党组织领导班子;经理层成员与党组织领导班子成员适度交叉任职;董事长、总经理原则上分设,党组织书记、董事长一般由一人担任。

国有企业党组织要切实承担好、落实好从严管党治党责任。坚持从严治党、思想建党、制度治党,增强管党治党意识,建立健全党建工作责任制,聚精会神抓好党建工作,做到守土有责、守土负责、守土尽责。党组织书记要切实履行党建工作第一责任人职责,党组织班子其他成员要切实履行"一岗双责",结合业务分工抓好党建工作。中央企业党组织书记同时担任企业其他主要领导职务的,应当设立1名专职抓企业党建工作的副书记。加强国有企业基层党组织建设和党员队伍建设,强化国有企业基层党建工作的基础保障,充分发挥基层党组织战斗堡垒作用、共产党员先锋模范作用。加强企业党组织对群众工作的领导，发挥好工会、共青团等群团组织的作用，深入细致做好职工群众的思想政治工作。把建立党的组织、开展党的工作，作为国有企业推进混合所有制改革的必要前提，根据不同类型混合所有制企业特点，科学确定党组织的设置方式、职责定位、管理模式。

（二十五）进一步加强国有企业领导班子建设和人才队伍建设。根据企业改革发展需要，明确选人用人标准和程序，创新选人用人方式。强化党组织在企业领导人员选拔任用、培养教育、管理监督中的责任，支持董事会依法选择经营管理者、经营管理者依法行使用人权，坚决防止和整治选人用人中的不正之风。加强对国有企业领导人员尤其是主要领导人员的日常监督管理和综合考核评价，及时调整不胜任、不称职的领导人员，切实解决企业领导人员能上不能下的问题。以强化忠诚意识、拓展世界眼光、提高战略思维、增强创新精神、锻造优秀品行为重点，加强企业家队伍建设，充分发挥企业家作用。大力实施人才强企战略，加快建立健全国有企业集聚人才的体制机制。

（二十六）切实落实国有企业反腐倡廉"两个责任"。国有企业党组织要切实履行好主体责任，纪检机构要履行好监督责任。加强党性教育、法治教育、警示教育，引导国有企业领导人员坚定理想信念，自觉践行"三严三实"要求，正确履职行权。建立切实可行的责任追究制度，与企业考核等挂钩，实行"一案双查"。推动国有企业纪律检查工作双重领导体制具体化、程序化、制度化，强化上级纪委对下级纪委的领导。加强和改进国有企业巡视工作，强化对权力运行的监督和制约。坚持运用法治思维和法治方式反腐败，完善反腐倡廉制度体系，严格落实反"四风"规定，努力构筑企业领导人员不敢腐、不能腐、不想腐的有效机制。

## 八、为国有企业改革创造良好环境条件

（二十七）完善相关法律法规和配套政策。加强国有企业相关法律法规立改废释工作，确保重大改革于法有据。切实转变政府职能，减少审批、优化制度、简化手续、提高效率。完善公共服务体系，推进政府购买服务，加快建立稳定可靠、补偿合理、公开透明的企业公共服务支出补偿机制。完善和落实国有企业重组整合涉及的资产评估增值、土地变更登记和国有资产无偿划转等方面税收优惠政策。完善国有企业退出的相关政策，依法妥善处理劳动关系调

整、社会保险关系接续等问题。

（二十八）加快剥离企业办社会职能和解决历史遗留问题。完善相关政策，建立政府和国有企业合理分担成本的机制，多渠道筹措资金，采取分离移交、重组改制、关闭撤销等方式，剥离国有企业职工家属区"三供一业"和所办医院、学校、社区等公共服务机构，继续推进厂办大集体改革，对国有企业退休人员实施社会化管理，妥善解决国有企业历史遗留问题，为国有企业公平参与市场竞争创造条件。

（二十九）形成鼓励改革创新的氛围。坚持解放思想、实事求是，鼓励探索、实践、创新。全面准确评价国有企业，大力宣传中央关于全面深化国有企业改革的方针政策，宣传改革的典型案例和经验，营造有利于国有企业改革的良好舆论环境。

（三十）加强对国有企业改革的组织领导。各级党委和政府要统一思想，以高度的政治责任感和历史使命感，切实履行对深化国有企业改革的领导责任。要根据本指导意见，结合实际制定实施意见，加强统筹协调、明确责任分工、细化目标任务、强化督促落实，确保深化国有企业改革顺利推进，取得实效。

金融、文化等国有企业的改革，中央另有规定的依其规定执行。

# 一、分类推进国有企业改革

# 关于印发《关于国有企业功能界定与分类的指导意见》的通知

(2015年12月7日　国资发研究〔2015〕170号)

各省、自治区、直辖市人民政府，国务院各部委、各直属机构：

　　经国务院同意，现将《关于国有企业功能界定与分类的指导意见》印发给你们，请结合实际认真贯彻执行。

国　资　委<br>
财　政　部<br>
发展改革委<br>
2015年12月7日

## 关于国有企业功能界定与分类的指导意见

　　国有企业功能界定与分类是新形势下深化国有企业改革的重要内容，是因企施策推进改革的基本前提，对推动完善国有企业法人治理结构、优化国有资本布局、加强国有资产监管具有重要作用。为贯彻落实党的十八大和十八届二中、三中、四中、五中全会精神以及国务院决策部署，根据《中共中央国务院关于深化国有企业改革的指导意见》(中发〔2015〕22号)有关要求，准确界定不同国有企业功能，有针对性地推进国有企业改革，经国务院同意，现提出以下意见。

## 一、划分类别

立足国有资本的战略定位和发展目标,结合不同国有企业在经济社会发展中的作用、现状和需要,根据主营业务和核心业务范围,将国有企业界定为商业类和公益类。

商业类国有企业以增强国有经济活力、放大国有资本功能、实现国有资产保值增值为主要目标,按照市场化要求实行商业化运作,依法独立自主开展生产经营活动,实现优胜劣汰、有序进退。其中,主业处于关系国家安全、国民经济命脉的重要行业和关键领域、主要承担重大专项任务的商业类国有企业,要以保障国家安全和国民经济运行为目标,重点发展前瞻性战略性产业,实现经济效益、社会效益与安全效益的有机统一。

公益类国有企业以保障民生、服务社会、提供公共产品和服务为主要目标,必要的产品或服务价格可以由政府调控;要积极引入市场机制,不断提高公共服务效率和能力。

商业类国有企业和公益类国有企业作为独立的市场主体,经营机制必须适应市场经济要求;作为社会主义市场经济条件下的国有企业,必须自觉服务国家战略,主动履行社会责任。

## 二、分类施策

(一)分类推进改革。

商业类国有企业要按照市场决定资源配置的要求,加大公司制股份制改革力度,加快完善现代企业制度,成为充满生机活力的市场主体。其中,主业处于充分竞争行业和领域的商业类国有企业,原则上都要实行公司制股份制改革,积极引入其他资本实现股权多元化,国有资本可以绝对控股、相对控股或参股,加大改制上市力度,着力推进整体上市。主业处于关系国家安全、国民经济命脉的重要行业和关键领域、主要承担重大专项任务的商业类国有企业,要保持国有资本控股地位,支持非国有资本参股。处于自然垄断行业的商业类国有企业,要以"政企分开、政资分开、特许经营、政府监管"为原则积极推进改革,根据不同行业特点实行网运分开、放开竞争性业务,促进公共资源配置市场化。对需要实行国有全资的企业,要积极引入其他国有资本实行股权多元化。

公益类国有企业可以采取国有独资形式，具备条件的也可以推行投资主体多元化，还可以通过购买服务、特许经营、委托代理等方式，鼓励非国有企业参与经营。

（二）分类促进发展。

商业类国有企业要优化资源配置，加大重组整合力度和研发投入，加快科技和管理创新步伐，持续推动转型升级，培育一批具有创新能力和国际竞争力的国有骨干企业。其中，对主业处于充分竞争行业和领域的商业类国有企业，要支持和鼓励发展有竞争优势的产业，优化国有资本投向，推动国有产权流转，及时处置低效、无效及不良资产，提高市场竞争能力。对主业处于关系国家安全、国民经济命脉的重要行业和关键领域、主要承担重大专项任务的商业类国有企业，要合理确定主业范围，根据不同行业特点，加大国有资本投入，在服务国家宏观调控、保障国家安全和国民经济运行、完成特殊任务等方面发挥更大作用。

公益类国有企业要根据承担的任务和社会发展要求，加大国有资本投入，提高公共服务的质量和效率。严格限定主业范围，加强主业管理，重点在提供公共产品和服务方面作出更大贡献。

（三）分类实施监管。

对商业类国有企业要坚持以管资本为主加强国有资产监管，重点管好国有资本布局、提高国有资本回报、规范国有资本运作、维护国有资本安全。建立健全监督体制机制，依法依规实施信息公开，严格责任追究，在改革发展中防止国有资产流失。其中，对主业处于充分竞争行业和领域的商业类国有企业，重点加强对集团公司层面的监管，落实和维护董事会依法行使重大决策、选人用人、薪酬分配等权利，保障经理层经营自主权，积极推行职业经理人制度。对主业处于关系国家安全、国民经济命脉的重要行业和关键领域、主要承担重大专项任务的商业类国有企业，重点加强对国有资本布局的监管，引导企业突出主业，更好地服务国家重大战略和宏观调控政策。

对公益类国有企业，要把提供公共产品、公共服务的质量和效率作为重要监管内容，加大信息公开力度，接受社会监督。

（四）分类定责考核。

对商业类国有企业，要根据企业功能定位、发展目标和责任使命，兼顾行业特点和企业经营性质，明确不同企业的经济效益和社会效益指标要求，制定差异化考核标准，建立年度考核和任期考核相结合、结果考核与过程评价相统一、考核结果与奖惩措施相挂钩的考核制度。其中，对主业处于充分竞争行业和领域的商业类国有企业，重点考核经营业绩指标、国有资产保值增值和市场竞争能力。对主业处于关系国家安全、国民经济命脉的重要行业和关键领域、主要承担重大专项任务的商业类国有企业，要合理确定经营业绩和国有资产保值增值指标的考核权重，加强对服务国家战略、保障国家安全和国民经济运行、发展前瞻性战略性产业以及完成特殊任务情况的考核。

对公益类国有企业，重点考核成本控制、产品质量、服务水平、营运效率和保障能力，根据企业不同特点有区别地考核经营业绩和国有资产保值增值情况，考核中要引入社会评价。

有关方面在研究制定国有企业业绩考核、领导人员管理、工资收入分配制度改革等具体方案时，要根据国有企业功能界定与分类，提出有针对性、差异化的政策措施。

### 三、组织实施

按照谁出资谁分类的原则，履行出资人职责机构负责制定所出资企业的功能界定与分类方案，报本级人民政府批准；履行出资人职责机构直接监管的企业，根据需要对所出资企业进行功能界定和分类。根据经济社会发展和国家战略需要，结合企业不同发展阶段承担的任务和发挥的作用，在保持相对稳定的基础上，适时对国有企业功能定位和类别进行动态调整。

各地要结合实际合理界定本地国有企业功能类别，实施分类改革、发展和监管。

金融、文化等国有企业的分类改革，中央另有规定的依其规定执行。

# 国务院办公厅关于推动中央企业结构调整与重组的指导意见

(2016年7月17日  国办发〔2016〕56号)

各省、自治区、直辖市人民政府，国务院各部委、各直属机构：

近年来，中央企业积极推进结构调整与重组，布局结构不断优化，规模实力显著增强，发展质量明显提升，各项改革发展工作取得了积极成效。但总的来看，中央企业产业分布过广、企业层级过多等结构性问题仍然较为突出，资源配置效率亟待提高、企业创新能力亟待增强。为贯彻落实党中央、国务院关于深化国有企业改革的决策部署，进一步优化国有资本配置，促进中央企业转型升级，经国务院同意，现就推动中央企业结构调整与重组提出以下意见。

## 一、总体要求

（一）指导思想。

全面贯彻党的十八大和十八届三中、四中、五中全会精神，深入学习领会习近平总书记系列重要讲话精神，认真贯彻落实"四个全面"战略布局和党中央、国务院决策部署，牢固树立创新、协调、绿色、开放、共享的发展理念，推进供给侧结构性改革，坚持公有制主体地位，发挥国有经济主导作用，以优化国有资本配置为中心，着力深化改革，调整结构，加强科技创新，加快转型升级，加大国际化经营力度，提升中央企业发展质量和效益，推动中央企业在市场竞争中不断发展壮大，更好发挥中央企业在保障国民经济持续健康安全发展中的骨干中坚作用。

（二）基本原则。

——坚持服务国家战略。中央企业结构调整与重组，要服务国家发展目标，落实国家发展战略，贯彻国家产业政策，以管资本为主加强国资监管，不断推动国有资本优化配置。

——坚持尊重市场规律。遵循市场经济规律和企业发展规律，维护市场公平竞争秩序，以市场为导向，以企业为主体，以主业为主，因地制宜、因业制宜、因企制宜，有进有退、有所为有所不为，不断提升中央企业市场竞争力。

——坚持与改革相结合。在调整重组中深化企业内部改革，建立健全现代企业制度，形成崭新的体制机制，打造充满生机活力的新型企业。加强党的领导，确保党的建设与调整重组同步推进，实现体制、机制、制度和工作的有效对接。

——坚持严格依法规范。严格按照有关法律法规推进中央企业结构调整与重组，切实保护各类股东、债权人和职工等相关方的合法权益。加强国有资产交易监管，防止逃废金融债务，防范国有资产流失。

——坚持统筹协调推进。突出问题导向，处理好中央企业改革、发展、稳定的关系，把握好调整重组的重点、节奏与力度，统筹好巩固加强、创新发展、重组整合和清理退出等工作。

## 二、主要目标

到 2020 年，中央企业战略定位更加准确，功能作用有效发挥；总体结构更趋合理，国有资本配置效率显著提高；发展质量明显提升，形成一批具有创新能力和国际竞争力的世界一流跨国公司。具体目标是：

功能作用有效发挥。在国防、能源、交通、粮食、信息、生态等关系国家安全的领域保障能力显著提升；在重大基础设施、重要资源以及公共服务等关系国计民生和国民经济命脉的重要行业控制力明显增强；在重大装备、信息通信、生物医药、海洋工程、节能环保等行业的影响力进一步提高；在新能源、新材料、航空航天、智能制造等产业的带动力更加凸显。

资源配置更趋合理。通过兼并重组、创新合作、淘汰落后产能、化解过剩产能、处置低效无效资产等途径，形成国有资本有进有退、合理流动的机制。中央企业纵向调整加快推进，产业链上下游资源配置不断优化，从价值链中低端向中高端转变取得明显进展，整体竞争力大幅提升。中央企业间的横向整合基本完成，协同经营平台建设加快推进，同质化经营、重复建设、无序竞争等问题得到有效化解。

发展质量明显提升。企业发展战略更加明晰，主业优势更加突出，资产负债规模更趋合理，企业治理更加规范，经营机制更加灵活，创新驱动发展富有成效，国际化经营稳步推进，风险管控能力显著增强，国有资本效益明显提高，实现由注重规模扩张向注重提升质量效益转变，从国内经营为主向国内外经营并重转变。

## 三、重点工作

（一）巩固加强一批。

巩固安全保障功能。对主业处于关系国家安全、国民经济命脉的重要行业和关键领域、主要承担国家重大专项任务的中央企业，要保证国有资本投入，增强保障国家安全和国民经济运行能力，保持国有资本控股地位，支持非国有资本参股。对重要通信基础设施、重要江河流域控制性水利水电航电枢纽等领域，粮食、棉花、石油、天然气等国家战略物资储备领域，实行国有独资或控股。对战略性矿产资源开发利用，石油天然气主干管网、电网等自然垄断环节的管网，核电、重要公共技术平台、地质等基础数据采集利用领域，国防军工等特殊产业中从事战略武器装备科研生产、关系国家战略安全和涉及国家核心机密的核心军工能力领域，实行国有独资或绝对控股。对其他服务国家战略目标、重要前瞻性战略性产业、生态环境保护、共用技术平台等重要行业和关键领域，加大国有资本投资力度，发挥国有资本引导和带动作用。

（二）创新发展一批。

搭建调整重组平台。改组组建国有资本投资、运营公司，探索有效的运营模式，通过开展投资融资、产业培育、资本整合，推动产业集聚和转型升级，优化中央企业国有资本布局结构；通过股权运作、价值管理、有序进退，促进国有资本合理流动。将中央企业中的低效无效资产以及户数较多、规模较小、产业集中度低、产能严重过剩行业中的中央企业，适度集中至国有资本投资、运营公司，做好增量、盘活存量、主动减量。

搭建科技创新平台。强化科技研发平台建设，加强应用基础研究，完善研发体系，突破企业技术瓶颈，提升自主创新能力。构建行业协同创新平台，推进产业创新联盟建设，建立和完善开放高效的技术创新体系，突破产业发展短板，提升集成创新能力。建设"互联网+"平台，推动产业互联网发展，促进跨界创新融合。建立支持创新的金融平台，充分用好各种创投基金支持中央企业创新发展，通过市场化方式设立各类中央企业科技创新投资基金，促进科技成果转化和新兴产业培育。把握世界科技发展趋势，搭建国际科技合作平台，积极融入全球创新网络。鼓励企业搭建创新创业孵化和服务平台，支持员工和社会创新创业，推动战略性新兴产业发展，加快形成新的经济增长点。鼓励优势产业集团与中央科研院所企业重组。

搭建国际化经营平台。以优势企业为核心，通过市场化运作方式，搭建优势产业上下游携手走出去平台、高效产能国际合作平台、商产融结合平台和跨国并购平台，增强中央企业联合参与国际市场竞争的能力。加快境外经济合作园区建设，形成走出去企业集群发展优势，降低国际化经营风险。充分发挥现有各类国际合作基金的作用，鼓励以市场化方式发起设立相关基金，组合引入非国有资本、优秀管理人才、先进管理机制和增值服务能力，提高中央企业国际化经营水平。

（三）重组整合一批。

推进强强联合。统筹走出去参与国际竞争和维护国内市场公平竞争的需要，稳妥推进装备制造、建筑工程、电力、钢铁、有色金属、航运、建材、旅游和航空服务等领域企业重组，集中资源形成合力，减少无序竞争和同质化经营，有效化解相关行业产能过剩。鼓励煤炭、电力、冶金等产业链上下游中央企业进行重组，打造全产业链竞争优势，更好发挥协同效应。

推动专业化整合。在国家产业政策和行业发展规划指导下，支持中央企业之间通过资产重组、股权合作、资产置换、无偿划转、战略联盟、联合开发等方式，将资源向优势企业和主业企业集中。鼓励通信、电力、汽车、新材料、新能源、油气管道、海工装备、航空货运等领域相关中央企业共同出资组建股份制专业化平台，加大新技术、新产品、新市场联合开发力度，减少无序竞争，提升资源配置效率。

加快推进企业内部资源整合。鼓励中央企业依托资本市场，通过培育注资、业务重组、吸收合并等方式，利用普通股、优先股、定向发行可转换债券等工具，推进专业化整合，增强持续发展能力。压缩企业管理层级，对五级以下企业进行清理整合，将投资决策权向三级以上企业集中，积极推进管控模式与组织架构调整、流程再造，构建功能定位明确、责权关系清晰、层级设置合理的管控体系。

积极稳妥开展并购重组。鼓励中央企业围绕发展战略，以获取关键技术、核心资源、知名品牌、市场渠道等为重点，积极开展并购重组，提高产业集中度，推动质量品牌提升。建立健全重组评估机制，加强并购后企业的联动与整合，推进管理、业务、技术、市场、文化和人力资源等方面的协同与融合，确保实现并购预期目标。并购重组中要充分发挥各企业的专业化优势和比较优势，尊重市场规律，加强沟通协调，防止无序竞争。

（四）清理退出一批。

大力化解过剩产能。严格按照国家能耗、环保、质量、安全等标准要求，以钢铁、煤炭行业为重点，大力压缩过剩产能，加快淘汰落后产能。对产能严重过剩行业，按照减量置换原则从严控制新项目投资。对高负债企业，以不推高资产负债率为原则严格控制投资规模。

加大清理长期亏损、扭亏无望企业和低效无效资产力度。通过资产重组、破产清算等方式，解决持续亏损三年以上且不符合布局结构调整方向的企业退出问题。通过产权转让、资产变现、无偿划转等方式，解决三年以上无效益且未来两年生产经营难以好转的低效无效资产处置问题。

下大力气退出一批不具有发展优势的非主营业务。梳理企业非主营业务和资产，对与主业无互补性、协同性的低效业务和资产，加大清理退出力度，实现国有资本形态转换。变现的国有资本除按有关要求用于安置职工、解决历史遗留问题外，集中投向国有资本更需要集中的领域和行业。

加快剥离企业办社会职能和解决历史遗留问题。稳步推进中央企业职工家属区"三供一业"分离移交，实现社会化管理。对中央企业所办医疗、教育、市政、消防、社区管理等公共服务机构，采取移交、撤并、改制或专业化管理、政府购买服务等多种方式分类进行剥离。加快推进厂办大集体改革。对中央企业退休人员统一实行社会化管理。

## 四、保障措施

（一）加强组织领导。

国务院国资委要会同有关部门根据国家战略要求，结合行业体制改革和产业政策，提出有关中央企业实施重组的具体方案，报国务院批准后稳步推进。中央企业结合实际制定本企业结构调整与重组的具体实施方案，报国务院国资委备案后组织实施，其中涉及国家安全领域的，须经相关行业主管部门审核同意。中央企业在结构调整与重组过程中要切实加强党的领导，建立责任清晰、分工明确的专项工作机制，由主要负责人负总责，加大组织协调力度，切实依法依规操作。同时发挥工会和有关社团组织的作用，做好干部职工的思想政治工作。

（二）加强行业指导。

各有关部门要根据实现"两个一百年"奋斗目标、国家重大战略布局以及统筹国内国际两个市场等需要，明确国有资本分行业、分区域布局的基本要求，作为中央企业布局结构调整的重要依据，同时结合各自职责，配套出台相关产业管理政策，保障国有资本投入规模科学合理，确保中央企业结构调整与重组有利于增强国有经济主导能力、维护市场公平竞争秩序。

（三）加大政策支持。

各有关部门要研究出台财政、金融、人才、科技、薪酬分配、业绩考核等支持政策，并切实落实相关税收优惠政策，为中央企业结构调整与重组创造良好环境。要充分发挥各类基金的作用，积极稳妥引入各类社会资本参与和支持中央企业结构调整与重组。

（四）完善配套措施。

健全企业退出机制，完善相关退出政策，依法妥善处理劳动关系调整、社会保险关系接续等问题，切实维护好企业职工合法权益。建立完善政府和企业合理分担成本的机制，多渠道筹措资金，妥善解决中央企业历史遗留问题，为中央企业公平参与市场竞争创造条件。

金融、文化等中央企业的结构调整与重组，中央另有规定的依其规定执行。

国务院办公厅

2016 年 7 月 17 日

# 关于印发《关于完善中央企业功能分类考核的实施方案》的通知

（2016年8月24日 国资发综合〔2016〕252号）

国务院各部委、各直属机构、各中央企业：

《关于完善中央企业功能分类考核的实施方案》已报经国务院同意，现印发给你们，请结合实际认真贯彻执行。

2016年8月24日

## 关于完善中央企业功能分类考核的实施方案

根据《中共中央 国务院关于深化国有企业改革的指导意见》（中发〔2015〕22号）部署要求和国有企业功能界定与分类的有关政策规定，为进一步加强和改进中央企业分类考核工作，提高考核的科学性、有效性，经国务院同意，制定本实施方案。

### 一、总体要求

（一）指导思想。全面贯彻党的十八大和十八届三中、四中、五中全会精神，按照"五位一体"总体布局和"四个全面"战略布局，牢固树立和贯彻落实创新、协调、绿色、开放、共享的发展理念，深入贯彻习近平总书记系列重要讲话精神，落实国务院决策部署，根据不同中央企业的功能界定，突出考核重点，实施分类考核，引导企业积极适应市场化、现代化、国际化要求，加快提质增效升级，更好地服务于国家战略，实现国有资本保值增值。

（二）基本原则。

1. 坚持经济效益和社会效益相结合。根据国有资本的战略定位和发展目标，结合企业实际，不断完善考核体系，推动中央企业提高发展质量和经济效益，自觉履行经济责任、政治责任和社会责任。

2. 遵循市场规律与服务国家战略相结合。业绩考核要符合社会主义市场经济要求和企业发展规律，保障企业自主经营、自负盈亏、自担风险，推动国有资本向关系国家安全、国民经济命脉的重要行业和关键领域集中，不断增强国有经济活力、控制力、影响力、抗风险能力。

3. 突出共性与体现个性相结合。业绩考核既要体现国有资本保值增值的普遍要求，不断提高经济效益和回报水平；又要充分考虑企业不同功能和行业布局特点，提高考核指标的针对性。

4. 短期目标与长远发展相结合。实行年度考核与任期考核相结合、结果考核与过程评价相统一，实现考核结果与奖惩、职务任免相挂钩，充分发挥考核的导向作用。

（三）主要目标。逐步完善符合企业功能定位实际的分类考核制度，基本形成导向清晰、远近结合的业绩考核体系，与企业负责人分类管理和选任方式相适应、与业绩考核结果相挂钩的差异化奖惩体系更加有效，业绩考核的科学性、针对性和引领作用显著增强，进一步明确和实化国有资本保值增值责任。

## 二、考核内容

根据中央企业功能定位，兼顾企业经营性质和业务特点，综合考核资本运营质量、效率和效益，以经济增加值为主，将转型升级、创新驱动、合规经营、社会责任等纳入考核指标体系，合理确定不同企业经济效益和社会效益指标，明确差异化业绩考核标准，实施差异化薪酬激励。按照国有企业功能界定与分类的有关政策要求，对中央企业主要分为以下3类实施考核：

（一）主业处于充分竞争行业和领域的商业类中央企业。以增强国有经济活力、放大国有资本功能、实现国有资本保值增值为导向，重点考核企业经济效益、资本回报水平和市场竞争能力，引导企业提高资本运营效率，提升价值创造能力。

1. 突出资本回报的考核要求。将企业经济增加值和盈利状况作为年度考核重点，根据企业资本结构和行业平均资本回报水平，加强与资本市场对标，确定差异化的资本成本率。将国有资本保值增值能力和可持续发展能力作为任期考核重点，加强对企业中长期业绩的考核。

2.根据不同行业特点、发展阶段、管理短板和产业功能，合理确定不同企业的考核重点，设置有针对性的考核指标。

3.鼓励企业在符合市场经济要求的前提下积极承担社会责任。

（二）主业处于关系国家安全、国民经济命脉的重要行业和关键领域、主要承担重大专项任务的商业类中央企业。以支持企业可持续发展和服务国家战略为导向，在保证合理回报和国有资本保值增值的基础上，加强对服务国家战略、保障国家安全和国民经济运行、发展前瞻性战略性产业以及完成重大专项任务情况的考核。

1.将企业承担国家安全、行业共性技术或国家重大专项任务完成情况作为重要内容纳入业绩考核。考核指标及权重视企业具体情况确定。

2.调整完善经济效益与资本回报考核机制。根据企业承担的国家安全、行业共性技术或国家重大专项任务资本占用情况和经营性质，适度调整经济效益指标和国有资本保值增值率指标考核权重，合理确定经济增加值指标的资本成本率。

3.企业承担的国家安全、行业共性技术或国家重大专项任务完成情况较差的企业，无特殊客观原因的，在业绩考核中予以扣分或降级处理。

（三）公益类中央企业。以支持企业更好地保障民生、服务社会、提供公共产品和服务为导向，坚持把社会效益放在首位，重点考核产品服务质量、成本控制、营运效率和保障能力。

1.强化考核公益性业务完成情况和保障能力，考核指标及权重视企业具体情况确定。

2.根据不同企业特点，有区别地将经济增加值和国有资本保值增值率指标纳入年度和任期考核，适当降低考核权重和回报要求。

3.引入社会评价。对企业提供的公共产品和服务质量、营运效率、成本控制和安全保障能力，引入第三方评价，将相关评价结果纳入业绩考核。对第三方评价结果较差的企业，根据具体情况，在业绩考核中予以扣分或降级处理。

## 三、建立特殊事项管理清单制度

根据中央企业战略定位和经济社会发展要求，进一步完善企业功能分类考核体系，探索建立特殊事项管理清单制度，将企业承担的对经营业绩有重大影响的特殊事项列入管理清单，作为考核指标确定和结果核定的重要参考依据。纳入清单的特殊事项主要包括：

（一）保障国家安全。

1. 国防安全。在推进军民融合深度发展、完善武器装备科研生产体系、国防动员体系、交通战备及国家安全建设等方面承担的任务，主要包括国防军事装备与技术的研发、军品生产任务、重大任务的装备保障等。

2. 能源资源安全。在重要能源资源勘查、开发、运输、建设、储备等方面承担的任务，主要包括石油天然气及战略性矿产资源的勘查开采、战略通道建设、重要商品和战略物资储备等。

3. 粮食安全。在落实国家宏观调控任务，稳定市场供应等特殊时期承担的任务，主要包括理顺粮油等产品的生产、收储、流通、加工、贸易等环节，调节区域供应和结构平衡等。

4. 网络与信息安全。在网络与信息安全等方面承担的任务，主要包括网络与信息安全软硬件研制任务、技术手段建设，以及保障网络信息安全、特殊通信和应急通信等。

（二）提供公共服务。承担政府赋予的部分公共服务职能。主要包括电网领域的农村电网改造、电网建设与相关技术研发、生产调度和安全质量、普遍服务等；电信领域的村村通工程、互联互通和普遍服务等；铁路、邮政领域的普遍服务等。

（三）发展重要前瞻性战略性产业。根据国家产业发展需要，培育和发展新一代信息技术、节能环保技术、生物技术、高端装备制造、新能源、新材料、新能源汽车等战略性新兴产业。主要包括重大基础研究、共性技术研发、科技成果转化和示范应用以及重大行业标准制订等；落实"中国制造2025"、"互联网+"行动计划，促进新型工业化与信息化深度融合等；国家重点水电工程建设与运营、新能源技术开发等；国产民用飞机产业化、大型飞机研制、航空发动机研制，研发、建设和运营新一代移动通信和宽带网络，国家经济政策和地区发展规划咨询等国家专项任务。

（四）实施"走出去"重大战略项目。主要包括推进周边地区基础设施互联互通，控制境外重要能源资源，获取境外关键技术，带动我国装备、技术、标准出口等。

## 四、组织实施

（一）实施主体。对中央企业的功能分类考核，由履行出资人职责的机构对其任命的企业负责人进行年度和任期考核，并依据考核结果决定对企业负责人的奖惩。

（二）工作程序。

1. 年度经营业绩考核以公历年为考核期，任期经营业绩考核以三年为考核期。

2. 考核期初，由履行出资人职责的机构代表与企业负责人签订年度和任期经营业绩责任书，明确相应考核指标及相关要求。

3. 考核期末，由履行出资人职责的机构根据签订的经营业绩责任书执行情况，对企业负责人进行考核，形成考核与奖惩意见。

（三）结果应用。依据中央关于深化中央管理企业负责人薪酬制度改革相关意见和《关于印发〈中央企业领导班子和领导人员综合考核评价暂行办法〉的通知》（中组发〔2013〕20号）相关规定，根据业绩考核结果，实行与企业功能定位相符合、与企业负责人分类管理和选任方式相适应、与业绩考核结果相挂钩的差异化薪酬激励机制，并将业绩考核结果作为企业负责人任免的重要依据。

各履行出资人职责的机构要根据本方案，制定完善所监管企业负责人经营业绩考核办法。中央企业要参照本方案，结合实际制定所属企业的分类考核方案。金融、文化等中央企业的分类考核，另有规定的依其规定执行。

# 中央企业负责人经营业绩考核办法

(2019年3月1日 国务院国有资产监督管理委员会令第40号)

## 第一章 总 则

**第一条** 坚持以习近平新时代中国特色社会主义思想为指导,全面贯彻党的十九大精神和党中央、国务院关于深化国有企业改革、完善国有资产管理体制的一系列重大决策部署,切实履行企业国有资产出资人职责,维护所有者权益,落实国有资产保值增值责任,建立健全有效的激励约束机制,引导中央企业实现高质量发展,加快成为具有全球竞争力的世界一流企业,根据《中华人民共和国公司法》《中华人民共和国企业国有资产法》《企业国有资产监督管理暂行条例》等有关法律法规和《中共中央 国务院关于深化国有企业改革的指导意见》(中发〔2015〕22号)以及深化中央管理企业负责人薪酬制度改革等有关规定,制定本办法。

**第二条** 本办法考核的中央企业负责人,是指经国务院授权由国务院国有资产监督管理委员会(以下简称国资委)履行出资人职责的企业(以下简称企业)中由中央或者国资委管理的人员。

**第三条** 企业负责人经营业绩考核遵循以下原则:

(一)坚持质量第一效益优先。牢固树立新发展理念,以供给侧结构性改革为主线,加快质量变革、效率变革、动力变革,不断做强做优做大国有资本。

(二)坚持市场化方向。遵循市场经济规律和企业发展规律,健全市场化经营机制,充分发挥市场在资源配置中的决定性作用,强化正向激励,激发企业活力。

(三)坚持依法依规。准确把握出资人监管边界,依法合规履行出资人职权,坚持以管资本为主加强国有资产监管,有效落实国有资产保值增值责任。

(四)坚持短期目标与长远发展有机统一。切实发挥企业战略引领作用,构建年度考核与任期考核相结合,立足当前、着眼长远的考核体系。

(五)坚持国际对标行业对标。瞄准国际先进水平,强化行业对标,不断提升企业在全球产业发展中的话语权和影响力,加快成为具有全球竞争力的世界一流企业。

(六)坚持业绩考核与激励约束紧密结合。坚持权责利相统一,建立与企业负责人选任方式相匹配、与企业功能性质相适应、与经营业绩相挂钩的差异化激励约束机制。

**第四条** 年度经营业绩考核和任期经营业绩考核采取由国资委主任或者其授权代表与企业主要负责人签订经营业绩责任书的方式进行。

## 第二章 考核导向

**第五条** 突出效益效率,引导企业加快转变发展方式,优化资源配置,不断提高经济效益、资本回报水平、劳动产出效率和价值创造能力,实现质量更高、效益更好、结构更优的发展。

**第六条** 突出创新驱动,引导企业坚持自主创新,加大研发投入,加快关键核心技术攻关,强化行业技术引领,不断增强核心竞争能力。

**第七条** 突出实业主业,引导企业聚焦主业做强实业,加快结构调整,注重环境保护,着力补齐发展短板,积极培育新动能,不断提升协调发展可持续发展能力。

**第八条** 突出国际化经营,引导企业推进共建"一带一路"走深走实,加强国际合作,推动产品、技术、标准、服务、品牌走出去,规范有序参与国际市场竞争,不断提升国际化经营水平。

**第九条** 突出服务保障功能,引导企业在保障国家安全和国民经济运行、发展前瞻性战略性产业中发挥重要作用。鼓励企业积极承担社会责任。

**第十条** 健全问责机制,引导企业科学决策,依法合规经营,防范经营风险,防止国有资产流失,维护国有资本安全。

## 第三章 分类考核

**第十一条** 根据国有资本的战略定位和发展目标，结合企业实际，对不同功能和类别的企业，突出不同考核重点，合理设置经营业绩考核指标及权重，确定差异化考核标准，实施分类考核。

**第十二条** 对主业处于充分竞争行业和领域的商业类企业，以增强国有经济活力、放大国有资本功能、实现国有资本保值增值为导向，重点考核企业经济效益、资本回报水平和市场竞争能力，引导企业优化资本布局，提高资本运营效率，提升价值创造能力。

**第十三条** 对主业处于关系国家安全、国民经济命脉的重要行业和关键领域、主要承担重大专项任务的商业类企业，以支持企业可持续发展和服务国家战略为导向，在保证合理回报和国有资本保值增值的基础上，加强对服务国家战略、保障国家安全和国民经济运行、发展前瞻性战略性产业情况的考核。适度降低经济效益指标和国有资本保值增值率指标考核权重，合理确定经济增加值指标的资本成本率。承担国家安全、行业共性技术或国家重大专项任务完成情况较差的企业，无特殊客观原因的，在业绩考核中予以扣分或降级处理。

**第十四条** 对公益类企业，以支持企业更好地保障民生、服务社会、提供公共产品和服务为导向，坚持经济效益和社会效益相结合，把社会效益放在首位，重点考核产品服务质量、成本控制、营运效率和保障能力。根据不同企业特点，有区别地将经济增加值和国有资本保值增值率指标纳入年度和任期考核，适当降低考核权重和回报要求。对社会效益指标引入第三方评价，评价结果较差的企业，根据具体情况，在业绩考核中予以扣分或降级处理。

**第十五条** 对国有资本投资、运营公司，加强落实国有资本布局和结构优化目标、提升国有资本运营效率以及国有资本保值增值等情况的考核。

**第十六条** 对科技进步要求高的企业，重点关注自主创新能力的提升，加强研发投入、科技成果产出和转化等指标的考核。在计算经济效益指标时，可将研发投入视同利润加回。

**第十七条** 对结构调整任务重的企业，重点关注供给侧结构性改革、主业转型升级、新产业新业态新模式发展，加强相关任务阶段性成果的考核。

**第十八条** 对国际化经营要求高的企业，加强国际资源配置能力、国际化经营水平等指标的考核。

**第十九条** 对资产负债水平较高的企业,加强资产负债率、经营性现金流、资本成本率等指标的考核。

**第二十条** 对节能环保重点类和关注类企业,加强反映企业行业特点的综合性能耗、主要污染物排放等指标的考核。

**第二十一条** 对具备条件的企业,运用国际对标行业对标,确定短板指标纳入年度或任期考核。

**第二十二条** 建立健全业绩考核特殊事项清单管理制度。将企业承担的保障国家安全、提供公共服务等事项列入管理清单,对当期经营业绩产生重大影响的特殊事项,在考核时予以适当处理。

## 第四章 目标管理

**第二十三条** 国资委按照企业发展与国民经济发展速度相适应、与国民经济重要支柱地位相匹配、与高质量发展要求相符合的原则,主导确定企业经营业绩总体目标(以下简称总体目标)。

**第二十四条** 企业考核目标值应与总体目标相衔接,根据不同功能企业情况,原则上以基准值为基础予以核定。

**第二十五条** 考核基准值根据企业功能定位,兼顾企业经营性质和业务特点,依据考核指标近三年完成值、客观调整因素和行业对标情况综合确定。

**第二十六条** 年度净利润、经济增加值等指标目标值可设置为三档。

第一档:目标值达到历史最好水平,或者明显好于上年完成值且增幅高于总体目标增幅。

第二档:目标值不低于基准值。

第三档:目标值低于基准值。

经行业对标,目标值处于国际优秀水平或国内领先水平的,不进入第三档。

**第二十七条** 国资委将年度净利润、经济增加值等指标目标值与考核计分、结果评级紧密结合。

第一档目标值,完成后指标得满分,同时根据目标值先进程度给予加分奖励。

第二档目标值，完成后正常计分。

第三档目标值，完成后加分受限，考核结果不得进入 A 级。

**第二十八条** 净利润等经济效益指标的目标值与工资总额预算挂钩，根据目标值的先进程度确定不同的工资总额预算水平。

## 第五章 考核实施

**第二十九条** 企业负责人经营业绩考核工作由国资委考核分配工作领导小组组织实施。

**第三十条** 年度经营业绩考核以公历年为考核期，任期经营业绩考核以三年为考核期。

**第三十一条** 经营业绩责任书内容：

（一）双方的单位名称、职务和姓名；

（二）考核内容及指标；

（三）考核与奖惩；

（四）责任书的变更、解除和终止；

（五）其他需要约定的事项。

**第三十二条** 经营业绩责任书签订程序：

（一）考核期初，企业按照国资委经营业绩考核要求，将考核期内考核目标建议值和必要的说明材料报送国资委。

（二）国资委对考核目标建议值进行审核，并就考核目标值及有关内容同企业沟通后予以确定。

（三）由国资委主任或者其授权代表同企业主要负责人签订经营业绩责任书。

**第三十三条** 考核期中，国资委对经营业绩责任书执行情况实施预评估，对考核目标完成进度不理想的企业提出预警。

**第三十四条** 建立重大事项报告制度。企业发生较大及以上生产安全责任事故和网络安全事件、重大及以上突发环境事件、重大及以上质量事故、重大资产损失、重大法律纠纷案件、重大投融资和资产重组等，对经营业绩产生重大影响的，应及时向国资委报告。

**第三十五条** 经营业绩完成情况按照下列程序进行考核：

（一）考核期末，企业依据经审计的财务决算数据，形成经营业绩总结分析报告报送国资委。

（二）国资委依据经审计并经审核的企业财务决算报告和经审查的统计数据，结合总结分析报告，对企业负责人考核目标的完成情况进行考核，形成考核与奖惩意见。

（三）国资委将考核与奖惩意见反馈给企业。企业负责人对考核与奖惩意见有异议的，可及时向国资委反映。国资委将最终确认的考核结果在一定范围内公开。

第三十六条　落实董事会对经理层的经营业绩考核职权。

（一）授权董事会考核经理层的企业，国资委与董事会授权代表签订年度和任期经营业绩责任书，董事会依据国资委考核要求并结合本企业实际对经理层实施经营业绩考核。

（二）国资委根据签订的经营业绩责任书和企业考核目标完成情况，确定企业主要负责人年度和任期经营业绩考核结果。

（三）董事会根据国资委确定的经营业绩考核结果，结合经理层个人履职绩效，确定经理层业绩考核结果和薪酬分配方案。

第三十七条　董事会应根据国资委经营业绩考核导向和要求，制订、完善企业内部的经营业绩考核办法，报国资委备案。

## 第六章　奖　惩

第三十八条　年度经营业绩考核和任期经营业绩考核等级分为A、B、C、D四个级别。A级企业根据考核得分，结合企业国际对标行业对标情况综合确定，数量从严控制。

第三十九条　国资委依据年度和任期经营业绩考核结果对企业负责人实施奖惩。经营业绩考核结果作为企业负责人薪酬分配的主要依据和职务任免的重要依据。

第四十条　企业负责人的薪酬由基本年薪、绩效年薪、任期激励收入三部分构成。

第四十一条　对企业负责人实行物质激励与精神激励。物质激励主要包括与经营业绩考核结果挂钩的绩效年薪和任期激励收入。精神激励主要包括给予任期通报表扬等方式。

**第四十二条** 企业负责人的绩效年薪以基本年薪为基数，根据年度经营业绩考核结果并结合绩效年薪调节系数确定。

**第四十三条** 绩效年薪按照一定比例实施按月预发放。国资委依据年度经营业绩半年预评估结果对企业负责人预发绩效年薪予以调整。

**第四十四条** 任期激励收入根据任期经营业绩考核结果，在不超过企业负责人任期内年薪总水平的30%以内确定。

**第四十五条** 对科技创新取得重大成果、承担重大专项任务和社会参与作出突出贡献的企业，在年度经营业绩考核中给予加分奖励。

**第四十六条** 对经营业绩优秀以及在科技创新、国际化经营、节能环保、品牌建设等方面取得突出成绩的，经国资委评定后对企业予以任期激励。

**第四十七条** 连续两年年度经营业绩考核结果为D级或任期经营业绩考核结果为D级，且无重大客观原因的，对企业负责人予以调整。

**第四十八条** 企业发生下列情形之一的，国资委根据具体情节给予降级或者扣分处理；违规经营投资造成国有资产损失或其他严重不良后果，按照有关规定对相关责任人进行责任追究处理；情节严重的，给予纪律处分或者对企业负责人进行调整；涉嫌犯罪的，依法移送国家监察机关或司法机关查处。

（一）违反《中华人民共和国会计法》《企业会计准则》等有关法律法规规章，虚报、瞒报财务状况的；

（二）企业法定代表人及相关责任人违反国家法律法规和规定，导致发生较大及以上生产安全责任事故和网络安全事件、重大及以上突发环境事件、重大质量责任事故、重大违纪和法律纠纷案件、境外恶性竞争、偏离核定主业盲目投资等情形，造成重大不良影响或者国有资产损失的。

**第四十九条** 鼓励探索创新，激发和保护企业家精神。企业实施重大科技创新、发展前瞻性战略性产业等，对经营业绩产生重大影响的，按照"三个区分开来"原则和有关规定，可在考核上不做负向评价。

## 第七章 附 则

**第五十条** 企业在考核期内经营环境发生重大变化，或者发生清产核资、改制重组、主要负责人变动等情况，国资委可以根据具体情况变更经营业绩责任书的相关内容。

**第五十一条** 对混合所有制企业以及处于特殊发展阶段的企业，根据企业功能定位、改革目标和发展战略，考核指标、考核方式可以"一企一策"确定。

**第五十二条** 中央企业专职党组织负责人、纪委书记（纪检监察组组长）的考核有其他规定的，从其规定。

**第五十三条** 国有资本参股公司、被托管和兼并企业中由国资委管理的企业负责人，其经营业绩考核参照本办法执行。

**第五十四条** 各省、自治区、直辖市和新疆生产建设兵团国有资产监督管理机构，设区的市、自治州级国有资产监督管理机构对国家出资企业负责人的经营业绩考核，可参照本办法并结合实际制定具体规定。

**第五十五条** 本办法由国资委负责解释，具体实施方案另行制定。

**第五十六条** 本办法自2019年4月1日起施行。《中央企业负责人经营业绩考核办法》（国资委令第33号）同时废止。

# 二、发展混合所有制经济

# 国务院关于国有企业发展混合所有制经济的意见

(2015年9月23日 国发〔2015〕54号)

各省、自治区、直辖市人民政府,国务院各部委、各直属机构:

发展混合所有制经济,是深化国有企业改革的重要举措。为贯彻党的十八大和十八届三中、四中全会精神,按照"四个全面"战略布局要求,落实党中央、国务院决策部署,推进国有企业混合所有制改革,促进各种所有制经济共同发展,现提出以下意见。

## 一、总体要求

(一)改革出发点和落脚点。国有资本、集体资本、非公有资本等交叉持股、相互融合的混合所有制经济,是基本经济制度的重要实现形式。多年来,一批国有企业通过改制发展成为混合所有制企业,但治理机制和监管体制还需要进一步完善;还有许多国有企业为转换经营机制、提高运行效率,正在积极探索混合所有制改革。当前,应对日益激烈的国际竞争和挑战,推动我国经济保持中高速增长、迈向中高端水平,需要通过深化国有企业混合所有制改革,推动完善现代企业制度,健全企业法人治理结构;提高国有资本配置和运行效率,优化国有经济布局,增强国有经济活力、控制力、影响力和抗风险能力,主动适应和引领经济发展新常态;促进国有企业转换经营机制,放大国有资本功能,实现国有资产保值增值,实现各种所有制资本取长补短、相互促进、共同发展,夯实社会主义基本经济制度的微观基础。在国有企业混合所有制改革中,要坚决防止因监管不到位、改革不彻底导致国有资产流失。

(二)基本原则。

——政府引导,市场运作。尊重市场经济规律和企业发展规律,以企业为主体,充分发挥市场机制作用,把引资本与转机制结合起来,把产权多元化与完善企业法人治理结构结合起来,探索国有企业混合所有制改革的有效途径。

——完善制度,保护产权。以保护产权、维护契约、统一市场、平等交换、公平竞争、有效监管为基本导向,切实保护混合所有制企业各类出资人的产权权益,调动各类资本参与发展混合所有制经济的积极性。

——严格程序,规范操作。坚持依法依规,进一步健全国有资产交易规则,科学评估国有资产价值,完善市场定价机制,切实做到规则公开、过程公开、结果公开。强化交易主体和交易过程监管,防止暗箱操作、低价贱卖、利益输送、化公为私、逃废债务,杜绝国有资产流失。

——宜改则改,稳妥推进。对通过实行股份制、上市等途径已经实行混合所有制的国有企业,要着力在完善现代企业制度、提高资本运行效率上下功夫;对适宜继续推进混合所有制改革的国有企业,要充分发挥市场机制作用,坚持因地施策、因业施策、因企施策,宜独则独、宜控则控、宜参则参,不搞拉郎配,不搞全覆盖,不设时间表,一企一策,成熟一个推进一个,确保改革规范有序进行。尊重基层创新实践,形成一批可复制、可推广的成功做法。

## 二、分类推进国有企业混合所有制改革

(三)稳妥推进主业处于充分竞争行业和领域的商业类国有企业混合所有制改革。按照市场化、国际化要求,以增强国有经济活力、放大国有资本功能、实现国有资产保值增值为主要目标,以提高经济效益和创新商业模式为导向,充分运用整体上市等方式,积极引入其他国有资本或各类非国有资本实现股权多元化。坚持以资本为纽带完善混合所有制企业治理结构和管理方式,国有资本出资人和各类非国有资本出资人以股东身份履行权利和职责,使混合所有制企业成为真正的市场主体。

(四)有效探索主业处于重要行业和关键领域的商业类国有企业混合所有制改革。对主业处于关系国家安全、国民经济命脉的重要行业和关键领域、主要承担重大专项任务的商业类国有企业,要保持国有资本控股地位,支持非国

有资本参股。对自然垄断行业,实行以政企分开、政资分开、特许经营、政府监管为主要内容的改革,根据不同行业特点实行网运分开、放开竞争性业务,促进公共资源配置市场化,同时加强分类依法监管,规范盈利模式。

——重要通信基础设施、枢纽型交通基础设施、重要江河流域控制性水利水电航电枢纽、跨流域调水工程等领域,实行国有独资或控股,允许符合条件的非国有企业依法通过特许经营、政府购买服务等方式参与建设和运营。

——重要水资源、森林资源、战略性矿产资源等开发利用,实行国有独资或绝对控股,在强化环境、质量、安全监管的基础上,允许非国有资本进入,依法依规有序参与开发经营。

——江河主干渠道、石油天然气主干管网、电网等,根据不同行业领域特点实行网运分开、主辅分离,除对自然垄断环节的管网实行国有独资或绝对控股外,放开竞争性业务,允许非国有资本平等进入。

——核电、重要公共技术平台、气象测绘水文等基础数据采集利用等领域,实行国有独资或绝对控股,支持非国有企业投资参股以及参与特许经营和政府采购。粮食、石油、天然气等战略物资国家储备领域保持国有独资或控股。

——国防军工等特殊产业,从事战略武器装备科研生产、关系国家战略安全和涉及国家核心机密的核心军工能力领域,实行国有独资或绝对控股。其他军工领域,分类逐步放宽市场准入,建立竞争性采购体制机制,支持非国有企业参与武器装备科研生产、维修服务和竞争性采购。

——对其他服务国家战略目标、重要前瞻性战略性产业、生态环境保护、共用技术平台等重要行业和关键领域,加大国有资本投资力度,发挥国有资本引导和带动作用。

(五)引导公益类国有企业规范开展混合所有制改革。在水电气热、公共交通、公共设施等提供公共产品和服务的行业和领域,根据不同业务特点,加强分类指导,推进具备条件的企业实现投资主体多元化。通过购买服务、特许经营、委托代理等方式,鼓励非国有企业参与经营。政府要加强对价格水平、成本控制、服务质量、安全标准、信息披露、营运效率、保障能力等方面的监管,根据企业不同特点有区别地考核其经营业绩指标和国有资产保值增值情况,考核中要引入社会评价。

### 三、分层推进国有企业混合所有制改革

（六）引导在子公司层面有序推进混合所有制改革。对国有企业集团公司二级及以下企业，以研发创新、生产服务等实体企业为重点，引入非国有资本，加快技术创新、管理创新、商业模式创新，合理限定法人层级，有效压缩管理层级。明确股东的法律地位和股东在资本收益、企业重大决策、选择管理者等方面的权利，股东依法按出资比例和公司章程规定行权履职。

（七）探索在集团公司层面推进混合所有制改革。在国家有明确规定的特定领域，坚持国有资本控股，形成合理的治理结构和市场化经营机制；在其他领域，鼓励通过整体上市、并购重组、发行可转债等方式，逐步调整国有股权比例，积极引入各类投资者，形成股权结构多元、股东行为规范、内部约束有效、运行高效灵活的经营机制。

（八）鼓励地方从实际出发推进混合所有制改革。各地区要认真贯彻落实中央要求，区分不同情况，制定完善改革方案和相关配套措施，指导国有企业稳妥开展混合所有制改革，确保改革依法合规、有序推进。

### 四、鼓励各类资本参与国有企业混合所有制改革

（九）鼓励非公有资本参与国有企业混合所有制改革。非公有资本投资主体可通过出资入股、收购股权、认购可转债、股权置换等多种方式，参与国有企业改制重组或国有控股上市公司增资扩股以及企业经营管理。非公有资本投资主体可以货币出资，或以实物、股权、土地使用权等法律法规允许的方式出资。企业国有产权或国有股权转让时，除国家另有规定外，一般不在意向受让人资质条件中对民间投资主体单独设置附加条件。

（十）支持集体资本参与国有企业混合所有制改革。明晰集体资产产权，发展股权多元化、经营产业化、管理规范化的经济实体。允许经确权认定的集体资本、资产和其他生产要素作价入股，参与国有企业混合所有制改革。研究制定股份合作经济（企业）管理办法。

（十一）有序吸收外资参与国有企业混合所有制改革。引入外资参与国有企业改制重组、合资合作，鼓励通过海外并购、投融资合作、离岸金融等方式，充分利用国际市场、技术、人才等资源和要素，发展混合所有制经济，深

度参与国际竞争和全球产业分工，提高资源全球化配置能力。按照扩大开放与加强监管同步的要求，依照外商投资产业指导目录和相关安全审查规定，完善外资安全审查工作机制，切实加强风险防范。

（十二）推广政府和社会资本合作（PPP）模式。优化政府投资方式，通过投资补助、基金注资、担保补贴、贷款贴息等，优先支持引入社会资本的项目。以项目运营绩效评价结果为依据，适时对价格和补贴进行调整。组合引入保险资金、社保基金等长期投资者参与国家重点工程投资。鼓励社会资本投资或参股基础设施、公用事业、公共服务等领域项目，使投资者在平等竞争中获取合理收益。加强信息公开和项目储备，建立综合信息服务平台。

（十三）鼓励国有资本以多种方式入股非国有企业。在公共服务、高新技术、生态环境保护和战略性产业等重点领域，以市场选择为前提，以资本为纽带，充分发挥国有资本投资、运营公司的资本运作平台作用，对发展潜力大、成长性强的非国有企业进行股权投资。鼓励国有企业通过投资入股、联合投资、并购重组等多种方式，与非国有企业进行股权融合、战略合作、资源整合，发展混合所有制经济。支持国有资本与非国有资本共同设立股权投资基金，参与企业改制重组。

（十四）探索完善优先股和国家特殊管理股方式。国有资本参股非国有企业或国有企业引入非国有资本时，允许将部分国有资本转化为优先股。在少数特定领域探索建立国家特殊管理股制度，依照相关法律法规和公司章程规定，行使特定事项否决权，保证国有资本在特定领域的控制力。

（十五）探索实行混合所有制企业员工持股。坚持激励和约束相结合的原则，通过试点稳妥推进员工持股。员工持股主要采取增资扩股、出资新设等方式，优先支持人才资本和技术要素贡献占比较高的转制科研院所、高新技术企业和科技服务型企业开展试点，支持对企业经营业绩和持续发展有直接或较大影响的科研人员、经营管理人员和业务骨干等持股。完善相关政策，健全审核程序，规范操作流程，严格资产评估，建立健全股权流转和退出机制，确保员工持股公开透明，严禁暗箱操作，防止利益输送。混合所有制企业实行员工持股，要按照混合所有制企业实行员工持股试点的有关工作要求组织实施。

## 五、建立健全混合所有制企业治理机制

（十六）进一步确立和落实企业市场主体地位。政府不得干预企业自主经营，股东不得干预企业日常运营，确保企业治理规范、激励约束机制到位。落实董事会对经理层成员等高级经营管理人员选聘、业绩考核和薪酬管理等职权，维护企业真正的市场主体地位。

（十七）健全混合所有制企业法人治理结构。混合所有制企业要建立健全现代企业制度，明晰产权，同股同权，依法保护各类股东权益。规范企业股东（大）会、董事会、经理层、监事会和党组织的权责关系，按章程行权，对资本监管，靠市场选人，依规则运行，形成定位清晰、权责对等、运转协调、制衡有效的法人治理结构。

（十八）推行混合所有制企业职业经理人制度。按照现代企业制度要求，建立市场导向的选人用人和激励约束机制，通过市场化方式选聘职业经理人依法负责企业经营管理，畅通现有经营管理者与职业经理人的身份转换通道。职业经理人实行任期制和契约化管理，按照市场化原则决定薪酬，可以采取多种方式探索中长期激励机制。严格职业经理人任期管理和绩效考核，加快建立退出机制。

## 六、建立依法合规的操作规则

（十九）严格规范操作流程和审批程序。在组建和注册混合所有制企业时，要依据相关法律法规，规范国有资产授权经营和产权交易等行为，健全清产核资、评估定价、转让交易、登记确权等国有产权流转程序。国有企业产权和股权转让、增资扩股、上市公司增发等，应在产权、股权、证券市场公开披露信息，公开择优确定投资人，达成交易意向后应及时公示交易对象、交易价格、关联交易等信息，防止利益输送。国有企业实施混合所有制改革前，应依据本意见制订方案，报同级国有资产监管机构批准；重要国有企业改制后国有资本不再控股的，报同级人民政府批准。国有资产监管机构要按照本意见要求，明确国有企业混合所有制改革的操作流程。方案审批时，应加强对社会资本质量、合作方诚信与操守、债权债务关系等内容的审核。要充分保障企业职工对国有企业混合所有制改革的知情权和参与权，涉及职工切身利益的要做好

评估工作，职工安置方案要经过职工代表大会或者职工大会审议通过。

（二十）健全国有资产定价机制。按照公开公平公正原则，完善国有资产交易方式，严格规范国有资产登记、转让、清算、退出等程序和交易行为。通过产权、股权、证券市场发现和合理确定资产价格，发挥专业化中介机构作用，借助多种市场化定价手段，完善资产定价机制，实施信息公开，加强社会监督，防止出现内部人控制、利益输送造成国有资产流失。

（二十一）切实加强监管。政府有关部门要加强对国有企业混合所有制改革的监管，完善国有产权交易规则和监管制度。国有资产监管机构对改革中出现的违法转让和侵吞国有资产、化公为私、利益输送、暗箱操作、逃废债务等行为，要依法严肃处理。审计部门要依法履行审计监督职能，加强对改制企业原国有企业法定代表人的离任审计。充分发挥第三方机构在清产核资、财务审计、资产定价、股权托管等方面的作用。加强企业职工内部监督。进一步做好信息公开，自觉接受社会监督。

## 七、营造国有企业混合所有制改革的良好环境

（二十二）加强产权保护。健全严格的产权占有、使用、收益、处分等完整保护制度，依法保护混合所有制企业各类出资人的产权和知识产权权益。在立法、司法和行政执法过程中，坚持对各种所有制经济产权和合法利益给予同等法律保护。

（二十三）健全多层次资本市场。加快建立规则统一、交易规范的场外市场，促进非上市股份公司股权交易，完善股权、债权、物权、知识产权及信托、融资租赁、产业投资基金等产品交易机制。建立规范的区域性股权市场，为企业提供融资服务，促进资产证券化和资本流动，健全股权登记、托管、做市商等第三方服务体系。以具备条件的区域性股权、产权市场为载体，探索建立统一结算制度，完善股权公开转让和报价机制。制定场外市场交易规则和规范监管制度，明确监管主体，实行属地化、专业化监管。

（二十四）完善支持国有企业混合所有制改革的政策。进一步简政放权，最大限度地取消涉及企业依法自主经营的行政许可审批事项。凡是市场主体基于自愿的投资经营和民事行为，只要不属于法律法规禁止进入的领域，且不危害国家安全、社会公共利益和第三方合法权益，不得限制进入。完善工商登

记、财税管理、土地管理、金融服务等政策。依法妥善解决混合所有制改革涉及的国有企业职工劳动关系调整、社会保险关系接续等问题，确保企业职工队伍稳定。加快剥离国有企业办社会职能，妥善解决历史遗留问题。完善统计制度，加强监测分析。

（二十五）加快建立健全法律法规制度。健全混合所有制经济相关法律法规和规章，加大法律法规立、改、废、释工作力度，确保改革于法有据。根据改革需要抓紧对合同法、物权法、公司法、企业国有资产法、企业破产法中有关法律制度进行研究，依照法定程序及时提请修改。推动加快制定有关产权保护、市场准入和退出、交易规则、公平竞争等方面法律法规。

## 八、组织实施

（二十六）建立工作协调机制。国有企业混合所有制改革涉及面广、政策性强、社会关注度高。各地区、各有关部门和单位要高度重视，精心组织，严守规范，明确责任。各级政府及相关职能部门要加强对国有企业混合所有制改革的组织领导，做好把关定向、配套落实、审核批准、纠偏提醒等工作。各级国有资产监管机构要及时跟踪改革进展，加强改革协调，评估改革成效，推广改革经验，重大问题及时向同级人民政府报告。各级工商联要充分发挥广泛联系非公有制企业的组织优势，参与做好沟通政企、凝聚共识、决策咨询、政策评估、典型宣传等方面工作。

（二十七）加强混合所有制企业党建工作。坚持党的建设与企业改革同步谋划、同步开展，根据企业组织形式变化，同步设置或调整党的组织，理顺党组织隶属关系，同步选配好党组织负责人，健全党的工作机构，配强党务工作者队伍，保障党组织工作经费，有效开展党的工作，发挥好党组织政治核心作用和党员先锋模范作用。

（二十八）开展不同领域混合所有制改革试点示范。结合电力、石油、天然气、铁路、民航、电信、军工等领域改革，开展放开竞争性业务、推进混合所有制改革试点示范。在基础设施和公共服务领域选择有代表性的政府投融资项目，开展多种形式的政府和社会资本合作试点，加快形成可复制、可推广的模式和经验。

（二十九）营造良好的舆论氛围。以坚持"两个毫不动摇"（毫不动摇巩固和发展公有制经济,毫不动摇鼓励、支持、引导非公有制经济发展)为导向,加强国有企业混合所有制改革舆论宣传,做好政策解读,阐释目标方向和重要意义,宣传成功经验,正确引导舆论,回应社会关切,使广大人民群众了解和支持改革。

各级政府要加强对国有企业混合所有制改革的领导,根据本意见,结合实际推动改革。

金融、文化等国有企业的改革,中央另有规定的依其规定执行。

国务院

2015 年 9 月 23 日

# 关于印发《关于鼓励和规范国有企业投资项目引入非国有资本的指导意见》的通知

(2015年10月26日　发改经体〔2015〕2423号)

各省、自治区、直辖市人民政府，国务院各部委、各直属机构：

经国务院同意，现将《关于鼓励和规范国有企业投资项目引入非国有资本的指导意见》印发给你们，请结合实际认真贯彻执行。

发展改革委　财政部
人力资源和社会保障部　国资委
2015年10月26日

## 关于鼓励和规范国有企业投资项目引入非国有资本的指导意见

国有企业投资项目引入非国有资本是深化国有企业改革的一项重要任务，是发展混合所有制经济的重要路径。为贯彻落实党的十八大和十八届三中、四中全会精神，鼓励和规范国有企业投资项目引入非国有资本，根据有关法律法规规定，经国务院同意，现提出以下意见。

关于印发《关于鼓励和规范国有企业投资项目引入非国有资本的指导意见》的通知

## 一、总体要求

（一）总体要求。国有企业投资项目引入非国有资本，要有利于改善国有企业投资项目的产权结构，提高项目的管理水平和资金使用效率；要有利于国有资本放大功能、保值增值、提高竞争力；要有利于各种所有制资本取长补短、相互促进、共同发展。非国有资本参股或控股国有企业投资项目，应当遵循实施市场准入负面清单和外商投资负面清单制度的要求。

（二）主要原则。推进国有企业投资项目引入非国有资本，要坚持以下原则：

政府引导、市场运作。把引资本与转机制有机结合起来，尊重市场规律，转变政府职能，发挥市场在资源配置中的决定性作用。

权益对等、共同发展。保证国有资本和非国有资本权利平等、机会平等、规则平等，各类所有者权益同等受到法律保护，真正实现共担风险、共享改革发展成果。

依法依规、公开透明。严格遵守有关法律法规，履行相关程序，确保程序公开、规则公开和结果公开，加强社会监督，切实防止暗箱操作和国有资产流失。

完善体制、优化环境。加快完善相关制度和配套政策，解决突出矛盾，确保引资工作规范有序进行，做到制度完备、科学规范、运行有效。

## 二、拓宽合作领域

（三）分类推进国有企业投资项目引入非国有资本工作。允许非国有资本参与除法律法规明确禁止和限制准入以外的国有企业投资项目。对主业处于充分竞争行业和领域的商业类国有企业投资项目，支持非国有资本参股或控股。对主业处于关系国家安全、国民经济命脉的重要行业和关键领域、主要承担重大专项任务的商业类国有企业投资项目，属于自然垄断领域的实行国有独资或控股；属于特殊业务和竞争性业务的实行业务板块有效分离，其中竞争性环节逐步加大对非国有资本开放力度。对公益类国有企业的投资项目，支持非国有资本参股或控股。

对可以引入非国有资本的领域，在推进国有企业主业项目引入非国有资本参股的同时，鼓励非主业项目引入非国有资本参股或控股，推动国有企业各业务板块按照自身特点和规律寻求发展路径，最大限度地释放国有企业发展活力，充分挖掘国有企业内在增长潜力。

（四）鼓励外资企业参股国有企业项目。在符合外商投资产业指导目录、外商投资项目核准和备案管理办法等规定的前提下，鼓励外资企业参股国有企业投资项目。积极探索准入前国民待遇加负面清单的管理模式，完善外商投资安全审查工作机制，有效防范风险。鼓励企业结合"走出去"和国际产能合作，积极引入外资企业参股，吸引外资进入国有企业在境外的投资项目。

（五）在部分领域率先培育推出一批示范项目。优先在石油、天然气、水电、核电、跨区输电通道、配电、区域主干电网、分布式电源并网和电动汽车充换电设施、水利设施、基础电信、宽带接入网络建设运营、民用空间设施建设、铁路项目、港口内河航运设施、枢纽机场、干线机场、城镇供水供热、污水垃圾处理、公共交通等领域，率先推出一批符合产业政策、有利于转型升级的示范项目，鼓励依法依规引入非国有资本投资。

## 三、完善引资方式

（六）拓宽并完善非国有资本投资渠道。鼓励非国有资本投资主体以货币出资参与国有企业投资项目。允许非国有资本创新渠道和方式，以实物、土地使用权等出资方式参与国有企业投资项目，出资的非货币资产应依法评估作价，办理产权转移手续；产权、版权、技术等与投资项目有关联的无形资产，经有资质的中介机构认定和评估，通过公平公开议价，可以作为出资参与国有企业投资项目。非国有资本投资主体之间或者非国有资本与国有资本投资主体之间，可以共同发起设立股权投资基金，联合参与国有企业投资项目。

（七）支持国有企业和非国有资本在政府投资领域加强合作。由国有企业承担的政府投资项目，开展多类型试点，逐步推广政府与社会资本合作（PPP）机制，通过投资补助、基金注资、担保补贴、贷款贴息等，支持引入非国有资本。组合引入保险资金、社保基金等长期投资者参与国有企业承担的国家重点工程投资项目。政府有关部门要建立综合信息服务平台，加强信息公开。

关于印发《关于鼓励和规范国有企业投资项目引入非国有资本的指导意见》的通知

## 四、规范决策程序

（八）确保引资方式公开公平公正。以股权转让方式引入非国有资本的，除处于国民经济重要行业和关键领域、对受让方有特殊要求的以外，国有产权转让一律进入产权市场公开挂牌，实行竞价交易。以合资新设企业方式引入非国有资本的，要切实加强实物资产出资的评估管理，依据国家有关技术标准，在采取多种方法评估资产价值的基础上，合理确定企业整体价值，避免国有资产流失，平等保护非国有资本股东利益。以增资扩股方式引入非国有资本的，应参照产权转让管理方式，通过产权市场公开透明地选择投资人并决定对价；对少数引入特殊战略投资者的，要加强尽职调查、资产评估、民主决策等工作，建立项目决策责任背书制。国有资本并购或入股其他企业的，应符合企业发展战略规划，做好尽职调查和资产评估管理，明确投资决策程序和责任；并购完成后要及时优化完善企业治理结构，确保股东权益和并购战略目标的实现。

（九）规范参与企业遴选办法。国有企业按照有关投资管理办法履行投资决策程序，涉及固定资产投资项目管理的，企业应按相关规定履行核准或备案程序。引入非国有资本时，应当对拟引入投资主体的资质、商业信誉、经营情况、财务状况、管理能力、资产规模、社会评价、投资锁定期等进行核实或委托第三方进行评估。引入的非国有资本投资主体应当是具备独立民事能力的法人和其他经济组织，并具有支持项目持续发展的意愿和实力。对于以实物、土地使用权、产权、版权、技术等出资参与国有企业投资项目的非国有资本，要依法对投资主体的资产进行评估作价，评估认定结果要向社会公开，接受社会监督。引入非国有资本时，应当通过产权市场、股票市场以及互联网等渠道广泛发布信息，不得在参与主体资质条件中单独对非国有资本主体设置附加条件。

（十）强化项目管理。国有企业应建立和完善引入非国有资本项目的投资管理制度。引入非国有资本的投资项目，应符合企业发展战略规划和年度计划安排；应根据相关法律法规和公司章程规定，由股东会、董事会作出决策，并签字存档；应与参与方通过项目企业章程或合同，对可能涉及的经营管理、同业竞争、关联交易、风险管控等问题作出明确约定，明确各方的责权利。建立健全国有企业重大决策失职、渎职责任追究和倒查机制，国有企业投资项目引入非国有资本违反国家相关法律法规、未履行或未正确履行职责，造成企业资产损失的，按照有关规定严肃追究有关机构和相关人员的责任。

（十一）切实加强监管。对新设项目企业属于国有企业的，按照其功能定位实施分类、分级监管，进一步提高监管的科学性、针对性、有效性，依法加强对交易主体和交易过程合法合规性的监管。完善企业内部监督体系，明确监事会、审计、纪检监察、巡视以及法律、财务等部门的监督职责，形成有效制衡的决策执行监督机制。发挥企业职工代表大会或职工大会的作用，依法保障企业职工的知情权和参与权。建立健全高效协同的外部监督机制，加强外部审计，严格落实承债主体，防止逃废金融债务等各类债务。完善第三方评估和社会舆论监督机制，防止内部人控制。依法严肃处理改革中出现的侵吞国有资产、利益输送、暗箱操作、化公为私等行为，禁止可能危及国家安全的投资进入国有企业投资项目。

## 五、健全体制机制

（十二）完善项目公司治理结构。国有企业投资项目引入非国有资本需新建公司作为运营平台的，应建立市场化运营机制和公司治理结构，董事会依法对项目公司的发展目标、重大经营活动、高级经营管理人员聘任、薪酬管理等拥有决策权，并对经营者业绩进行考核评价。推行职业经理人制度。监事会对公司财务和董事、经营者行为进行监督，进一步加强当期和事中监督，切实增强监事会监督的针对性和有效性。要加强党的建设，明确党组织在公司治理中的法定地位，发挥党组织的政治核心、政治引领作用和共产党员的先锋模范作用。

（十三）推行市场化运行机制。引入非国有资本投资项目的企业应当明晰产权关系，优化运行机制，切实保障股东和职工的合法权益。依法建立完善以合同管理为核心、以岗位管理为基础的市场化用工制度，完善激励与约束、效率与公平相统一，既符合企业一般规律又体现国有企业特点的分配机制，促进企业持续健康发展。

（十四）依法保障投资方合法权益。国有企业投资项目引入非国有资本时，应在合同中明确约定各类投资主体的退出机制。公益类国有企业和主业处于关系国家安全、国民经济命脉的重要行业和关键领域、主要承担重大专项任务的商业类国有企业投资项目引入非国有资本的，应在项目企业章程或合同中明确非国有股东持股主体发生变化时，国有股东拥有优先受让权。

（十五）积极探索优先股、特殊管理股等股权模式。为鼓励国有企业投资项目引入非国有资本，允许将部分国有资本转为优先股，不参与项目企业具体决策，但在利润分红和剩余财产分配方面具有优先权，确保国有资本保值增值。探索在新闻出版传媒等少数特定领域建立特殊管理股制度，依照相关法规和公司章程规定，行使特定事项否决权，保障国有资本在特定领域的控制力。

## 六、优化发展环境

（十六）加快剥离国有企业办社会职能和解决历史遗留问题。国有企业投资项目引入非国有资本涉及剥离企业办社会职能和解决历史遗留问题的，应当在有关引资公告中予以说明。依照合同约定，项目收益可优先用于剥离企业办社会职能和解决历史遗留问题。

（十七）完善支持政策。国有企业投资项目引入非国有资本涉及的土地资产，应按照"产权清晰、估价准确、处置规范"的原则经营管理。改制为国有资本控股公司的，其使用的原划拨生产经营性土地可采用国家作价出资入股的方式处置。财政、税务等部门应从维护税收政策的公平性和统一性出发，落实有关项目涉及的资产评估增值、债务重组收益、企业合并分立、转让实物资产、债权债务等方面税收支持政策。

（十八）形成工作合力。有关部门要进一步完善国有企业投资项目引入非国有资本的机制建设，坚持过程公开透明、严格把关，确保责任明确、程序规范，确保顺利推进。各有关部门要按照职责分工，及时出台相关政策措施，加强协调配合，形成工作合力。要进一步加强组织协调，建立完善工作机制，落实主体责任，制定工作方案并做好组织实施。要加强宣传报道和舆论引导，广泛凝聚共识，创造良好的社会环境。国有企业投资项目引入非国有资本终结后，要建立后评估机制，总结经验，不断完善相关工作。

本意见所称国有企业投资项目是指国有企业及其各级子企业的固定资产投资项目和股权投资项目，非国有资本是指除国有资本以外的集体资本、民营资本和境外资本等。金融、文化类国有企业另有规定的，依照其规定。

# 关于印发《中央企业实施混合所有制改革有关事项的规定》的通知

(2016年12月5日 国资发产权〔2016〕295号)

各中央企业：

为贯彻落实《国务院关于国有企业发展混合所有制经济的意见》(国发〔2015〕54号)，稳妥有序推进中央企业混合所有制改革，特制定《中央企业实施混合所有制改革有关事项的规定》，现印发给你们，请结合实际，认真遵照执行，并及时反映工作中有关情况和问题。

国资委
2016年12月5日

## 中央企业实施混合所有制改革有关事项的规定

一、各中央企业全面深化改革领导小组负责统筹本企业混合所有制改革总体工作，组织集团公司及各级子企业改革方案的研究制订，统一部署和推动改革方案落实，协调解决改革过程中的重大问题，及时跟踪、评估改革成效，确保改革依法合规进行。

二、中央企业实施混合所有制改革，应当遵守《中华人民共和国公司法》《中华人民共和国企业国有资产法》等法律、行政法规及公司章程的有关规定，并履行以下操作流程：

（一）可行性研究。拟实施混合所有制改革的企业，应当在本企业功能界定和分类的基础上，按照《国务院关于国有企业发展混合所有制经济的意见》

（国发〔2015〕54号，以下简称《意见》）确定的改革原则，结合企业发展需要，做好改革的必要性、可行性研究。

（二）方案制订。经研究适宜推进混合所有制改革的企业，应制订具体改革方案，明确改革内容，做好风险评估和合规性审查，必要时聘请专家进行论证。

（三）内部决策。改革方案制订后，应当按照中央企业"三重一大"决策机制，履行企业内部决策程序，涉及职工安置的，职工安置方案应当经职工代表大会或职工大会审议通过。

（四）方案审批。改革方案经企业内部决策后，应当按照本规定履行相应审核批准程序。

（五）组织实施。企业按照经批准的改革方案推动具体工作，做好改革组织动员，规范开展审计、资产评估，严格执行国有资产交易制度，确保改革依法合规及公开、公平、公正进行。

三、中央企业制订混合所有制改革方案，应当立足企业功能定位和发展战略，根据《意见》明确的不同类别企业发展混合所有制经济原则，确定改革的内容、目标、途径等。改革方案应主要包括企业基本情况，改革基本原则和思路，企业面临的主要问题和相应改革措施，引进非国有资本的条件要求、方式、定价办法，改革风险评估与防范措施，改革组织保障和进度安排等内容，方案要重点明确企业在转换经营机制、完善现代企业制度、提高资本配置和运行效率等方面的措施和目标。

四、中央企业进行混合所有制改革，必须严格履行相应的审核批准程序。中央企业集团公司的混合所有制改革方案，由国资委审核报国务院批准。中央企业中主业处于关系国家安全、国民经济命脉的重要行业和关键领域、主要承担重大专项任务的子企业混合所有制改革方案，由中央企业审核报国资委批准，其中报国务院批准的按照有关法律、行政法规和国务院文件规定执行。中央企业其他子企业的混合所有制改革方案，由中央企业批准。

中央企业中主业处于关系国家安全、国民经济命脉的重要行业和关键领域、主要承担重大专项任务的子企业名单，由中央企业按照关于中央企业功能界定与分类的有关文件要求确定并报国资委审核。

五、国资委、中央企业审核批准企业混合所有制改革方案时，应重点审核以下方面内容：

（一）改革方案内容是否符合《中共中央 国务院关于深化国有企业改革的指导意见》（中发〔2015〕22号）、《意见》等文件精神和要求，是否有利于实现国有资本保值增值、提高国有经济竞争力、放大国有资本功能，切实解决企业运营中存在的问题。

（二）改革领导机构是否健全、责任落实是否到位，是否规范履行了本文件规定的操作流程。

（三）对拟引进合作方的条件要求是否公平、合理，引进方式、定价办法是否符合规定。中介机构选聘程序是否合规，相关机构从业资质是否符合要求。涉及上市公司的是否履行了信息披露义务。涉及员工持股的是否符合国有控股混合所有制企业开展员工持股试点的有关工作要求。

（四）国有权益保障、风险防范和应对机制是否健全。涉及职工安置的，职工安置方案是否经职工代表大会或职工大会审议通过。企业债权债务处置是否符合规定。

六、中央企业要切实做好混合所有制改革的组织领导，重点做好以下工作：

（一）做好与企业改革相关部门的沟通，对改革中遇到的问题及时报告、提出政策建议，将混合所有制改革实施情况报告国资委并抄报派驻本企业监事会。

（二）保持改革过程中各项生产经营活动正常进行和职工队伍稳定，充分发挥工人阶级主人翁作用，维护好职工群众合法权益，保障企业职工对改革的知情权和参与权。

（三）做好企业混合所有制改革中有关涉密事项的保密工作，聘请中介机构参与的应当签订保密协议，重大改革事项未经批准前，严禁擅自对外发布信息。

（四）实施信息公开加强社会监督。相关资产评估、定价结果应按要求实施信息公开，涉及转让产权或增资扩股、上市公司增发引进投资人的应在产权、股权、证券市场公开进行。

（五）充分发挥企业内部监督、国有资产监管机构监督、监事会监督和审计、纪检监察、巡视等内外部监督合力，建立监督意见反馈工作机制，对改过程中出现的问题及时纠偏提醒，形成监督闭环，对违规操作造成国有资产流失的，要对有关责任人员严肃追责。

（六）营造良好的改革舆论环境，及时宣传成功经验，正确引导社会舆论，积极回应社会关切。

# 关于深化混合所有制改革试点若干政策的意见

(2017年11月29日 发改经体〔2017〕2057号)

各省、自治区、直辖市及计划单列市发展改革委、财政厅（局）、人力资源和社会保障厅（局）、国土资源厅（局）、国资委、国家税务局、地方税务局、证监局、国防科工局：

按照党中央、国务院关于国有企业混合所有制改革的部署，在国务院国有企业改革领导小组领导下，国家发展改革委、国务院国资委会同有关部门已先后推出两批重要领域混合所有制改革试点，并取得显著改革成效。试点推进过程中企业普遍反映，为使试点顺利推进取得实效，必须认真研究解决试点中存在的具体问题。国务院国有企业改革领导小组高度重视，国有企业改革领导小组办公室积极协调，提出解决办法。为全面贯彻落实党的十九大精神，以习近平新时代中国特色社会主义思想为指引，更加卓有成效地推动混合所有制改革，现就混合所有制改革试点中的相关政策问题提出以下意见。

## 一、关于国有资产定价机制

科学准确地对国有资产进行定价，是国有企业混合所有制改革的基础，是防止国有资产流失的重要手段。目前，国有非上市公司交易相关定价制度办法需进一步完善，有关部门要加快研究修订《国有资产评估管理办法》，严格规范国有资产评估程序、细化评估方式、强化监管和法律责任追究、强化违法失信联合惩戒，有效防止国有资产流失。对于按规定程序和方式评估交易的国有资产，建立免责容错机制，鼓励国有企业推动混合所有制改革。

## 二、关于职工劳动关系

有关部门要加强协调指导，督促混合所有制改革试点企业严格按照《劳动合同法》和《国务院关于国有企业发展混合所有制经济的意见》（国发〔2015〕54号）涉及职工劳动关系调整的相关规定，依法妥善解决混合所有制改革涉及的国有企业职工劳动关系调整、社会保险关系接续等问题，确保职工队伍稳定。企业混合所有制改革时，职工劳动合同未到期的应当依法继续履行，可按有关规定与职工变更劳动合同，改制前后职工的工作年限应合并计算。企业依法与职工解除劳动合同的，应当支付经济补偿。混合所有制改革企业要形成市场化劳动用工制度，实现员工能进能出。

## 三、关于土地处置和变更登记

土地是国有企业混合所有制改革能够注入的重要资产。由于一些国有企业历史上获得划拨国有土地证照不全、证实不符、权属不清、土地分割等问题，按现有规定办理，存在确权困难、程序烦琐、审批时间长等问题，影响混合所有制改革进程。认真落实国有企业改革"1+N"系列文件，有关部门要研究加强国有土地资产处置管理工作，解决国有土地授权经营、作价出资（入股）等历史遗留问题。国有企业要加强内部管理，抓紧解决历史上获得划拨国有土地证照不全、证实不符、权属不清、土地分割等问题。各地要进一步优化简化相关审批程序，为解决混合所有制改革中的土地处置和变更登记提供便利。

## 四、关于员工持股

坚持依法合规、公开透明、立足增量、不动存量、同股同价、现金入股、以岗定股、动态调整等原则，积极推进混合所有制改革试点企业员工持股，有效实现企业与员工利益和风险绑定，强化内部激励，完善公司治理。试点企业数量不受《关于国有控股混合所有制企业开展员工持股试点的意见》（国资发改革〔2016〕133号）规定的数量限制。试点企业名单由国家发展改革委、国务院国资委按程序报请国务院国有企业改革领导小组确定。为有效指导混合所有制企业员工持股工作，有关部门要抓紧研究制定重要领域混合所有制企业开展员工持股试点的意见，明确相关政策，加强规范引导。

## 五、关于集团公司层面开展混合所有制改革

党的十九大报告指出,深化国有企业改革,发展混合所有制经济,培育具有全球竞争力的世界一流企业。集团公司层面开展混合所有制改革,既符合中央要求和改革方向,也是实现具有全球竞争力的世界一流企业的重要途径。积极探索中央企业集团公司层面开展混合所有制改革的可行路径,国务院国资委审核中央企业申请改革试点的方案,按程序报国务院批准后开展试点,鼓励探索解决集团层面混合所有制改革后国有股由谁持有等现实问题的可行路径。积极支持各地省属国有企业集团公司开展混合所有制改革。

## 六、关于试点联动

国有企业混合所有制改革、落实董事会职权、市场化选聘经营管理者、剥离企业办社会职能和解决历史遗留问题等各项国有企业改革试点核心任务关联性较高,加强各项试点联动,可以有效协同攻坚,发挥政策合力。要进一步加强混合所有制改革试点与其他国有企业改革试点之间的联动。对于纳入混合所有制改革试点的企业,符合条件的,可以同步申请开展其他国有企业改革试点,按规定程序批准后,适用相关试点政策。

## 七、关于财税支持政策

企业符合税法规定条件的股权(资产)收购、合并、分立、债务重组、债转股等重组行为,可按税法规定享受企业所得税递延纳税优惠政策;企业以非货币性资产投资,可按规定享受5年内分期缴纳企业所得税政策;企业符合税法规定条件的债权损失可按规定在计算企业所得税应纳税所得额时扣除;在企业重组过程中,企业通过合并、分立、出售、置换等方式,将全部或者部分实物资产以及与其相关联的债权、负债和劳动力,一并转让给其他单位和个人,其中涉及的货物、不动产、土地使用权转让行为,符合规定的,不征收增值税;企业重组改制涉及的土地增值税、契税、印花税,符合规定的,可享受相关优惠政策。有关混合所有制改革企业要科学设计改革路径,最大限度地用足用好现有国家对企业改制重组的税收优惠政策。

## 八、关于工资总额管理制度

为建立健全与混合所有制企业相适应的市场化薪酬机制、有效发挥薪酬激励效用,有关部门要加快研究制订改革国有企业工资决定机制的意见,支持符合条件的混合所有制改革试点企业实行更加灵活的工资总额管理制度。对于集团层面混合所有制改革试点企业,要比照落实董事会职权试点相关政策,实行工资总额备案制。鼓励集团公司对下属混合所有制改革试点企业采取差异化工资总额管理方式,充分激发企业内生活力。

## 九、关于军工企业国有股权控制类别和军工事项审查程序

军工企业混合所有制改革不断深化,既有的关于军工企业国有股权控制类别界定的政策规定,已不适应军民融合发展的需要。有关部门要抓紧对军工企业国有控股类别相关规定进行修订。类别修订完成前,确属混改需要突破相关比例规定的,允许符合条件的企业以一事一议方式报国防科工局等军工企业混合所有制改革相关主管部门研究办理。

国家发展改革委　财政部　人力资源和社会保障部
国土资源部　国资委　税务总局
证监会　国防科工局
2017 年 11 月 29 日

# 关于印发《中央企业混合所有制改革操作指引》的通知

(2019年10月31日 国资产权〔2019〕653号)

各中央企业：

为深入贯彻落实党中央、国务院关于积极发展混合所有制经济的决策部署，稳妥有序推进混合所有制改革，国资委在总结中央企业混合所有制改革工作的基础上，制定了《中央企业混合所有制改革操作指引》。现印发给你们，供参考。

国资委
2019年10月31日

## 中央企业混合所有制改革操作指引

为贯彻落实党中央、国务院关于积极发展混合所有制经济的决策部署，稳妥有序推进中央企业混合所有制改革，促进各种所有制资本取长补短、相互促进、共同发展，夯实社会主义基本经济制度的微观基础，按照《中共中央、国务院关于深化国有企业改革的指导意见》（中发〔2015〕22号）、《国务院关于国有企业发展混合所有制经济的意见》（国发〔2015〕54号）等文件精神和有关政策规定，结合中央企业混合所有制改革实践，制定本操作指引。中央企业所属各级子企业通过产权转让、增资扩股、首发上市（IPO）、上市公司资产重组等方式，引入非公有资本、集体资本实施混合所有制改革，相关工作参考本操作指引。

## 一、基本操作流程

中央企业所属各级子企业实施混合所有制改革，一般应履行以下基本操作流程：可行性研究、制订混合所有制改革方案、履行决策审批程序、开展审计评估、引进非公有资本投资者、推进企业运营机制改革。以新设企业、对外投资并购、投资入股等方式实施混合所有制改革的，履行中央企业投资管理有关程序。

（一）可行性研究。

拟实施混合所有制改革的企业（以下简称拟混改企业）要按照"完善治理、强化激励、突出主业、提高效率"的总体要求，坚持"因地施策、因业施策、因企施策，宜独则独、宜控则控、宜参则参，不搞拉郎配，不搞全覆盖，不设时间表"的原则，依据相关政策规定对混合所有制改革的必要性和可行性进行充分研究，一企一策，成熟一个推进一个。

积极稳妥推进主业处于充分竞争行业和领域的商业类国有企业混合所有制改革，国有资本宜控则控、宜参则参；探索主业处于重要行业和关键领域的商业类国有企业混合所有制改革，保持国有资本控股地位，支持非公有资本参股；根据不同业务特点，有序推进具备条件的公益类国有企业混合所有制改革；充分发挥国有资本投资、运营公司市场化运作专业平台作用，积极推进所属企业混合所有制改革。

可行性研究阶段，企业应按照有关文件规定，对实施混合所有制改革的社会稳定风险作出评估。

（二）制定混合所有制改革方案。

拟混改企业应制定混合所有制改革方案，方案一般包括以下内容：企业基本情况，混合所有制改革必要性和可行性分析，改革基本原则和思路，改革后企业股权结构设置，转变运营机制的主要举措，引进非公有资本的条件要求、方式、定价办法，员工激励计划，债权债务处置方案，职工安置方案，历史遗留问题解决方案，改革风险评估与防范措施，违反相关规定的追责措施，改革组织保障和进度安排等。

制订方案过程中，要科学设计混合所有制企业股权结构，充分向非公有资本释放股权，尽可能使非公有资本能够派出董事或监事；注重保障企业职工对混合所有制改革的知情权和参与权，涉及职工切身利益的要做好评估工作，职工安置方案应经职工大会或者职工代表大会审议通过；科学设计改革路径，用好用足国家相关税收优惠政策，降低改革成本。必要时可聘请外部专家、中介机构等参与。

（三）履行决策审批程序。

混合所有制改革方案制定后，中央企业应按照"三重一大"决策机制，履行企业内部决策程序。拟混改企业属于主业处于关系国家安全、国民经济命脉的重要行业和关键领域、主要承担重大专项任务子企业的，其混合所有制改革方案由中央企业审核后报国资委批准，其中需报国务院批准的，由国资委按照有关法律、行政法规和国务院文件规定履行相应程序；拟混改企业属于其他功能定位子企业的，其混合所有制改革方案由中央企业批准。

（四）开展审计评估。

企业实施混合所有制改革，应合理确定纳入改革的资产范围，需要对资产、业务进行调整的，可按照相关规定选择无偿划转、产权转让、产权置换等方式。企业混合所有制改革前如确有必要开展清产核资工作的，按照有关规定履行程序。

拟混改企业的资产范围确定后，由企业或产权持有单位选聘具备相应资质的中介机构开展财务审计、资产评估工作，履行资产评估项目备案程序，以经备案的资产评估结果作为资产交易定价的参考依据。

（五）引进非公有资本投资者。

拟混改企业引进非公有资本投资者，主要通过产权市场、股票市场等市场化平台，以公开、公平、公正的方式进行。通过产权市场引进非公有资本投资者，主要方式包括增资扩股和转让部分国有股权。通过股票市场引进非公有资本投资者，主要方式包括首发上市（IPO）和上市公司股份转让、发行证券、资产重组等。中央企业通过市场平台引进非公有资本投资者过程中，要注重保障各类社会资本平等参与权利，对拟参与方的条件要求不得有明确指向性或违反公平竞争原则的内容。

（六）推进运营机制改革。

混合所有制企业要完善现代企业制度，健全法人治理结构，充分发挥公司章程在公司治理中的基础性作用，各方股东共同制定章程，规范企业股东

(大)会、董事会、监事会、经理层和党组织的权责关系，落实董事会职权，深化三项制度改革；用足用好用活各种正向激励工具，构建多元化、系统化的激励约束体系，充分调动企业职工积极性。转变混合所有制企业管控模式，探索根据国有资本与非公有资本的不同比例结构协商确定具体管控方式，国有出资方强化以出资额和出资比例为限、以派出股权董事为依托的管控方式，明确监管边界，股东不干预企业日常经营。

## 二、"混资本"相关环节操作要点

（一）资产审计评估。

1. 财务审计。实施混合所有制改革，应当按照《国务院办公厅转发国务院国有资产监督管理委员会关于规范国有企业改制工作意见的通知》（国办发〔2003〕96号）、《国务院办公厅转发国资委关于进一步规范国有企业改制工作实施意见的通知》（国办发〔2005〕60号）等规定，开展财务审计工作。

（1）关于选聘审计机构。选聘审计机构应采取差额竞争方式，综合考察和了解其资质、信誉及能力。选聘的审计机构近两年内在企业财务审计中没有违法、违规记录，未承担同一混合所有制改革项目的评估业务，与企业不存在经济利益关系。

（2）关于审计报告。审计报告应为无保留意见的标准审计报告。拟上市项目或上市公司的重大资产重组项目，评估基准日在6月30日（含）之前的，需出具最近三个完整会计年度和本年度截至评估基准日的审计报告；评估基准日在6月30日之后的，需出具最近两个完整会计年度和本年度截至评估基准日的审计报告。其他经济行为需出具最近一个完整会计年度和本年度截至评估基准日的审计报告。

2. 资产评估。实施混合所有制改革，应当按照《中华人民共和国资产评估法》《企业国有资产评估管理暂行办法》（国资委令第12号）等规定，开展资产评估工作。

（1）评估机构选聘及委托。中央企业应当采取差额竞争方式在本企业评估机构备选库内选聘评估机构。选聘的评估机构应具有与企业评估需求相适应的资质条件、专业人员和专业特长，近3年内没有违法、违规执业国有资产评估项目记录；掌握企业及所在行业相关的法律法规、政策、经济行为特点和相关市场信息；与混合所有制改革相关方无经济利益关系。评估对象为企业股权的资产评估项目，由产权持有单位委托，其中涉及增资扩股事项的，可由产权持有单位和增资企业共同委托。

（2）评估备案管理权限。经国资委批准的混合所有制改革涉及的资产评估项目，由国资委负责备案；经中央企业批准的混合所有制改革涉及的资产评估项目，由中央企业负责备案；被评估企业涉及多个国有股东的，经协商一致，可以由持股比例最大的国有股东办理备案手续。

（3）重点关注事项。一是评估基准日选取应尽量接近混合所有制改革的实施日期。如果期后发生对评估结果产生重大影响的事项，应调整评估基准日或评估结果。二是评估范围应与混合所有制改革方案、决策文件、评估业务委托约定书等确定的范围一致。三是纳入评估的房产、土地、矿产资源等资产应当权属明晰、证照齐全。符合划拨用地条件的国有划拨土地使用权，经所在地县级以上人民政府批准可继续以划拨方式使用。四是涉及企业价值的资产评估项目，原则上应当采用两种以上评估方法。五是资产评估项目备案前，应当按照资产评估项目公示制度履行公示程序。

（二）通过产权市场实施混合所有制改革。

1. 产权交易机构选择。非上市企业通过产权转让、增资扩股方式实施混合所有制改革应按照《企业国有资产交易监督管理办法》（国资委 财政部令第32号）、《关于印发〈企业国有产权交易操作规则〉的通知》（国资发产权〔2009〕120号）等有关规定，在国资委确定的可以从事相关业务的产权交易机构中公开进行。从事中央企业产权转让业务的机构有北京产权交易所、天津产权交易中心、上海联合产权交易所和重庆联合产权交易所；从事中央企业增资扩股业务的机构有北京产权交易所和上海联合产权交易所。

2. 信息披露。进场交易项目要严格按照规定在产权交易机构进行信息披露。企业混合所有制改革方案确定后，可合理选择信息发布时机，及早披露相关信息。产权转让项目正式信息披露时间不少于20个工作日，涉及企业实际控制权转移的应进行信息预披露，时间不少于20个工作日。增资扩股项目信息披露时间不少于40个工作日。

3. 投资人遴选。拟混改企业要合理确定投资人的遴选方式。产权转让项目可采取拍卖、招投标、网络竞价等方式，增资扩股项目可采取竞价、竞争性谈判、综合评议等方式。投资人遴选过程中，对战略投资人主要关注与企业发展战略、经营目标、主营业务等方面的匹配和协同情况，对财务投资人主要关注资金实力和财务状况等。

4.重点关注事项。

（1）企业增资与产权转让同步进行。企业混合所有制改革后继续保持国有控股地位的，如增资过程中国有股东拟同步转让其所持有的少部分企业产权，统一按照增资流程操作，产权转让价格应与增资价格保持一致。

（2）商业秘密保护。在配合意向投资人尽职调查过程中，如涉及拟混改企业商业秘密，应按照《关于印发〈中央企业商业秘密保护暂行规定〉的通知》（国资发〔2010〕41号）要求，与相关方签订保密协议，保护自身权益。

（3）交易价格。产权转让项目首次正式挂牌底价不得低于经备案的评估结果，信息披露期满未征集到受让方拟降价的，新的挂牌底价低于评估结果90%时，应经混合所有制改革批准单位同意；交易价格确定后，交易双方不得以期间损益等理由对交易价格进行调整。增资扩股项目的交易价格以评估结果为基础，结合意向投资人的条件和报价等因素综合确定，并经企业董事会或股东会审议同意。

（三）通过股票市场实施混合所有制改革。

通过股票市场发行证券、转让上市公司股份、国有股东与上市公司资产重组等方式实施混合所有制改革，应按照《上市公司国有股权监督管理办法》（国资委　财政部　证监会令第36号）及证券监管的有关规定履行程序。

1.发行证券。通过发行证券形式实施混合所有制改革，可以采取首发上市（IPO）、国有股东以所持上市公司股票发行可交换公司债券、上市公司发行股份购买非国有股东所持股权、增发和发行可转换公司债券等方式。采取首发上市（IPO）方式的，应当按照要求履行国有股东标识管理程序。符合国家战略、拥有关键核心技术、科技创新能力突出、主要依靠核心技术开展生产经营、具有稳定商业模式、市场认可度高、社会形象良好、具有较强成长性的企业，可积极申请在科创板上市。

2.上市公司股份转让。应坚持公开、公平、公正原则，一般采取公开征集方式进行。国有股东履行内部决策程序后，书面通知上市公司，由其依法披露、进行提示性公告。国有股东将转让方案、可行性研究报告、内部决策文件、拟发布的公开征集信息等内容通过国资委产权管理综合信息系统报国资委同意后，书面通知上市公司发布公开征集信息，内容主要包括拟转让股份权属情况和数量、受让方应当具备的资格条件、受让方的选择规则、公开征集期限等。公开征集信息中对受让方资格条件不得设定指向性或违反公平竞争要求的条款。收到拟受让方提交的受让申请和受让方案后，国有股东成立由内部职能部门及独立外部专家组成的工作小组，严格按照已公告的规则选择确定受让方。转让价格不低于上市公司提示性公告日前30个交易日的每日加权平均价格的算术平均值及最近一个会计年度经审计的每股净资产值中的较高者。

3.国有股东与上市公司资产重组。国有股东应按照符合国有股东发展战略及有利于提高上市公司质量和核心竞争力等原则，在与上市公司充分协商基础上，科学策划重组方案，合理选择重组时机。国有股东履行内部决策程序后，书面通知上市公司，由其依法披露并申请停牌，并按照相关规定履行国资委预审核、上市公司董事会审议预案、对外披露预案、复牌、资产评估及备案、董事会审议草案、对外披露草案、集团公司或国资委审批重组方案、股东大会审议重组方案、报送证券监管机构审核等程序。资产重组发行股份价格在符合证券监管规则基础上，按照有利于维护包括国有股东在内的全体股东权益的原则确定。

通过股票市场实施混合所有制改革应做好信息披露工作，切实防控内幕交易，其中涉及的投资人遴选、商业秘密保护等事项按照"通过产权市场实施混合所有制改革"中明确的原则操作。

## 三、"改机制"相关环节操作要点

（一）关于混合所有制企业公司治理和管控方式。

1.混合所有制企业法人治理结构。混合所有制企业要建立健全现代企业制度，坚持以资本为纽带、以产权为基础完善治理结构，根据股权结构合理设置股东（大）会、董事会、监事会，规范股东会、董事会、监事会、经理层和党组织的权责关系，按章程行权、依规则运行，形成定位清晰、权责对等、运转协调、制衡有效的法人治理结构。充分发挥公司章程在公司治理中的基础性作用，国有股东根据法律法规和公司实际情况，与其他股东充分协商，合理制定章程条款，切实维护各方股东权利。充分发挥非公有资本股东的积极作用，依法确定非公有资本股东提名和委派董事、监事的规则，建立各方参与、有效制衡的董事会，促进非公有资本股东代表能够有效参与公司治理。

2.混合所有制企业管控方式。中央企业要科学合理界定与混合所有制企业的权责边界，避免"行政化""机关化"管控，加快实现从"控制"到"配置"的转变。国有股东要在现代企业制度框架下按照市场化规则，以股东角色和身份参与企业决策和经营管理，不干预企业日常经营。通过股东（大）会表决、推荐董事和监事等方式行使股东权利，实施以股权关系为基础、以派出股权董事为依托的治理型管控，加强股权董事履职支撑服务和监督管理，确保国有股权董事行权履职体现出资人意志。依法保障混合所有制企业自主经营权，落实董事会对经理层成员选聘、业绩考核和薪酬管理等职权。对于国有参股的混合所有制企业，结合实际健全完善管理体制、落实董事会职责权限、加强经理层成员和国有股权董事监督管理，并在公司章程中予以明确。

3.混合所有制企业党的建设。中央企业混合所有制改革要把建立党的组织、开展党的工作作为必要前提。根据不同类型混合所有制企业特点，明确党组织的设置方式、职责定位和管理模式。按照党章及党内法规制度要求，结合实际，推动混合所有制企业党组织和工作有效覆盖，设置党的工作机构，配齐配强专兼职党务工作人员，保证必需的党建工作经费，确保党的活动能够正常开展。

（二）关于三项制度改革。

1.建立市场化选人用人机制，实现管理人员能上能下。推动混合所有制企业在更大范围实行经理层成员任期制和契约化管理，具备条件的建立职业经理人制度，积极探索建立与市场接轨的经理层激励制度。树立正确的选人用人导向，建立健全内部管理人员考核评价机制，实现"能者上、庸者下、平者让"。完善职业发展通道，为内部管理人员搭建能上能下平台。

2.健全市场化用工制度，实现员工能进能出。建立健全以合同管理为核心、以岗位管理为基础的市场化用工制度。拓宽人才引进渠道，严格招聘管理，严把人员入口，不断提升引进人员质量。合理确定用工总量，盘活用工存量，畅通进出渠道，构建正常流动机制，不断提升用工效率和劳动生产率。

3.建立市场化薪酬分配机制，实现收入能增能减。落实中央企业工资总额管理制度改革要求，建立健全与劳动力市场基本适应、与企业经济效益和劳动生产率挂钩的工资决定和正常增长机制。完善市场化薪酬分配制度，优化薪酬结构，坚持向关键岗位和核心骨干倾斜，坚持与绩效考核紧密挂钩，合理拉开收入分配差距,打破高水平"大锅饭"。统筹推进上市公司股权激励、科技型企业股权分红、员工持股等中长期激励措施,用好用足相关政策,不断增强关键核心人才的获得感、责任感、荣誉感。

(三)关于激励约束机制。

鼓励混合所有制企业综合运用国有控股混合所有制企业员工持股、国有控股上市公司股权激励、国有科技型企业股权和分红激励等中长期激励政策,探索超额利润分享、项目跟投、虚拟股权等中长期激励方式,注重发挥好非物质激励的积极作用,系统提升正向激励的综合效果。

1. 混合所有制企业员工持股。员工持股应按照《关于印发〈关于国有控股混合所有制企业开展员工持股试点的意见〉的通知》(国资发改革〔2016〕133号)稳慎开展。坚持依法合规、公开透明、增量引入、利益绑定,以岗定股、动态调整、严控范围、强化监督等原则。优先支持人才资本和技术要素贡献占比较高的科技型企业开展员工持股。员工持股企业应当具备以下条件:主业处于充分竞争行业和领域的商业类企业;股权结构合理,非公有资本股东所持股份应达到一定比例,公司董事会中有非公有资本股东推荐的董事;公司治理结构健全,建立市场化的劳动人事分配制度和业绩考核评价体系,形成管理人员能上能下、员工能进能出、收入能增能减的市场化机制,营业收入和利润90%以上来源于所在企业集团外部市场。员工持股总量原则上不高于公司总股本的30%,单一员工持股比例原则上不高于公司总股本的1%。

2. 中央企业控股上市公司股权激励。中央企业控股上市公司应按照证监会和国资委有关规定规范实施股权激励,建立健全长效激励约束机制,充分调动核心骨干人才创新创业的积极性。股权激励对象要聚焦核心骨干人才队伍,结合企业高质量发展需要、行业竞争特点、关键岗位职责、绩效考核评价等因素综合确定。股权激励方式一般为股票期权、股票增值权、限制性股票等方式,也可以探索试行法律、行政法规允许的其他激励方式。中小市值上市公司及科技创新型上市公司,首次实施股权激励计划授予的权益数量占公司股本总额的比重,最高可以由1%上浮至3%。上市公司两个完整会计年度内累计授予的权益数量一般在公司总股本的3%以内,公司重大战略转型等特殊需要的可以适当放宽至总股本的5%以内。股权激励对象实际获得的收益不再设置调控上限。中央企业控股上市公司根据有关政策规定,制订股权激励计划,在股东大会审议之前，国有控股股东按照公司治理和股权关系，经中央企业审核同意，并报国资委批准。除主营业务整体上市公司外，国资委不再审核上市公司股权激励分期实施方案，上市公司依据股权激励计划制订的分期实施方案，国有控股股东应当在董事会审议决定前，报中央企业审核同意。

3.国有科技型企业股权和分红激励。鼓励符合条件的国有科技型企业按照国家相关规定，实施股权和分红激励，充分调动科研骨干和关键人才的积极性和创造性。明确激励政策导向，以推动形成有利于自主创新和科技成果转化的激励机制为主要目标，根据科技人才资本和技术要素贡献占比及投入产出效率等情况，合理确定实施企业范围和激励对象，建立导向清晰、层次分明、重点突出的中长期激励体系。优先支持符合《"十三五"国家科技创新规划》战略布局和中央企业"十三五"科技创新重点研发方向，创新能力较强、成果技术水平较高、市场前景较好的企业或项目实施股权和分红激励。综合考虑职工岗位价值、实际贡献、承担风险和服务年限等因素，重点激励在自主创新和科技成果转化中发挥主要作用的关键核心技术、管理人员。科学选择激励方式，鼓励符合条件的企业优先开展岗位分红激励，科技成果转化和项目收支明确的企业可选择项目分红激励，在积累试点经验的基础上稳妥实施、逐步推进股权激励。合理确定总体激励水平，从经营发展战略以及自身经济效益状况出发，分类分步推进股权和分红激励工作，坚持效益导向和增量激励原则，根据企业人工成本承受能力和经营业绩状况，合理确定激励水平。规范制度执行，中央企业开展股权和分红激励要按照《关于印发〈国有科技型企业股权和分红激励暂行办法〉的通知》（财资〔2016〕4号）等有关规定，不得随意降低资格条件。

## 四、相关支持政策

（一）关于财税支持政策。

发展改革委、国资委会同有关部门共同制定出台了《关于深化混合所有制改革试点若干政策的意见》（发改经体〔2017〕2057号）、《国家发展改革委办公厅关于印发〈国有企业混合所有制改革相关税收政策文件汇编〉的通知》（发改办经体〔2018〕947号），对混合所有制改革过程中符合税法规定条件的有关情形，可享受相应的财税政策支持，主要包括：股权（资产）收购、合并、分立、债务重组、债转股等，可享受企业所得税递延纳税优惠政策；涉及以非货币性资产对外投资确认的非货币性资产转让所得,可享受5年内分期缴纳企业所得税政策;符合税法规定条件的债权损失在计算企业所得税应纳税所得额时扣除;通过合并、分立、出售、置换等方式,将全部或者部分实物资产以及与其相关联的债权、负债和劳动力,一并转让给其他单位和个人,其中涉及的货物、不动产、土地使用权转让,不征收增值税、营业税;符合条件的股权收购、资产收购、按账面净值划转股权或资产等,可适用特殊性税务处理政策;混合所有制改革涉及的土地增值税、契税、印花税,可享受相关优惠政策。

(二)关于土地处置支持政策。

企业推进混合所有制改革过程中涉及的土地处置事项,按照《国务院关于促进企业兼并重组的意见》(国发〔2010〕27号)、《国务院关于进一步优化企业兼并重组市场环境的意见》(国发〔2014〕14号)、《国务院关于全民所有自然资源资产有偿使用制度改革的指导意见》(国发〔2016〕82号)等相关规定办理,主管部门对拟混改企业提出的土地转让、改变用途等申请,将依法依规加快办理相关用地和规划手续。拟混改企业拥有国有划拨土地使用权的,经主管部门批准,可根据行业和改革需要,分别采取出让、租赁、国家作价出资(入股)、授权经营和保留规划用地等方式进行处置;重点产业调整和振兴规划确定的混合所有制改革事项涉及的国有划拨土地使用权,经省级以上主管部门批准,可以国家作价出资(入股)方式处置;涉及因实施城市规划需要搬迁的工业项目,经主管部门审核批准,可收回原国有土地使用权,并以协议出让或租赁方式为原土地使用权人重新安排工业用地;涉及事业单位等改制为企业的,允许实行国有企业改制土地资产处置政策。

混合所有制改革具有较强探索性和挑战性,涉及面广、政策性强、影响广泛、社会关注度高。中央企业要坚持解放思想、实事求是,积极稳妥统筹推进,鼓励探索、勇于实践,建立健全容错纠错机制,宽容在改革创新中的失误。要坚持依法合规操作,注重发挥内外部监督合力,做到规则公开、过程公开、结果公开,防止暗箱操作、低价贱卖、利益输送、化公为私、逃废债务,杜绝国有资产流失。要及时跟踪改革进展,评估改革成效,推广改革经验,加快形成可复制、可推广的模式和经验。

附件:混合所有制改革涉及的法律法规制度目录

附件

# 混合所有制改革涉及的法律法规制度目录

## 一、法律、法规

1. 中华人民共和国公司法
2. 中华人民共和国证券法
3. 中华人民共和国企业国有资产法
4. 中华人民共和国资产评估法
5. 国有资产评估管理办法（国务院令第91号）

## 二、国务院文件

6. 国务院关于促进企业兼并重组的意见（国发〔2010〕27号）
7. 国务院关于进一步优化企业兼并重组市场环境的意见（国发〔2014〕14号）
8. 国务院关于国有企业发展混合所有制经济的意见（国发〔2015〕54号）
9. 国务院关于全民所有自然资源资产有偿使用制度改革的指导意见（国发〔2016〕82号）
10. 国务院办公厅转发国务院国有资产监督管理委员会关于规范国有企业改制工作意见的通知（国办发〔2003〕96号）
11. 国务院办公厅转发国资委关于进一步规范国有企业改制工作实施意见的通知（国办发〔2005〕60号）
12. 国务院办公厅转发证监会等部门关于依法打击和防控资本市场内幕交易意见的通知（国办发〔2010〕55号）
13. 国务院办公厅关于加强和改进企业国有资产监督防止国有资产流失的意见（国办发〔2015〕79号）
14. 国务院办公厅关于印发中央企业公司制改制工作实施方案的通知（国办发〔2017〕69号）

## 三、部门规章、规范性文件

15. 国有企业清产核资办法（国资委令第1号）
16. 企业国有资产评估管理暂行办法（国资委令第12号）

17. 中央企业境外国有产权管理暂行办法（国资委令第 27 号）

18. 企业国有资产交易监督管理办法（国资委　财政部令第 32 号）

19. 中央企业投资监督管理办法（国资委令第 34 号）

20. 中央企业境外投资监督管理办法（国资委令第 35 号）

21. 上市公司国有股权监督管理办法（国资委　财政部　证监会令第 36 号）

22. 中央企业违规经营投资责任追究实施办法（试行）（国资委令第 37 号）

23. 关于印发《国土资源部关于加强土地资产管理促进国有企业改革和发展的若干意见》的通知（国土资发〔1999〕433 号）

24. 关于印发《国有企业清产核资经济鉴证工作规则》的通知（国资评价〔2003〕78 号）

25. 关于印发《国有控股上市公司（境外）实施股权激励试行办法》的通知（国资发分配〔2006〕8 号）

26. 关于印发《国有控股上市公司（境内）实施股权激励试行办法》的通知（国资发分配〔2006〕175 号）

27. 关于加强企业国有资产评估管理工作有关问题的通知（国资发产权〔2006〕274 号）

28. 关于规范国有控股上市公司实施股权激励制度有关问题的通知（国资发分配〔2008〕171 号）

29. 关于印发《企业国有产权交易操作规则》的通知（国资发产权〔2009〕120 号）

30. 关于企业国有资产评估报告审核工作有关事项的通知（国资产权〔2009〕941 号）

31. 关于印发《中央企业商业秘密保护暂行规定》的通知（国资发〔2010〕41 号）

32. 关于印发《中央企业资产评估项目核准工作指引》的通知（国资发产权〔2010〕71 号）

33. 关于建立国有企业改革重大事项社会稳定风险评估机制的指导意见（国资发〔2010〕157 号）

34. 关于规范中央企业选聘评估机构工作的指导意见（国资发产权〔2011〕

68号）

35. 关于中央企业国有产权置换有关事项的通知（国资发产权〔2011〕121号）

36. 关于加强上市公司国有股东内幕信息管理有关问题的通知（国资发产权〔2011〕158号）

37. 关于印发《企业国有资产评估项目备案工作指引》的通知（国资发产权〔2013〕64号）

38. 关于促进企业国有产权流转有关事项的通知（国资发产权〔2014〕95号）

39. 关于印发《国有科技型企业股权和分红激励暂行办法》的通知（财资〔2016〕4号）

40. 关于进一步深化中央企业劳动用工和收入分配制度改革的指导意见（国资发分配〔2016〕102号）

41. 关于印发《关于国有控股混合所有制企业开展员工持股试点的意见》的通知（国资发改革〔2016〕133号）

42. 关于做好中央科技型企业股权和分红激励工作的通知（国资发分配〔2016〕274号）

43. 关于印发《中央企业实施混合所有制改革有关事项的规定》的通知（国资发产权〔2016〕295号）

44. 关于印发《中央科技型企业实施分红激励工作指引》的通知（国资厅发考分〔2017〕47号）

45. 关于深化混合所有制改革试点若干政策的意见（发改经体〔2017〕2057号）

46. 关于扩大国有科技型企业股权和分红激励暂行办法实施范围等有关事项的通知（财资〔2018〕54号）

47. 国家发展改革委办公厅关于印发《国有企业混合所有制改革相关税收政策文件汇编》的通知（发改办经体〔2018〕947号）

48. 关于印发《关于深化中央企业国有资本投资公司改革试点工作意见》的通知（国资发资本〔2019〕28号）

49. 关于印发《关于深化中央企业国有资本运营公司改革试点工作意见》的通知（国资发资本〔2019〕45号）

# 三、改革激励分配机制

# 关于印发《关于国有控股混合所有制企业开展员工持股试点的意见》的通知

(2016年8月2日　国资发改革〔2016〕133号)

各省、自治区、直辖市人民政府、国务院各部委、各直属机构：

　　经国务院同意，现将《关于国有控股混合所有制企业开展员工持股试点的意见》印发给你们，请结合实际认真贯彻执行。

国务院国有资产监督管理委员会<br>
中华人民共和国财政部<br>
中国证券监督管理委员会<br>
2016年8月2日

## 关于国有控股混合所有制企业开展员工持股试点的意见

　　为全面贯彻党的十八大和十八届三中、四中、五中全会精神，落实"四个全面"战略布局和创新、协调、绿色、开放、共享的发展理念，根据《中共中央　国务院关于深化国有企业改革的指导意见》（中发〔2015〕22号）有关要求，经国务院同意，现就国有控股混合所有制企业开展员工持股试点提出以下意见。

### 一、试点原则

　　（一）坚持依法合规，公开透明。依法保护各类股东权益，严格遵守国家有关法律法规和国有企业改制、国有产权管理等有关规定,确保规则公开、程序公开、结果公开,杜绝暗箱操作,严禁利益输送,防止国有资产流失。不得侵害企业内部非持股员工合法权益。

(二)坚持增量引入,利益绑定。主要采取增资扩股、出资新设方式开展员工持股,并保证国有资本处于控股地位。建立健全激励约束长效机制,符合条件的员工自愿入股,入股员工与企业共享改革发展成果,共担市场竞争风险。

(三)坚持以岗定股,动态调整。员工持股要体现爱岗敬业的导向,与岗位和业绩紧密挂钩,支持关键技术岗位、管理岗位和业务岗位人员持股。建立健全股权内部流转和退出机制,避免持股固化僵化。

(四)坚持严控范围,强化监督。严格试点条件,限制试点数量,防止"一哄而起"。严格审批程序,持续跟踪指导,加强评价监督,确保试点工作目标明确、操作规范、过程可控。

## 二、试点企业条件

(一)主业处于充分竞争行业和领域的商业类企业。

(二)股权结构合理,非公有资本股东所持股份应达到一定比例,公司董事会中有非公有资本股东推荐的董事。

(三)公司治理结构健全,建立市场化的劳动人事分配制度和业绩考核评价体系,形成管理人员能上能下、员工能进能出、收入能增能减的市场化机制。

(四)营业收入和利润90%以上来源于所在企业集团外部市场。

优先支持人才资本和技术要素贡献占比较高的转制科研院所、高新技术企业、科技服务型企业(以下统称科技型企业)开展员工持股试点。中央企业二级(含)以上企业以及各省、自治区、直辖市及计划单列市和新疆生产建设兵团所属一级企业原则上暂不开展员工持股试点。违反国有企业职工持股有关规定且未按要求完成整改的企业,不开展员工持股试点。

## 三、企业员工入股

(一)员工范围。参与持股人员应为在关键岗位工作并对公司经营业绩和持续发展有直接或较大影响的科研人员、经营管理人员和业务骨干,且与本公司签订了劳动合同。

党中央、国务院和地方党委、政府及其部门、机构任命的国有企业领导人员不得持股。外部董事、监事(含职工代表监事)不参与员工持股。如直系亲属多人在同一企业时,只能一人持股。

(二)员工出资。员工入股应主要以货币出资,并按约定及时足额缴纳。按照国家有关法律法规,员工以科技成果出资入股的,应提供所有权属证明并依法评估作价,及时办理财产权转移手续。上市公司回购本公司股票实施员工持股,须执行有关规定。

试点企业、国有股东不得向员工无偿赠予股份,不得向持股员工提供垫资、担保、借贷等财务资助。持股员工不得接受与试点企业有生产经营业务往来的其他企业的借款或融资帮助。

(三)入股价格。在员工入股前,应按照有关规定对试点企业进行财务审计和资产评估。员工入股价格不得低于经核准或备案的每股净资产评估值。国有控股上市公司员工入股价格按证券监管有关规定确定。

(四)持股比例。员工持股比例应结合企业规模、行业特点、企业发展阶段等因素确定。员工持股总量原则上不高于公司总股本的30%,单一员工持股比例原则上不高于公司总股本的1%。企业可采取适当方式预留部分股权,用于新引进人才。国有控股上市公司员工持股比例按证券监管有关规定确定。

(五)股权结构。实施员工持股后,应保证国有股东控股地位,且其持股比例不得低于公司总股本的34%。

(六)持股方式。持股员工可以个人名义直接持股,也可通过公司制企业、合伙制企业、资产管理计划等持股平台持有股权。通过资产管理计划方式持股的,不得使用杠杆融资。持股平台不得从事除持股以外的任何经营活动。

## 四、企业员工股权管理

(一)股权管理主体。员工所持股权一般应通过持股人会议等形式选出代表或设立相应机构进行管理。该股权代表或机构应制定管理规则,代表持股员工行使股东权利,维护持股员工合法权益。

(二)股权管理方式。公司各方股东应就员工股权的日常管理、动态调整和退出等问题协商一致，并通过公司章程或股东协议等予以明确。

（三）股权流转。实施员工持股，应设定不少于36个月的锁定期。在公司公开发行股份前已持股的员工，不得在公司首次公开发行时转让股份，并应承诺自上市之日起不少于36个月的锁定期。锁定期满后，公司董事、高级管理人员每年可转让股份不得高于所持股份总数的25%。

持股员工因辞职、调离、退休、死亡或被解雇等原因离开本公司的，应在12个月内将所持股份进行内部转让。转让给持股平台、符合条件的员工或非公有资本股东的，转让价格由双方协商确定；转让给国有股东的，转让价格不得高于上一年度经审计的每股净资产值。国有控股上市公司员工转让股份按证券监管有关规定办理。

（四）股权分红。员工持股企业应处理好股东短期收益与公司中长期发展的关系，合理确定利润分配方案和分红率。企业及国有股东不得向持股员工承诺年度分红回报或设置托底回购条款。持股员工与国有股东和其他股东享有同等权益，不得优先于国有股东和其他股东取得分红收益。

（五）破产重整和清算。员工持股企业破产重整和清算时，持股员工、国有股东和其他股东应以出资额为限，按照出资比例共同承担责任。

## 五、试点工作实施

（一）试点企业数量。选择少量企业开展试点。各省、自治区、直辖市及计划单列市和新疆生产建设兵团可分别选择5~10户企业，国务院国资委可从中央企业所属子企业中选择10户企业，开展首批试点。

（二）试点企业确定。开展员工持股试点的地方国有企业，由省级人民政府国有资产监督管理机构协调有关部门，在审核申报材料的基础上确定。开展试点的中央企业所属子企业，由国有股东单位在审核有关申报材料的基础上，报履行出资人职责的机构确定。

（三）员工持股方案制定。企业开展员工持股试点，应深入分析实施员工持股的必要性和可行性，以适当方式向员工充分提示持股风险，严格按照有关规定制定员工持股方案，并对实施员工持股的风险进行评估，制定应对预案。员工持股方案应对持股员工条件、持股比例、入股价格、出资方式、持股方式、股权分红、股权管理、股权流转及员工岗位变动调整股权等操作细节作出具体规定。

（四）员工持股方案审批及备案。试点企业应通过职工代表大会等形式充分听取本企业职工对员工持股方案的意见，并由董事会提交股东（大）会进行审议。地方试点企业的员工持股方案经股东（大）会审议通过后，报履行出资人职责的机构备案，同时抄报省级人民政府国有资产监督管理机构；中央试点企业的员工持股方案经股东（大）会审议通过后，报履行出资人职责的机构备案。

（五）试点企业信息公开。试点企业应将持股员工范围、持股比例、入股价格、股权流转、中介机构以及审计评估等重要信息在本企业内部充分披露，切实保障员工的知情权和监督权。国有控股上市公司执行证券监管有关信息披露规定。

（六）规范关联交易。国有企业不得以任何形式向本企业集团内的员工持股企业输送利益。国有企业购买本企业集团内员工持股企业的产品和服务，或者向员工持股企业提供设备、场地、技术、劳务、服务等，应采用市场化方式，做到价格公允、交易公平。有关关联交易应由一级企业以适当方式定期公开，并列入企业负责人经济责任审计和财务审计内容。

## 六、组织领导

实施员工持股试点，事关国有企业改革发展大局，事关广大员工切身利益，各地区、各有关部门要高度重视，加强领导，精心组织，落实责任，确保试点工作规范有序开展。国务院国资委负责中央企业试点工作，同时负责指导地方国有资产监督管理机构做好试点工作，重要问题应及时向国务院国有企业改革领导小组报告。首批试点原则上在2016年启动实施，各有关履行出资人职责的机构要严格审核试点企业申报材料，成熟一户开展一户，2018年底进行阶段性总结，视情况适时扩大试点。试点企业要按照要求规范操作，严格履行有关决策和审批备案程序，扎实细致开展员工持股试点工作，积极探索员工持股有效模式，切实转换企业经营机制，激发企业活力。各有关履行出资人职责的机构要对试点企业进行定期跟踪检查，及时掌握情况，发现问题，纠正不规范行为。试点过程中出现制度不健全、程序不规范、管理不到位等问题，致使国有资产流失、损害有关股东合法权益或严重侵害企业职工合法权益的，要依法依纪追究相关责任人的责任。

金融、文化等国有企业实施员工持股，中央另有规定的依其规定执行。国有科技型企业的股权和分红激励，按国务院有关规定执行。已按有关规定实施员工持股的企业，继续规范实施。国有参股企业的员工持股不适用本意见。

# 关于进一步做好中央企业控股上市公司股权激励工作有关事项的通知

(2019年10月24日 国资发考分规〔2019〕102号)

各中央企业：

为深入贯彻习近平新时代中国特色社会主义思想和党的十九大精神，认真落实党中央、国务院决策部署，积极支持中央企业控股上市公司建立健全长效激励约束机制，充分调动核心骨干人才的积极性，推动中央企业实现高质量发展，根据有关法律法规规定，现就进一步做好中央企业控股上市公司（以下简称上市公司）股权激励工作的有关事项通知如下：

## 一、科学制定股权激励计划

（一）中央企业应当结合本集团产业发展规划，积极推动所控股上市公司建立规范、有效、科学的股权激励机制，综合运用多种激励工具，系统构建企业核心骨干人才激励体系。股权激励对象应当聚焦核心骨干人才队伍，应当结合企业高质量发展需要、行业竞争特点、关键岗位职责、绩效考核评价等因素综合确定。中央和国资委管理的中央企业负责人不纳入股权激励对象范围。

（二）股权激励方式应当按照股票上市交易地监管规定，根据所在行业经营规律、企业改革发展实际等因素科学确定，一般为股票期权、股票增值权、限制性股票等方式，也可以结合股票交易市场其他公司实施股权激励的进展情况，探索试行法律、行政法规允许的其他激励方式。

（三）鼓励上市公司根据企业发展规划，采取分期授予方式实施股权激励，充分体现激励的长期效应。每期授予权益数量应当与公司股本规模、激励对象人数，以及权益授予价值等因素相匹配。中小市值上市公司及科技创新型上市公司，首次实施股权激励计划授予的权益数量占公司股本总额的比重，最高可以由1%上浮至3%。上市公司两个完整年度内累计授予的权益数量一般在公司总股本的3%以内，公司重大战略转型等特殊需要的可以适当放宽至总股本的5%以内。

（四）上市公司应当按照股票上市交易地监管规定和上市规则，确定权益授予的公平市场价格。股票期权、股票增值权的行权价格按照公平市场价格确定，限制性股票的授予价格按照不低于公平市场价格的50％确定。股票公平市场价格低于每股净资产的，限制性股票授予价格原则上按照不低于公平市场价格的60%确定。

（五）上市公司应当依据本公司业绩考核与薪酬管理办法，结合公司经营效益情况，并参考市场同类人员薪酬水平、本公司岗位薪酬体系等因素，科学设置激励对象薪酬结构，合理确定激励对象薪酬水平、权益授予价值与授予数量。董事、高级管理人员的权益授予价值，境内外上市公司统一按照不高于授予时薪酬总水平（含权益授予价值）的40％确定，管理、技术和业务骨干等其他激励对象的权益授予价值，由上市公司董事会合理确定。股权激励对象实际获得的收益，属于投资性收益，不再设置调控上限。

## 二、完善股权激励业绩考核

（六）上市公司应当建立健全股权激励业绩考核及激励对象绩效考核评价体系。股权激励的业绩考核，应当体现股东对公司经营发展的业绩要求和考核导向。在权益授予环节，业绩考核目标应当根据公司发展战略规划合理设置，股权激励计划无分次实施安排的，可以不设置业绩考核条件。在权益生效（解锁）环节，业绩考核目标应当结合公司经营趋势、所处行业发展周期科学设置，体现前瞻性、挑战性，可以通过与境内外同行业优秀企业业绩水平横向对标的方式确定。上市公司在公告股权激励计划草案时，应当披露所设定业绩考核指标与目标水平的科学性和合理性。

（七）上市公司应当制定规范的股权激励管理办法，以业绩考核指标完成情况为基础对股权激励计划实施动态管理。上市公司按照股权激励管理办法和业绩考核评价办法，以业绩考核完成情况决定对激励对象全体和个人权益的授予和生效（解锁）。

### 三、支持科创板上市公司实施股权激励

（八）中央企业控股科创板上市公司实施股权激励，原则上按照科创板有关上市规则制订股权激励计划。

（九）科创板上市公司以限制性股票方式实施股权激励的，若授予价格低于公平市场价格的50%，上市公司应当适当延长限制性股票的禁售期及解锁期，并设置不低于公司近三年平均业绩水平或同行业75分位值水平的解锁业绩目标条件。

（十）尚未盈利的科创板上市公司实施股权激励的，限制性股票授予价格按照不低于公平市场价格的60%确定。在上市公司实现盈利前，可生效的权益比例原则上不超过授予额度的40%，对于属于国家重点战略行业、且因行业特性需要较长时间才可实现盈利的，应当在股权激励计划中明确提出调整权益生效安排的申请。

### 四、健全股权激励管理体制

（十一）中央企业集团公司应当切实履行出资人职责，根据国有控股上市公司实施股权激励的有关政策规定，通过规范的公司治理程序，认真指导所属各级控股上市公司规范实施股权激励，充分调动核心骨干人才创新创业的积极性，共享企业改革发展成果。

（十二）中央企业控股上市公司根据有关政策规定，制定股权激励计划，在股东大会审议之前，国有控股股东按照公司治理和股权关系，经中央企业集团公司审核同意，并报国资委批准。

（十三）国资委不再审核股权激励分期实施方案（不含主营业务整体上市公司），上市公司依据股权激励计划制订的分期实施方案，国有控股股东应当在董事会审议决定前，报中央企业集团公司审核同意。

（十四）国资委依法依规对中央企业控股上市公司股权激励实施情况进行监督管理。未按照法律、行政法规及相关规定实施股权激励计划的，中央企业应当督促上市公司立即进行整改，并对公司及相关责任人依法依规追究责任。在整改期间，中央企业集团公司应当停止受理该公司实施股权激励的申请。

（十五）国有控股股东应当要求和督促上市公司真实、准确、完整、及时

地公开披露股权激励实施情况,不得有虚假记载、误导性陈述或者重大遗漏。上市公司应当在年度报告中披露报告期内股权激励的实施情况和业绩考核情况。中央企业应当于上市公司年度报告披露后,将本企业所控股上市公司股权激励实施情况报告国资委。

（十六）本通知适用于国资委履行出资人职责的中央企业,与本通知不一致的,按照本通知执行。

国资委

2019 年 10 月 24 日

# 关于印发《中央企业控股上市公司实施股权激励工作指引》的通知

（2020年4月23日　国资考分〔2020〕178号）

各中央企业：

为深入贯彻落实习近平新时代中国特色社会主义思想，建立健全生产要素由市场评价贡献、按贡献决定报酬的机制，推动中央企业实施中长期激励，国资委在总结中央企业控股上市公司股权激励工作的基础上，制定了《中央企业控股上市公司实施股权激励工作指引》，现印发给你们，供参考。

国资委<br>2020年4月23日

## 中央企业控股上市公司实施股权激励工作指引

### 第一章　总　则

**第一条**　为进一步推动中央企业控股上市公司建立健全长效激励约束机制，完善股权激励计划的制定和实施工作，充分调动上市公司核心骨干人才的积极性，促进国有资产保值增值，推动国有资本做强做优做大，根据《中华人民共和国公司法》《中华人民共和国企业国有资产法》《关于修改〈上市公司股权激励管理办法〉的决定》（证监会令第148号）和国有控股上市公司实施股权激励的有关政策规定，制定本指引，供企业在工作中参考使用。

**第二条**　本指引适用于国务院国有资产监督管理委员会（以下简称国资委）

履行出资人职责的中央企业及其各级出资企业控股或实际控制的上市公司（以下简称上市公司）。

**第三条** 本指引所称股权激励，是指上市公司以本公司股票或者其衍生权益为标的，对其董事、高级管理人员及管理、技术和业务骨干实施的长期激励。

**第四条** 本指引用于指导中央企业、上市公司国有控股股东依法履行出资人职责，按照本指引及相关规定指导上市公司科学制定股权激励计划、规范履行决策程序，做好股权激励计划的实施管理工作。

**第五条** 上市公司实施股权激励应当遵循以下原则：

（一）坚持依法规范，公开透明，遵循法律法规和公司章程规定，完善现代企业制度，健全公司治理机制。

（二）坚持维护股东利益、公司利益和激励对象利益，促进上市公司持续发展，促进国有资本保值增值。

（三）坚持激励与约束相结合，风险与收益相匹配，强化股权激励水平与业绩考核双对标，充分调动上市公司核心骨干人才的积极性。

（四）坚持分类分级管理，从企业改革发展和资本市场实际出发，充分发挥市场机制，规范起步，循序渐进，积极探索，不断完善。

**第六条** 上市公司实施股权激励应当具备以下条件：

（一）公司治理规范，股东大会、董事会、监事会、经理层组织健全，职责明确。股东大会选举和更换董事的制度健全，董事会选聘、考核、激励高级管理人员的职权到位。

（二）外部董事（包括独立董事）人数应当达到董事会成员的半数以上。薪酬与考核委员会全部由外部董事组成，薪酬与考核委员会制度健全，议事规则完善，运行规范。

（三）基础管理制度规范，内部控制制度健全，三项制度改革到位，建立了符合市场竞争要求的管理人员能上能下、员工能进能出、收入能增能减的劳动用工、业绩考核、薪酬福利制度体系。

（四）发展战略明确，资产质量和财务状况良好，经营业绩稳健。近三年无财务会计、收入分配和薪酬管理等方面的违法违规行为。

（五）健全与激励机制对称的经济责任审计、信息披露、延期支付、追索扣回等约束机制。

（六）证券监督管理机构规定的其他条件。

**第七条** 国有控股股东应当增强法治观念和诚信意识，遵守法律法规，执行国家政策，维护出资人利益。上市公司董事、监事和高级管理人员在实施股权激励计划过程中应当诚实守信、恪尽职守、勤勉尽责，维护上市公司和股东的利益。

## 第二章 股权激励计划的制定

### 第一节 一般规定

**第八条** 上市公司股权激励计划应当依据法律法规和股票交易上市地监管规定科学制定，对上市公司、激励对象具有约束力，股权激励计划应当包括下列事项：

（一）股权激励的目的。

（二）激励对象的确定依据和范围。

（三）激励方式、标的股票种类和来源。

（四）拟授出的权益数量，拟授出权益涉及标的股票数量及占上市公司股本总额的百分比；分期授出的，本计划拟授予期数，每期拟授出的权益数量、涉及标的股票数量及占股权激励计划涉及标的股票总额的百分比、占上市公司股本总额的百分比；设置预留权益的，拟预留权益的数量、涉及标的股票数量及占股权激励计划涉及标的股票总额的百分比。

（五）激励对象为董事、高级管理人员的，其各自可获授的权益数量、权益授予价值占授予时薪酬总水平的比例；其他各类激励对象可获授的权益数量、占股权激励计划拟授出权益总量的百分比。

（六）股票期权（股票增值权）的行权价格及其确定方法，限制性股票的授予价格及其确定方法。

（七）股权激励计划的有效期，股票期权（股票增值权）的授予日、生效日（可行权日）、行权有效期和行权安排，限制性股票的授予日、限售期和解除限售安排。

（八）激励对象获授权益、行使权益的条件，包括公司业绩考核条件及激励对象个人绩效考核条件，上市公司据此制定股权激励业绩考核办法。

（九）上市公司授出权益、激励对象行使权益的程序，上市公司据此制定股权激励管理办法。

（十）调整权益数量、标的股票数量、授予价格或者行权价格的方法和程序。

（十一）股权激励会计处理方法、限制性股票或股票期权公允价值的确定方法、涉及估值模型重要参数取值合理性、实施股权激励应当计提费用及对上市公司经营业绩的影响。

（十二）股权激励计划的变更、终止。

（十三）上市公司发生控制权变更、合并、分立以及激励对象发生职务变更、离职、死亡等事项时股权激励计划的执行。

（十四）上市公司与激励对象之间相关纠纷或争端解决机制。

（十五）上市公司与激励对象其他的权利义务，以及其他需要说明的事项。

**第九条** 上市公司应当与激励对象签订权益授予协议，确认股权激励计划、股权激励管理办法、业绩考核办法等有关约定的内容，并依照有关法律法规和公司章程约定双方的其他权利义务。

上市公司应当承诺，股权激励计划相关信息披露文件不存在虚假记载、误导性陈述或者重大遗漏。

所有激励对象应当承诺，上市公司因信息披露文件中有虚假记载、误导性陈述或者重大遗漏，导致不符合授予权益或行使权益安排的，激励对象应当自相关信息披露文件被确认存在虚假记载、误导性陈述或者重大遗漏后，将由股权激励计划所获得的全部利益返还公司。

## 第二节 激励方式和标的股票来源

**第十条** 上市公司股权激励方式包括股票期权、股票增值权、限制性股票，以及法律法规允许的其他方式。

（一）股票期权，是指上市公司授予激励对象在未来一定期限内以预先确定的价格和条件购买本公司一定数量股票的权利。激励对象有权行使或者放弃这种权利。股票期权不得转让、用于担保或偿还债务。

（二）股票增值权，是指上市公司授予激励对象在一定的时期和条件下，获得规定数量的股票价格上升所带来的收益的权利。股权激励对象不拥有这些股票的所有权，也不拥有股东表决权、配股权。股票增值权不得转让、用于担保或偿还债务。

（三）限制性股票，是指上市公司按照股权激励计划规定的条件授予激励对象转让等权利受到限制的本公司股票。激励对象自授予日起享有限制性股票的所有权，但在解除限售前不得转让、用于担保或偿还债务。

第十一条　上市公司应当根据实施股权激励的目的，按照股票交易上市地监管规定，结合所处行业经营规律、企业改革发展实际、股权激励市场实践等因素科学确定激励方式。

第十二条　股票增值权原则上适用于境内注册、发行中国香港上市外资股的上市公司（H股公司）。

股票增值权应当由公司统一管理，达到可行权条件后原则上由公司统一组织行权，并根据激励对象个人业绩完成情况兑现收益。

第十三条　上市公司确定实施股权激励所需标的股票来源，应当符合法律法规、股票交易上市地监管规定和上市规则。应当根据企业实际情况，采取向激励对象发行股份（增量）、回购本公司股份（存量）及其他合规方式确定标的股票来源，不得仅由国有股东等部分股东支付股份或其衍生权益。对于股票市场价格低于每股净资产或股票首次公开发行价格的，鼓励通过回购本公司股份的方式确定标的股票来源。

### 第三节　股权激励对象

第十四条　股权激励对象应当聚焦核心骨干人才队伍，一般为上市公司董事、高级管理人员以及对上市公司经营业绩和持续发展有直接影响的管理、技术和业务骨干。

第十五条　上市公司确定激励对象，应当根据企业高质量发展需要、行业竞争特点、关键岗位职责、绩效考核评价等因素综合考虑，并说明其与公司业务、业绩的关联程度，以及其作为激励对象的合理性。

第十六条　上市公司国有控股股东或中央企业的管理人员在上市公司担任除监事以外职务的，可以参加上市公司股权激励计划，但只能参加一家任职上市公司的股权激励计划，应当根据所任职上市公司对控股股东公司的影响程度、在上市公司担任职务的关键程度决定优先参加其中一家所任职上市公司的股权激励计划。

中央和国资委党委管理的中央企业负责人不参加上市公司股权激励。市场化选聘的职业经理人可以参加任职企业的股权激励。

**第十七条** 激励对象不得以"代持股份"或者"名义持股"等不规范方式参加上市公司股权激励计划。

**第十八条** 下列人员不得参加上市公司股权激励计划：

（一）未在上市公司或其控股子公司任职、不属于上市公司或其控股子公司的人员。

（二）上市公司独立董事、监事。

（三）单独或合计持有上市公司5%以上股份的股东或者实际控制人及其配偶、父母、子女。

（四）国有资产监督管理机构、证券监督管理机构规定的不得成为激励对象的人员。

**第十九条** 上市公司公告董事会审议通过的股权激励计划草案和实施方案（也称授予方案，下同）后，应当将股权激励对象姓名、职务等信息在公司内部进行公示，履行民主监督程序。监事会应当对股权激励名单进行审核，充分听取公示意见。

上市公司应当按照股票交易上市地监管规定和上市规则履行激励对象的信息披露程序。

### 第四节 权益授予数量

**第二十条** 在股权激励计划有效期内，上市公司授予的权益总量应当结合公司股本规模大小、激励对象范围和股权激励水平等因素合理确定。上市公司全部在有效期内的股权激励计划所涉及标的股票总数累计不得超过公司股本总额的10%（科创板上市公司累计不超过股本总额的20%）。不得因实施股权激励导致国有控股股东失去实际控制权。

**第二十一条** 上市公司首次实施股权激励计划授予的权益所涉及标的股票数量原则上应当控制在公司股本总额的1%以内。

中小市值上市公司及科技创新型上市公司可以适当上浮首次实施股权激励计划授予的权益数量占股本总额的比例，原则上应当控制在3%以内。

**第二十二条** 非经股东大会特别决议批准，任何一名激励对象通过全部在有效期内的股权激励计划获授权益（包括已行使和未行使的）所涉及标的股票数量，累计不得超过公司股本总额的1%。

**第二十三条** 鼓励上市公司根据企业发展规划，采取分期授予方式实施股权激励，充分体现激励的长期效应。

每期授予权益数量应当与公司股本规模、激励对象人数，以及激励对象同期薪酬水平和权益授予价值等因素相匹配。有关权益授予价值确定等具体要求，按照本章第七节规定执行。

上市公司连续两个完整年度内累计授予的权益数量一般在公司股本总额的3%以内，公司重大战略转型等特殊需要的可以适当放宽至股本总额的5%以内。

**第二十四条** 上市公司需为拟市场化选聘人员设置预留权益的，预留权益数量不得超过该期股权激励计划拟授予权益数量的20%，并在计划中就预留原因及预留权益管理规定予以说明。预留权益应当在股权激励计划经股东大会审议通过后12个月内明确授予对象，原则上不重复授予本期计划已获授的激励对象。超过12个月未明确授予对象的，预留权益失效。

## 第五节 行权价格和授予价格

**第二十五条** 上市公司拟授予的股票期权、股票增值权的行权价格，或者限制性股票的授予价格，应当根据公平市场价格原则确定。公平市场价格一般按如下方法确定：

（一）境内上市公司定价基准日为股权激励计划草案公布日。公平市场价格不得低于下列价格较高者：股权激励计划草案公布前1个交易日公司标的股票交易均价，股权激励计划草案公布前20个交易日、60个交易日或者120个交易日的公司标的股票交易均价之一。

（二）境外上市公司定价基准日为权益授予日。公平市场价格不得低于下列价格较高者：授予日公司标的股票收盘价、授予日前5个交易日公司标的股票平均收盘价。

（三）股票交易上市地监管规定和上市规则另有规定的，从其规定。

**第二十六条** 股票期权、股票增值权的行权价格不低于按上条所列方法确定的公平市场价格，以及公司标的股票的单位面值。限制性股票的授予价格不得低于公平市场价格的50%，以及公司标的股票的单位面值。

（一）股票公平市场价格低于每股净资产的，限制性股票授予价格不应低于公平市场价格的60%。

（二）中央企业集团公司应当依据限制性股票解锁时的业绩目标水平，指导上市公司合理确定限制性股票的授予价格折扣比例与解锁时间安排。

第二十七条 上市公司首次公开发行股票（IPO）时拟实施的股权激励计划，应当在股票发行上市满30个交易日以后，依据本指引第二十五条、第二十六条规定确定其拟授权益的行权价格或者授予价格。

### 第六节 计划有效期和时间安排

第二十八条 股权激励计划的有效期自股东大会通过之日起计算，一般不超过10年。股权激励计划有效期满，上市公司不得依据该计划授予任何权益。

第二十九条 在股权激励计划有效期内，采取分期实施方式授予权益的，每期权益的授予间隔期应当在1年（12个月）以上，一般为两年，即权益授予日2年（24个月）间隔期满后方可再次授予权益。

第三十条 上市公司每期授予权益的有效期，应当自授予日起计算，一般不超过10年。超过有效期的，权益自动失效，并不可追溯行使。每期授予的权益在有效期内，区分不同激励方式，按照以下规定行使：

（一）股票期权、股票增值权激励方式：应当设置行权限制期和行权有效期，行权限制期自权益授予日至权益生效日止，原则上不得少于2年（24个月），在限制期内不可以行使权益；行权有效期自权益生效日至权益失效日止，由上市公司根据实际确定，但不得少于3年，在行权有效期内原则上采取匀速分批生效的办法。

（二）限制性股票激励方式：应当设置限售期和解锁期，限售期自股票授予日起计算，原则上不得少于2年（24个月），在限售期内不得出售股票；限售期满可以在不少于3年的解锁期内匀速分批解除限售。

第三十一条 在董事会讨论审批或者公告公司定期业绩报告等影响股票价格的敏感事项发生时，以及相关法律法规、监管规定对上市公司董事、高级管理人员买卖本公司股票的期间有限制的，上市公司不得在相关限制期间内向激励对象授予权益，激励对象也不得行使权益。具体办法按照证券监督管理机构的有关规定执行。

第三十二条 上市公司董事、高级管理人员转让、出售其通过股权激励计划所得的股票，应当符合有关法律法规及证券监督管理机构的有关规定。

## 第七节　权益的公允价值、授予数量和收益水平

**第三十三条**　上市公司实行股票期权（股票增值权）激励方式的，应当根据企业会计准则选取适当的期权定价模型，对拟授予的单位股票期权（股票增值权）的公允价值进行科学合理的估算。在计算单位权益的公允价值时，应当参照本指引附件1的有关参数选择、计算原则。

上市公司实行限制性股票激励方式的，在计算单位权益公允价值时，不应低于限制性股票授予时公平市场价格与授予价格的差额。

**第三十四条**　上市公司应当根据授予激励对象权益的公允价值占其薪酬总水平的比重，合理确定授予激励对象的权益数量，科学设置激励对象薪酬结构。

（一）董事、高级管理人员的权益授予价值，根据业绩目标确定情况，不高于授予时薪酬总水平的40%。

（二）管理、技术和业务骨干等其他激励对象的权益授予价值，比照本条上款办法，由上市公司董事会合理确定。

**第三十五条**　激励对象授予时薪酬总水平是确定股权激励收益、授予数量的重要依据，计算时应当符合以下原则：

（一）上市公司董事、高级管理人员薪酬水平原则上与上市公司年度报告披露的薪酬水平（同口径）一致。

（二）在上市公司任职的中央企业管理人员，其薪酬总水平按照中央企业核定水平确定。

（三）薪酬总水平偏低或偏高的，可以依据本公司业绩考核与薪酬管理办法，结合公司经营效益情况，并参考市场同类人员薪酬水平、本公司岗位薪酬体系等因素合理确定权益授予水平。

**第三十六条**　股权激励对象实际获得的收益，属于投资性收益，不再设置调控上限。

**第三十七条**　对于短期市场大幅波动导致实际收益过高的，上市公司应当引导激励对象延长持有期限，维护市场对公司长期发展的信心和股权激励机制的良好形象。

## 第三章 股权激励的业绩考核

### 第一节 公司业绩考核

**第三十八条** 上市公司实施股权激励,应当建立完善的公司业绩考核体系,结合企业经营特点、发展阶段、所处行业等情况,科学设置考核指标,体现股东对公司经营发展的业绩要求和考核导向,原则上应当包含以下三类考核指标:

(一)反映股东回报和公司价值创造等综合性指标,如净资产收益率、总资产报酬率、净资产现金回报率(EOE)、投资资本回报率(ROIC)等。

(二)反映企业持续成长能力的指标,如净利润增长率、营业利润增长率、营业收入增长率、创新业务收入增长率、经济增加值增长率等。

(三)反映企业运营质量的指标,如经济增加值改善值($\Delta EVA$)、资产负债率、成本费用占收入比重、应收账款周转率、营业利润率、总资产周转率、现金营运指数等。

中央企业主营业务上市公司,一般应当选择经济增加值(EVA)或经济增加值改善值作为考核指标。债务风险较高的企业(资产负债率超过80%),一般应当选择资产负债率作为考核指标。

净利润的计算口径一般为扣除非经常性损益后归属于母公司所有者的净利润,或根据对标企业情况选择相同的口径。

**第三十九条** 上市公司应当同时采取与自身历史业绩水平纵向比较和与境内外同行业优秀企业业绩水平横向对标方式确定业绩目标水平。

(一)选取的同行业企业或者对标企业,均应当在股权激励计划或者考核办法中载明所属行业范围、选择的原则与依据及对标企业名单。

(二)对标企业在权益授予后的考核期内原则上不调整,如因对标企业退市、主营业务发生重大变化、重大资产重组导致经营业绩发生重大变化等特殊原因需要调整的,应当由董事会审议确定,并在公告中予以披露及说明。

**第四十条** 在权益授予和生效环节,应当与公司业绩考核指标完成情况进行挂钩。业绩目标水平的设定应当结合公司经营趋势、发展战略综合确定,并经股东大会审议通过。

(一)权益授予环节的业绩目标,是股权激励计划设定的分期授予权益的业绩条件，体现股东对公司持续发展的绩效考核基本要求。目标水平根据公司发展战略规划，结合计划制定时公司近三年平均业绩水平、上一年度实际业绩水平、同行业平均业绩（或者对标企业 50 分位值）水平合理确定。股权激励计划无分期实施安排的，可以不设置权益授予环节的业绩考核条件。

（二）权益生效（解锁）环节的业绩目标，是各期授予权益在生效（解锁）时的考核要求，由分期实施方案具体确定，体现股东对公司高质量发展的绩效挑战目标。目标水平应在授予时业绩目标水平的基础上有所提高，根据分期实施方案制定时公司近三年平均业绩水平、上一年度实际业绩水平、同行业平均业绩（或者对标企业 75 分位值）水平，结合公司经营趋势、所处行业特点及发展规律科学设置，体现前瞻性、挑战性。行业发展波动较大，难以确定业绩目标绝对值水平的，可以通过与境内外同行业优秀企业业绩水平横向对标的方式确定。

（三）分期实施股权激励计划的，各期实施方案设置的公司业绩指标和目标值原则上应当保持一致性、可比性，后期实施方案的公司业绩目标低于前期方案的，上市公司应当充分说明其原因与合理性。

第四十一条 上市公司应当在公告股权激励计划草案、实施方案的同时披露所设定指标的科学性和合理性。

对政府调控市场价格、依法实行专营专卖的行业，相关企业的业绩指标，应当事先约定剔除价格调整、政府政策调整等不可抗力因素对业绩影响的方法或原则。

第四十二条 上市公司业绩指标的考核，应当采用公司年度报告披露的财务数据，并且应当在对外披露中就股权激励业绩考核指标完成情况予以说明。

第四十三条 上市公司未满足股权激励计划设定的权益授予业绩目标的，当年不得授予权益。未满足设定的权益生效（解锁）业绩目标的，由公司按照以下办法处理：

（一）当年计划生效的股票期权、股票增值权不得生效，予以注销。

（二）当年计划解锁的限制性股票不得解除限售，由上市公司回购，回购价不高于授予价格与股票市价的较低者。

## 第二节 激励对象绩效考核评价

**第四十四条** 上市公司应当建立健全股权激励对象绩效考核评价机制，切实将权益的授予、生效（解锁）与激励对象个人绩效考核评价结果挂钩，根据考核评价结果决定其参与股权激励计划的资格，并分档确定权益生效（解锁）比例。

激励对象绩效考核评价不合格的，由公司按照本指引第四十三条办法处理。

**第四十五条** 授予上市公司董事、高级管理人员的权益，应当根据任期考核结果行权或者兑现。

境外上市公司授予的股票期权，应当将不低于获授量的 20% 留至限制期满后的任期（或者任职）期满考核合格后行权，或在激励对象行权后，持有不低于获授量 20% 的公司股票，至限制期满后的任期（或者任职）期满考核合格后方可出售；授予的股票增值权，其行权所获得的现金收益需进入上市公司为股权激励对象开设的账户，账户中现金收益应当有不低于 20% 的部分至任期（或者任职）期满考核合格后方可提取；授予的限制性股票，应当将不低于获授量的 20% 锁定至任期（或者任职）期满考核合格后解锁。

如果任期考核不合格或者经济责任审计中发现经营业绩不实、国有资产流失、经营管理失职以及存在重大违法违纪的行为，对于相关责任人任期内已经行权的权益应当建立退回机制，由此获得的股权激励收益应当上交上市公司。

## 第三节 科创板上市公司实施股权激励的考核

**第四十六条** 中央企业控股科创板上市公司，根据国有控股上市公司实施股权激励的有关要求，按照《上海证券交易所科创板股票上市规则》等相关规定，规范实施股权激励。

**第四十七条** 科创板上市公司以限制性股票方式实施股权激励的，若授予价格低于公平市场价格的 50%，上市公司应当适当延长限制性股票的限售期及解锁期，并设置不低于公司近三年平均业绩水平或同行业对标企业 75 分位值水平的解锁业绩目标条件。

**第四十八条** 尚未盈利的科创板上市公司实施股权激励的，限制性股票授予价格按照不低于公平市场价格的 60% 确定。

在上市公司实现盈利前，可生效的权益比例原则上不超过授予额度的

40%，对于属于国家重点战略行业、且因行业特性需要较长时间才可实现盈利的，应当在股权激励计划中明确提出调整权益生效安排的申请。

## 第四章　股权激励计划的管理

### 第一节　股权激励管理办法

**第四十九条**　国有控股股东应当依法行使股东权利，要求和督促上市公司制定规范的股权激励管理办法，并建立与之相适应的业绩考核评价制度，以业绩考核指标完成情况为基础对股权激励计划实施动态管理。

**第五十条**　上市公司股权激励管理办法，应当主要包括股权激励计划的管理机构及其职责权限、股权激励计划的实施程序、特殊情形处理、信息披露、财务会计与税收处理、监督管理等内容条款。

（一）治理机构及管理职责，一般包括公司股东大会、董事会、董事会薪酬与考核委员会及公司内部相关职能部门等涉及股权激励各实施环节的机构，及其承担的股权激励管理职责。

（二）股权激励计划实施程序，应当包括计划拟订、权益授予、权益生效（解锁）、激励对象权益行使与收益管理等工作。

（三）责任追究和特殊情形处理，一般包括公司及激励对象资格取消情形、激励对象离职处理、权益数量和行权价格的调整等内容。

**第五十一条**　上市公司按照股权激励管理办法和业绩考核办法，建立健全公司业绩考核及激励对象绩效考核评价体系，以业绩考核完成情况决定对激励对象全体或个人权益的授予和生效（解锁）。

（一）权益授予时，应当根据计划设定的公司业绩考核及激励对象绩效考核评价完成情况，决定对激励对象全体或个人是否授予权益，以及权益授予数量。

（二）已经授予的权益在生效（解锁）时，应当按照计划及实施方案约定，根据公司业绩考核和激励对象绩效考核评价完成情况，决定激励对象全体所获授权益在当期可以生效部分是否生效（解锁），以及激励对象个人获授权益的生效（解锁）比例。

### 第二节　责任追究和特殊情形处理

**第五十二条**　上市公司有下列情形之一的，国有控股股东应当依法行使股东权利，提出取消当年度可行使权益，同时终止实施股权激励计划，经股东大会或董事会审议通过，一年内不得向激励对象授予新的权益，激励对象也不得根据股权激励计划行使权益或者获得激励收益：

（一）未按照规定程序和要求聘请会计师事务所开展审计的。

（二）年度财务报告、内部控制评价报告被注册会计师出具否定意见或者无法表示意见的审计报告。

（三）国有资产监督管理机构、监事会或者审计部门对上市公司业绩或者年度财务报告提出重大异议。

（四）发生重大违规行为，受到证券监督管理机构及其他有关部门处罚。

**第五十三条** 股权激励对象有下列情形之一的，上市公司国有控股股东应当依法行使股东权利，提出终止授予其新的权益、取消其尚未行使权益的行使资格、追回已获得的相关股权激励收益，并依据法律及有关规定追究其相应责任：

（一）经济责任审计等结果表明未有效履职或者严重失职、渎职的。

（二）违反国家有关法律法规、上市公司章程规定的。

（三）激励对象在任职期间，有受贿索贿、贪污盗窃、泄露上市公司商业和技术秘密、实施关联交易损害上市公司利益、声誉和对上市公司形象有重大负面影响等违法违纪行为，并受到处分的。

（四）激励对象未履行或者未正确履行职责，给上市公司造成较大资产损失以及其他严重不良后果的。

**第五十四条** 股权激励计划实施过程中，上市公司的财务会计文件或信息披露文件有虚假记载、误导性陈述或者重大遗漏，导致不符合授予权益或行使权益安排的，激励对象尚未行使的权益不再行使，上市公司应当收回激励对象由相关股权激励计划所获得的全部利益，不得再向负有责任的对象授予新的权益。

**第五十五条** 股权激励对象因调动、免职、退休、死亡、丧失民事行为能力等客观原因与企业解除或者终止劳动关系时，授予的权益当年达到可行使时间限制和业绩考核条件的，可行使部分可以在离职（或可行使）之日起半年内行使，半年后权益失效；当年未达到可行使时间限制和业绩考核条件的，原则上不再行使。尚未解锁的限制性股票，可以按授予价格由上市公司进行回购

（可以按照约定考虑银行同期存款利息）。

股权激励对象辞职、因个人原因被解除劳动关系的，尚未行使的权益不再行使。尚未解锁的限制性股票按授予价格与市场价格孰低原则进行回购，已获取的股权激励收益按授予协议或股权激励管理办法规定协商解决。

**第五十六条** 股权激励管理办法对上市公司回购限制性股票的具体情形及回购后股票的处理作出规定，应当符合《中华人民共和国公司法》规定，回购价格根据回购原因分类管理。

（一）股权激励对象因调动、免职、退休、死亡、丧失民事行为能力等客观原因而导致的回购，按授予价格由上市公司进行回购（可以按照约定考虑银行同期存款利息）。

（二）上市公司未满足设定的权益生效（解锁）业绩目标，股权激励对象绩效考核评价未达标、辞职、个人原因被解除劳动关系，激励对象出现本指引第五十三条、第五十四条规定情形等其他原因而导致的回购，以及公司终止实施股权激励计划的，回购价格不得高于授予价格与股票市价的较低者。

（三）上市公司董事会应当公告回购股份方案，方案应当包括：回购股份的原因，回购价格及定价依据，回购股份的种类、数量及占股权激励计划所涉及标的股票的比例，拟用于回购的资金总额及来源，回购后公司股本结构的变动情况及对公司业绩的影响。

**第五十七条** 上市公司发生控制权变更、合并、分立等情形时，对激励对象未生效（解锁）权益不得做出加速生效或者提前解锁的安排。

**第五十八条** 上市公司股权激励管理办法就权益授出后标的股票除权、除息等原因调整授予数量及行权价格的原则、方式和程序等进行规定，应符合股票交易上市地监管规定和上市规则。

**第五十九条** 对于其他原因调整股票期权（或者股票增值权）授予数量、行权价格或者其他条款的，应当由上市公司董事会审议后，国有控股股东报中央企业集团公司审核同意，经股东大会通过后实施。

### 第三节 财务处理和税收规定

**第六十条** 国有控股股东应当要求和督促上市公司在实施股权激励计划的财务会计及税收处理等方面，严格执行境内外有关法律法规、财务制度、会计准则、税务制度和上市规则。

**第六十一条** 上市公司应当在股权激励计划中明确说明股权激励会计处理方法，测算并列明实施股权激励计划对公司各期业绩的影响；同时根据股权激励计划设定的条件，业绩指标完成情况以及实际行使权益情况等后续修正信息，按照会计准则有关规定确认对公司各期财务报告的影响，规范报表列报和信息披露。

**第六十二条** 股权激励对象应当承担行使权益或者购买股票时所发生的费用。上市公司不得直接或通过关联方间接为激励对象依股权激励计划获取有关权益提供贷款以及其他任何形式的财务资助，包括为其贷款提供担保。

**第六十三条** 股权激励对象应当就取得的股权激励收益依法缴纳个人所得税。具体计税规定按照国家有关规定执行。境外上市公司股权激励对象，应当同时遵守境外有关税收规定。

## 第五章 股权激励计划的实施程序

### 第一节 各级国有股东的职责

**第六十四条** 中央企业负责所出资控股上市公司股权激励计划及分期实施方案的审核职责。中央企业集团公司根据国家有关政策规定，结合本企业改革发展进程及战略规划，制定本企业实施股权激励的总体计划和管理办法。

**第六十五条** 上市公司国有股东应当切实履行出资人职责，根据国有控股上市公司实施股权激励的有关政策规定，通过规范的公司治理程序，按照中央企业的有关意见，认真指导上市公司规范实施股权激励，充分调动核心骨干人才创新创业的积极性，共享企业改革发展成果。

**第六十六条** 国资委加强对中央企业控股上市公司规范实施股权激励进行指导和监督。中央企业控股上市公司股权激励计划，经中央企业集团公司审核同意，报国资委批准。国资委不再审核上市公司（不含主营业务整体上市公司）依据股权激励计划制定的分期实施方案。上市公司国有控股股东关于实施股权激励的相关政策，中央企业可以向国资委进行咨询。

### 第二节 计划审议程序

**第六十七条** 上市公司董事会薪酬与考核委员会负责拟订股权激励计划草案并提交董事会审议。董事会应当依法对股权激励计划草案作出决议，履行法定程序后，提交上市公司股东大会审议。

**第六十八条** 上市公司应当按照相关法律法规和公司章程的规定，规范履行股权激励内部审议程序。

（一）独立董事及监事会应当就股权激励计划草案是否有利于上市公司的持续发展，是否存在明显损害上市公司及全体股东利益的情形发表独立意见。

（二）董事会审议股权激励计划草案时，拟为激励对象的董事或者与激励对象存在关联关系的董事，应当回避表决。

（三）股东大会审议股权激励计划时，拟为激励对象的股东或者与激励对象存在关联关系的股东，应当回避表决。

**第六十九条** 上市公司应当在董事会审议通过股权激励计划草案后，根据股票上市地证券监管规定，及时公告董事会决议、股权激励计划草案、股权激励管理办法、独立董事意见、监事会意见、法律意见书等相关材料。

### 第三节 计划申报程序

**第七十条** 董事会审议通过股权激励计划草案后，上市公司国有控股股东应当在股东大会审议之前，将股权激励计划草案及相关申请文件按照公司治理和股权关系，报经中央企业集团公司审核同意、国资委批复后，提交上市公司股东大会审议。

**第七十一条** 上市公司股东大会召开前，股权激励计划草案未获得中央企业集团公司、国资委同意的，国有控股股东应当按照有关法律法规及相关规定，提议上市公司股东大会延期审议股权激励计划草案。

国有控股股东在上市公司召开股东大会时，应当按照中央企业集团公司的意见，对上市公司股权激励计划草案进行表决。

**第七十二条** 国有控股股东关于上市公司实施股权激励的申请文件应当包括以下内容：

（一）上市公司简要情况，包括历史沿革、上市时间、经营范围、主营业务及所处市场地位等情况；股本结构、公司治理结构、组织架构、员工人数及构成、薪酬管理制度等情况。

（二）上市公司实施股权激励条件的合规性说明。

（三）股权激励计划草案内容要点，包括股权激励计划和股权激励管理办法等应当由股东大会审议的事项及其相关说明，以及本期实施方案的内容概要。

（四）权益授予数量和授予价值的说明，应当就上市公司选择的期权定价模型及权益公允价值的测算，激励对象获授权益的价值及占授予时薪酬总水平的比例等情况进行说明。

（五）业绩考核条件说明，包括上市公司业绩考核评价制度及业绩目标水平的确定过程，公司历史业绩水平、同行业企业或对标企业业绩水平的数据比较和分析情况。

（六）各级国有控股股东对上市公司股权激励计划及其实施方案等内容的审核意见。

（七）有关监管规定要求的其他材料。

第七十三条　中央企业集团公司应当从实施条件、实施程序以及实施方案的合法性和合理性等方面对上市公司股权激励计划草案、分期实施方案进行评审。具体评审细则参考附件2。

### 第四节　计划的实施

第七十四条　股权激励计划及首期实施方案经股东大会通过后，上市公司董事会根据股东大会决议，负责股权激励的实施工作。以后年度实施的股权激励分期实施方案，应当依据股权激励计划制定，确定本期拟授予的激励对象名单、授予权益的数量、权益的行权（授予）价格、行使权益的时间安排及业绩考核条件等内容。

第七十五条　股权激励分期实施方案，应当根据股票上市地证券监管规定，履行相应的法律程序。在董事会审议决定前，国有控股股东应当报中央企业集团公司审核同意。中央企业主营业务整体上市公司的分期实施方案，报国资委审核同意后实施。

第七十六条　上市公司董事会应当根据股东大会决议，负责实施限制性股票的授予、解除限售和回购以及股票期权的授予、行权和注销。

上市公司监事会应当对股权激励对象名单进行审核，充分听取公示意见。

第七十七条　上市公司按照股权激励计划和实施方案向激励对象授出权益前，应当召开董事会就设定的公司授予权益的条件、激励对象获授权益的条件是否成就进行审议，独立董事及监事会应当同时发表明确意见。条件未成就时，上市公司不得向激励对象授予权益，未授予的权益也不得递延下期授予。

第七十八条　激励对象在行使权益前，董事会应当就股权激励计划和实施方案设定的激励对象行使权益的条件是否成就进行审议，独立董事及监事会应当同时发表明确意见。

第七十九条 因标的股票除权、除息或者其他原因需要调整权益价格或者数量的，上市公司董事会应当按照股权激励计划及其管理办法规定的原则、方式和程序进行调整。调整后，在年度报告中予以披露及说明。

第八十条 上市公司在股东大会审议通过股权激励计划草案或实施方案之前可对其进行变更。变更需经董事会审议通过，并报中央企业集团公司审核同意。

第八十一条 上市公司董事会对已通过股东大会审议的股权激励计划或实施方案进行变更的，应当及时公告，报中央企业集团公司审核同意，并根据上市地监管规定和股权激励计划要求提交股东大会审议。变更事项不得包括导致加速行权或提前解除限售、降低行权价格或授予价格的情形。

独立董事、监事会应当就变更后的计划或实施方案是否有利于上市公司的持续发展，是否存在明显损害上市公司及全体股东利益的情形发表独立意见。

### 第五节 计划的撤销、终止和重新申报

第八十二条 上市公司董事会在股东大会审议前撤销股权激励计划或者股东大会审议未通过股权激励计划的，上市公司国有控股股东应当在决议公告后5个工作日内，向中央企业集团公司报告撤销原股权激励计划审核。自决议公告之日起3个月内，上市公司不得再次审议股权激励计划。

第八十三条 上市公司终止已实施的股权激励计划，应当由股东大会或者股东大会授权董事会审议决定，说明终止理由、对公司业绩的影响并公告。上市公司国有控股股东应当在决议公告后5个工作日内，向中央企业集团公司报告终止原股权激励计划。自决议公告之日起3个月内，上市公司不得再次审议股权激励计划。

第八十四条 上市公司出现下列情况的，国有控股股东应当按照相关规定重新履行申报审核程序：

（一）上市公司终止股权激励计划、实施新计划、变更股权激励计划相关重要事项的。

（二）上市公司需要调整股权激励方式、激励对象范围、权益授予数量等

股权激励计划主要内容的。

### 第六节 监督管理

**第八十五条** 上市公司董事会审议通过股权激励计划草案或分期实施方案后,按照证券监督管理机构的要求予以公告,国资委将关注社会公众等有关方面的评价意见,并作为审核股权激励计划、监督股权激励实施的重要参考。

**第八十六条** 境内上市公司股权激励的实施程序和信息披露应当符合中国证监会《上市公司股权激励管理办法》的有关规定。

境外上市公司股权激励的实施程序应当符合股票上市地证券监督管理的有关规定。

**第八十七条** 上市公司未按照法律法规及相关规定实施股权激励计划的,中央企业集团公司应当责令国有控股股东督促上市公司立即进行整改,并对公司及相关责任人依法依规追究责任;在整改期间,中央企业集团公司应当停止受理该公司实施股权激励的申请。

**第八十八条** 为上市公司股权激励计划出具专业意见的机构和人员,应当保证所出具的文件真实、准确、完整,未履行诚实守信、勤勉尽责义务,所发表的专业意见存在虚假记载、误导性陈述或者重大遗漏的,国资委、中央企业予以通报。

### 第七节 信息披露和报告

**第八十九条** 上市公司实行股权激励,应当真实、准确、完整、及时、公平地公开披露或者提供信息,不得有虚假记载、误导性陈述或者重大遗漏。

国有控股股东应当要求和督促上市公司按照有关规定严格履行信息披露义务,及时披露股权激励计划及其实施情况等相关信息。

**第九十条** 上市公司分期实施股权激励的,实施方案经董事会审议通过后,上市公司应当及时披露董事会决议公告,对拟授出的权益价格、行使权益安排、是否符合股权激励计划的安排等内容进行说明。

**第九十一条** 因标的股票除权、除息或者其他原因调整权益价格或者数量的,调整议案经董事会审议通过后,上市公司应当及时披露董事会决议公告。

**第九十二条** 上市公司董事会应当在授予权益及股票期权行权登记完成后、限制性股票解除限售前,及时披露相关实施情况的公告。

第九十三条　上市公司向激励对象授出权益时，应当按照规定履行信息披露义务，并再次披露股权激励会计处理方法、公允价值确定方法、涉及估值模型重要参数取值的合理性、实施股权激励应当计提的费用及对上市公司业绩的影响。

第九十四条　上市公司董事会对激励对象获授权益、行使权益的条件是否成就进行审议的，上市公司应当及时披露董事会决议公告，同时公告独立董事、监事会等方面的意见。

第九十五条　上市公司应当按照有关监管规定和上市规则要求，在年度报告中披露报告期内股权激励的实施情况和业绩考核情况，包含以下内容：

（一）各期次股权激励的授予时间和有效期、激励方式、激励对象范围和人数、权益授予价格和授予数量。

（二）各期次股权激励所涉权益的授予价格、权益数量历次调整的情况，以及经调整后的最新权益价格和权益数量。

（三）报告期初各期次权益累计已行使、失效情况和尚未行使的权益数量。

（四）报告期内全部激励对象各期次权益的授予、行使和失效总体情况，以及所引起的股本变动情况，至报告期末累计已授出但尚未行使的权益总额。

（五）公司董事、高级管理人员各自的姓名、职务以及各期次权益的获授价格、获授数量、有效期限，在报告期内历次获授权益行使价格、行使数量和失效的情况，至报告期末其所持权益数量。

（六）公司实施股权激励业绩考核情况，以及对各期次权益的解锁和生效的影响。

（七）股权激励的会计处理方法，以及股权激励费用对公司业绩的影响等。

（八）报告期内激励对象获授权益、行使权益的条件是否成就的说明。

（九）报告期内终止实施股权激励的情况及原因。

（十）有关监管规定要求披露的其他内容。

第九十六条　国有控股股东应当在上市公司年度报告披露之日起10个工作日内将上述情况报告中央企业集团公司。中央企业集团公司应当汇总所控股上市公司股权激励年度实施情况，报告国资委。

## 第六章 附　则

**第九十七条** 本指引下列用语的含义：

（一）高级管理人员，是指公司的经理、副经理、财务负责人、上市公司董事会秘书和公司章程规定的其他人员。

（二）外部董事，是指由非上市公司员工等外部人员担任的董事。外部董事不在公司担任除董事和董事会专门委员会有关职务外的其他职务，不负责执行层的事务，与其担任董事的公司不存在可能影响其公正履行外部董事职务的关系。控股股东公司员工担任的外部董事，参与上市公司股权激励的，在本指引第六条第二款中不视同为外部董事。

独立董事是指与所受聘的公司及其主要股东没有任何经济上的利益关系且不在上市公司担任除董事外的其他任何职务的人员。

（三）标的股票，是指根据股权激励计划，激励对象有权获授或者购买的上市公司股票。

（四）权益，是指激励对象根据股权激励计划获得的上市公司股票、股票期权或者股票增值权。

（五）股本总额，本指引第二十条、第二十一条和第二十二条所称股本总额是指股东大会批准最近一次股权激励计划时公司已发行的股本总额。

（六）授予日，是指上市公司向激励对象授予权益的日期，须确定在股权激励计划规定的授予条件满足之后。授予日必须为交易日。

（七）行使，是指激励对象根据股权激励计划，对获授的股票期权或者股票增值权进行行权，对限制性股票进行解除限售的行为。

（八）生效日，又称可行权日，是指激励对象获授的股票期权或者股票增值权可以开始行权的日期。生效日必须为可交易日。

（九）解锁日，又称解除限售日，是指激励对象获授的限制性股票可以开始出售的日期。解锁日必须为可交易日。

（十）行权价格，是指上市公司向激励对象授予股票期权或者股票增值权时所确定的、激励对象购买上市公司股票（或者计算增值收益）的价格。

（十一）授予价格，是上市公司向激励对象授予限制性股票的价格。

（十二）权益授予价值，是指激励对象获授权益的预期价值，按照单位权益公允价值与授予数量的乘积计算确定。单位股票期权或者股票增值权的公允价值，参照国际通行的期权定价模型进行测算；单位限制性股票的公允收益，为公司赠与部分当期价值，即授予价格与公平市场价格的差额。

（十三）授予时薪酬总水平，是指激励对象获授权益时距离下一期股权激励授予的间隔期内薪酬总水平（含股权激励收益），统计年限应当与股权激励计划的授予间隔期匹配。该年限应当在1年以上，但最高不超过3年。

（十四）股权激励实际收益，是指激励对象行使权益时实际兑现的税前账面收益，区分不同激励方式按照以下原则确定：

1. 股票期权、股票增值权：实际收益＝行权数量×（行权日公司标的股票收盘价－行权价格）。

2. 限制性股票：实际收益＝解锁数量×（解锁日公司标的股票收盘价－授予价格）。

3. 标的股票除权、除息的，按行权（解锁）时的调整情况，计算行权（解锁）数量和行权（授予）价格。

（十五）本指引所称的"以上"含本数，"超过""低于""少于"不含本数。

附件：1. 股票期权、股票增值权价值估算中相关参数的选择与计算原则
　　　2. 中央企业控股上市公司股权激励计划草案评审细则

附件 1

# 股票期权、股票增值权价值估算中相关参数的选择与计算原则

本原则适用于单位权益的授予价值测算,上市地证券监管机构有明确规定的,从其规定。财务管理中关于授予权益的费用计提估值,应根据会计准则核算。

一、无风险利率:应当采取相同期限的国债年化利率。如不存在与股票期权或者股票增值权预期期限一致的国债,可以选取短于该期限的国债年化利率为替代。

二、股价波动率:应当基于可公开获得的信息,可以采取本公司、同行业企业历史数据,同时参考同行业可比企业在与本公司可比较时期内的历史数据。计算区间一般为 1 年,也可与股票期权或者股票增值权的预期期限相当。

三、预期分红收益率:激励计划就标的股票现金分红除息调整股票期权(股票增值权)的行权价格的,预期分红率应当为 0。

四、预期期限:预期期限 = $\sum$ 每批生效比例 × 该批预期行权时间,预期行权时间 = 0.5 × (期权生效时间 + 生效截止时间)。

五、行权价格、市场价格:按照本指引第二十五条所述公平市场价格确定。上市公司拟订授予方案时,按估值日的公平市场价格测算权益的预期价值。估值日以董事会审议授予方案前 5 个交易日为宜。

附件2

## 中央企业控股上市公司股权激励计划草案评审细则

| 序号 | 类别 | 评审项目 | 评审要点 | 评审标准描述 | 合规与否 | 情况说明 |
|---|---|---|---|---|---|---|
| 1 | 实施条件 | 公司治理结构 | 股东会、董事会、监事会和经理层 | 组织架构健全，职责明确，运作有效 | 是/否 | |
| 2 | | | 外部董事（含独立董事） | 占董事会成员半数以上 | 是/否 | |
| 3 | | | 董事会薪酬与考核委员会 | 全部由外部董事构成，议事规则健全 | 是/否 | |
| 4 | | 基础管理制度 | 劳动用工、薪酬福利及业绩考核制度 | 符合市场经济和现代企业制度要求 | 是/否 | |
| 5 | | | 内部控制体系和基础管理制度 | 制度健全，运作有效 | 是/否 | |
| 6 | | 中长期发展方向 | 发展战略和实施计划 | 发展战略目标明确和实施计划明确，持续发展能力良好 | 是/否 | |
| 7 | | 财务状况 | 财务状况和经营业绩 | 资产质量和财务状况良好，经营业绩稳健；近三年无财务违法违规行为和不良记录 | 是/否 | |
| 8 | | 其他 | 证券监督管理机构规定的其他条件 | 按照相关规定评审 | 是/否 | |
| 9 | 实施程序 | 内部审议程序 | 董事会决议 | 审议表决情况 | 是/否 | |
| 10 | | | 关联董事回避情况 | 按照要求回避表决 | 是/否 | |
| 11 | | | 独立董事意见 | 按照要求发表独立意见 | 是/否 | |
| 12 | | | 监事会意见 | 按照要求对名单进行核实 | 是/否 | |
| 13 | | 国有控股股东意见 | 国有控股股东发表意见 | 按照规定审核议案，咨询政策并发表意见 | 是/否 | |
| 14 | | | 向国资委申报情况 | 按照规定及时向国资委申报 | 是/否 | |

续表

| 序号 | 类别 | 评审项目 | 评审要点 | 评审标准描述 | 合规与否 | 情况说明 |
|---|---|---|---|---|---|---|
| 15 | 实施程序 | 其他 | 董事会召开、公告等事项 | 符合证券监管规定 | 是/否 | |
| 16 | | | 财务顾问或律师意见 | 按照规定发表独立意见 | 是/否 | |
| 17 | | | 申报资料的完整和合规 | 按照要求提供申报资料 | 是/否 | |
| 18 | | 一般规定 | 股权激励计划内容 | 要素完整、资料详实 | 是/否 | |
| 19 | | | 所选股权激励方式 | 符合政策规定和政策导向 | 是/否 | |
| 20 | | | 标的股票来源 | 来源明确、合规 | 是/否 | |
| 21 | | | 行权或购股资金来源 | 来源明确、合规 | 是/否 | |
| 22 | 实施方案 | 股权激励对象 | 激励对象范围、重点和人数 | 符合政策规定、人数控制合理 | 是/否 | |
| 23 | | | 激励对象资格 | 不存在不符合资格的人员，按照规定进行信息披露；提供分类情况及拟授权益数量 | 是/否 | |
| 24 | | 权益授予数量 | 权益授予总量和首期授予数量 | 符合政策规定，并与公司股本总额、激励范围和公平市场激励水平相匹配 | 是/否 | |
| 25 | | | 个人获授数量 | 符合政策规定，并按照权益授予价值和公平市场价格测算确定 | 是/否 | |
| 26 | | | 分期授予和预留股份 | 符合政策规定 | 是/否 | |
| 27 | | 行权价格、授予价格和公允价值、授予价值 | 行权价格、授予价格 | 符合公平市场价格原则；限制性股票的授予价格不低于公平市场价格的50% | 是/否 | |
| 28 | | | 单位权益的公允价值 | 采取的估值模型或者计算参数符合规定；专业机构出具意见 | 是/否 | |
| 29 | | | 权益授予价值 | 控制在授予时总薪酬水平的规定比例内；授予时总薪酬水平的计算符合规定 | 是/否 | |

续表

| 序号 | 类别 | 评审项目 | 评审要点 | 评审标准描述 | 合规与否 | 情况说明 |
|---|---|---|---|---|---|---|
| 30 | 实施方案 | 计划有效期、行使时间同等 | 计划有效期和授予间隔期 | 符合政策规定 | 是/否 | |
| 31 | | | 各期次权益有效期和行使期安排 | 行权限制期（限售期）和行权有效期（解锁期）符合政策规定；匀速分批生效（解除限售） | 是/否 | |
| 32 | | | 董事、高管出售、转让股票限制 | 符合《中华人民共和国公司法》相关规定 | 是/否 | |
| 33 | 考核管理 | 业绩考核条件 | 业绩考核体系及运用 | 公司、个人层面均有业绩考核；在授予、生效（解锁）环节双重挂钩 | 是/否 | |
| 34 | | | 公司业绩考核指标和目标水平 | 业绩指标齐全；业绩目标与自身历史业绩和同行业绩水平比较均具挑战性 | 是/否 | |
| 35 | | | 个人绩效评价及运用 | 个人绩效评价与授予、生效（解锁）挂钩；负责人绩效评价符合相关规定，权益行使与任期考核挂钩 | 是/否 | |
| 36 | | 股权激励计划管理 | 计划终止、激励对象资格取消 | 相关条款符合政策规定 | 是/否 | |
| 37 | | | 激励对象离职、公司股本变动时的处理 | 符合政策规定 | 是/否 | |
| 38 | | | 未行使权益的处理 | 符合政策规定 | 是/否 | |
| 39 | | | 财务资助 | 公司不得提供任何形式财务资助 | 是/否 | |
| 40 | | | 信息披露和实施情况报告 | 相关条款规定符合政策规定 | 是/否 | |

# 关于印发《国有科技型企业股权和分红激励暂行办法》的通知

(2016年2月26日 财资〔2016〕4号)

党中央有关部门、国务院各部委、各直属机构,各省、自治区、直辖市、计划单列市财政厅(局)、科技厅(委、局)、国资委,新疆生产建设兵团财务局、科技局、国资委,各中央管理企业:

  为进一步激发广大技术和管理人员的积极性和创造性,促进国有科技型企业健康可持续发展,经国务院同意,我们在中关村国家自主创新示范区股权和分红激励试点办法的基础上,制定了《国有科技型企业股权和分红激励暂行办法》。现予印发,请遵照执行。

  附件:国有科技型企业股权和分红激励暂行办法

财政部 科技部 国资委
2016年2月26日

## 国有科技型企业股权和分红激励暂行办法

### 第一章 总 则

  **第一条** 为加快实施创新驱动发展战略,建立国有科技型企业自主创新和科技成果转化的激励分配机制,调动技术和管理人员的积极性和创造性,推动高新技术产业化和科技成果转化,依据《中华人民共和国促进科技成果转化法》、《中华人民共和国公司法》、《中华人民共和国企业国有资产法》等国家法律法规，制定本办法。

第二条　本办法所称国有科技型企业，是指中国境内具有公司法人资格的国有及国有控股未上市科技企业（含全国中小企业股份转让系统挂牌的国有企业），具体包括：

（一）转制院所企业、国家认定的高新技术企业。

（二）高等院校和科研院所投资的科技企业。

（三）国家和省级认定的科技服务机构。

第三条　本办法所称股权激励，是指国有科技型企业以本企业股权为标的，采取股权出售、股权奖励、股权期权等方式，对企业重要技术人员和经营管理人员实施激励的行为。

分红激励，是指国有科技型企业以科技成果转化收益为标的，采取项目收益分红方式；或者以企业经营收益为标的，采取岗位分红方式，对企业重要技术人员和经营管理人员实施激励的行为。

第四条　国有科技型企业实施股权和分红激励应当遵循以下原则：

（一）依法依规，公正透明。严格遵守国家法律法规和本办法的规定，有序开展激励工作，操作过程公开、公平、公正，坚决杜绝利益输送，防止国有资产流失。

（二）因企制宜，多措并举。统筹考虑企业规模、行业特点和发展阶段，采取一种或者多种激励方式，科学制定激励方案。建立合理激励、有序流转、动态调整的机制。

（三）利益共享，风险共担。激励对象按照自愿原则，获得股权和分红激励，应当诚实守信，勤勉尽责，自觉维护企业和全体股东利益，共享改革发展成果，共担市场竞争风险。

（四）落实责任，强化监督。建立健全企业内部监督机制，依法维护企业股东和员工的权益。履行国有资产监管职责单位及同级财政、科技部门要加强监管，依法追责。

第五条　国有科技型企业负责拟订股权和分红激励方案，履行内部审议和决策程序，报经履行出资人职责或国有资产监管职责的部门、机构、企业审核后，对符合条件的激励对象实施激励。

## 第二章 实施条件

**第六条** 实施股权和分红激励的国有科技型企业应当产权明晰、发展战略明确、管理规范、内部治理结构健全并有效运转，同时具备以下条件：

（一）企业建立了规范的内部财务管理制度和员工绩效考核评价制度。年度财务会计报告经过中介机构依法审计，且激励方案制定近3年（以下简称近3年）没有因财务、税收等违法违规行为受到行政、刑事处罚。成立不满3年的企业，以实际经营年限计算。

（二）对于本办法第二条中的（一）、（二）类企业，近3年研发费用占当年企业营业收入均在3%以上，激励方案制定的上一年度企业研发人员占职工总数10%以上。成立不满3年的企业，以实际经营年限计算。

（三）对于本办法第二条中的（三）类企业，近3年科技服务性收入不低于当年企业营业收入的60%。

上款所称科技服务性收入是指国有科技服务机构营业收入中属于研究开发及其服务、技术转移服务、检验检测认证服务、创业孵化服务、知识产权服务、科技咨询服务、科技金融服务、科学技术普及服务等收入。

企业成立不满3年的，不得采取股权奖励和岗位分红的激励方式。

**第七条** 激励对象为与本企业签订劳动合同的重要技术人员和经营管理人员，具体包括：

（一）关键职务科技成果的主要完成人，重大开发项目的负责人，对主导产品或者核心技术、工艺流程做出重大创新或者改进的主要技术人员。

（二）主持企业全面生产经营工作的高级管理人员，负责企业主要产品（服务）生产经营的中、高级经营管理人员。

（三）通过省、部级及以上人才计划引进的重要技术人才和经营管理人才。

企业不得面向全体员工实施股权或者分红激励。

企业监事、独立董事不得参与企业股权或者分红激励。

## 第三章 股权激励

**第八条** 企业可以通过以下方式解决激励标的股权来源：

（一）向激励对象增发股份。

（二）向现有股东回购股份。

（三）现有股东依法向激励对象转让其持有的股权。

**第九条** 企业可以采取股权出售、股权奖励、股权期权等一种或多种方式对激励对象实施股权激励。

大、中型企业不得采取股权期权的激励方式。

企业的划型标准，按照国家统计局《关于印发统计上大中小微型企业划分办法的通知》（国统字〔2011〕75号）等有关规定执行。

**第十条** 大型企业的股权激励总额不超过企业总股本的5%；中型企业的股权激励总额不超过企业总股本的10%；小、微型企业的股权激励总额不超过企业总股本的30%，且单个激励对象获得的激励股权不得超过企业总股本的3%。

企业不能因实施股权激励而改变国有控股地位。

**第十一条** 企业实施股权出售，应按不低于资产评估结果的价格，以协议方式将企业股权有偿出售给激励对象。资产评估结果，应当根据国有资产评估的管理规定，报相关部门、机构或者企业核准或者备案。

**第十二条** 企业实施股权奖励，除满足本办法第六条规定外，近3年税后利润累计形成的净资产增值额应当占近3年年初净资产总额的20%以上，实施激励当年年初未分配利润为正数。

近3年税后利润累计形成的净资产增值额，是指激励方案制定上年末账面净资产相对于近3年首年初账面净资产的增加值，不包括财政及企业股东以各种方式投资或补助形成的净资产和已经向股东分配的利润。

**第十三条** 企业用于股权奖励的激励额不超过近3年税后利润累计形成的净资产增值额的15%。企业实施股权奖励，必须与股权出售相结合。

股权奖励的激励对象，仅限于在本企业连续工作3年以上的重要技术人员。单个获得股权奖励的激励对象，必须以不低于1:1的比例购买企业股权，且获得的股权奖励按激励实施时的评估价值折算，累计不超过300万元。

**第十四条** 企业用于股权奖励的激励额，应当依据经核准或者备案的资产评估结果折合股权，并确定向每个激励对象奖励的股权。

**第十五条** 企业股权出售或者股权奖励原则上应一次实施到位。

**第十六条** 小、微型企业采取股权期权方式实施激励的，应当在激励方案中明确规定激励对象的行权价格。

确定行权价格时,应当综合考虑科技成果成熟程度及其转化情况、企业未来至少 5 年的盈利能力、企业拟授予全部股权数量等因素,且不低于制定股权期权激励方案时经核准或者备案的每股评估价值。

**第十七条** 企业应当与激励对象约定股权期权授予和行权的业绩考核目标等条件。

业绩考核指标可以选取净资产收益率、主营业务收入增长率、现金营运指数等财务指标,但应当不低于企业近 3 年平均业绩水平及同行业平均业绩水平。成立不满 3 年的企业,以实际经营年限计算。

**第十八条** 企业应当在激励方案中明确股权期权的授权日、可行权日和行权有效期。

股权期权授权日与获授股权期权首次可行权日之间的间隔不得少于 1 年,股权期权行权的有效期不得超过 5 年。

企业应当规定激励对象在股权期权行权的有效期内分期行权。有效期过后,尚未行权的股权期权自动失效。

**第十九条** 企业以股权期权方式授予的股权,激励对象分期缴纳相应出资额的,以实际出资额对应的股权参与企业利润分配。

**第二十条** 企业不得为激励对象购买股权提供贷款以及其他形式的财务资助,包括为激励对象向其他单位或者个人贷款提供担保。企业要坚持同股同权,不得向激励对象承诺年度分红回报或设置托底回购条款。

**第二十一条** 激励对象可以采用直接或间接方式持有激励股权。采用间接方式的,持股单位不得与企业存在同业竞争关系或发生关联交易。

**第二十二条** 股权激励的激励对象,自取得股权之日起,5 年内不得转让、捐赠,特殊情形按以下规定处理:

(一)因本人提出离职或者个人原因被解聘、解除劳动合同,取得的股权应当在半年内全部退回企业,其个人出资部分由企业按上一年度审计后净资产计算退还本人。

(二)因公调离本企业的,取得的股权应当在半年内全部退回企业,其个人出资部分由企业按照上一年度审计后净资产计算与实际出资成本孰高的原则返还本人。

在职激励对象不得以任何理由要求企业收回激励股权。

## 第四章 分红激励

**第二十三条** 企业实施项目收益分红，应当依据《中华人民共和国促进科技成果转化法》，在职务科技成果完成、转化后，按照企业规定或者与重要技术人员约定的方式、数额和时限执行。企业制定相关规定，应当充分听取本企业技术人员的意见，并在本企业公开相关规定。

企业未规定、也未与重要技术人员约定的，按照下列标准执行：

（一）将该项职务科技成果转让、许可给他人实施的，从该项科技成果转让净收入或者许可净收入中提取不低于50%的比例；

（二）利用该项职务科技成果作价投资的，从该项科技成果形成的股份或者出资比例中提取不低于50%的比例；

（三）将该项职务科技成果自行实施或者与他人合作实施的，应当在实施转化成功投产后连续3年至5年，每年从实施该项科技成果的营业利润中提取不低于5%的比例。

转让、许可净收入为企业取得的科技成果转让、许可收入扣除相关税费和企业为该项科技成果投入的全部研发费用及维护、维权费用后的金额。企业将同一项科技成果使用权向多个单位或者个人转让、许可的，转让、许可收入应当合并计算。

**第二十四条** 企业实施项目收益分红，应当按照具体项目实施财务管理，并按照国家统一的会计制度进行核算，反映具体项目收益分红情况。

**第二十五条** 企业实施岗位分红，除满足本办法第六条规定外，近3年税后利润累计形成的净资产增值额应当占企业近3年年初净资产总额的10%以上，且实施激励当年年初未分配利润为正数。

**第二十六条** 企业年度岗位分红激励总额不高于当年税后利润的15%。企业应当按照岗位在科技成果产业化中的重要性和贡献，确定不同岗位的分红标准。

**第二十七条** 激励对象应当在该岗位上连续工作1年以上，且原则上每次激励人数不超过企业在岗职工总数的30%。

激励对象获得的岗位分红所得不高于其薪酬总额的2/3。激励对象自离岗当年起，不再享有原岗位分红权。

**第二十八条** 岗位分红激励方案有效期原则上不超过3年。激励方案中应当明确年度业绩考核指标，原则上各年度净利润增长率应当高于企业实施岗位分红激励近3年平均增长水平。

企业未达到年度考核要求的，应当终止激励方案的实施，再次实施岗位分红激励需重新申报。

激励对象未达到年度考核要求的，应当按约定的条款扣减、暂缓或停止分红激励。

**第二十九条** 企业实施分红激励所需支出计入工资总额，但不受当年本单位工资总额限制、不纳入本单位工资总额基数，不作为企业职工教育经费、工会经费、社会保险费、补充养老及补充医疗保险费、住房公积金等的计提依据。

## 第五章 激励方案的管理

**第三十条** 企业总经理班子或者董事会（以下统称企业内部决策机构）负责拟订企业股权和分红激励方案（格式参见附件）。

**第三十一条** 对同一激励对象就同一职务科技成果或者产业化项目，企业只能采取一种激励方式、给予一次激励。对已按照本办法实施股权激励的激励对象，企业在5年内不得再对其实施股权激励。

**第三十二条** 激励方案涉及的财务数据和资产评估结果，应当经具有相关资质的会计师事务所审计和资产评估机构评估，并按有关规定办理核准或备案手续。

**第三十三条** 企业内部决策机构拟订激励方案时，应当通过职工代表大会或者其他形式充分听取职工的意见和建议。

**第三十四条** 企业内部决策机构应当将激励方案及听取职工意见情况，先行报履行出资人职责或国有资产监管职责的部门、机构、企业（以下简称审核单位）批准。

中央企业集团公司相关材料报履行出资人职责的部门或机构批准；中央企业集团公司所属子企业，相关材料报中央企业集团公司批准。履行出资人职责的国有资本投资、运营公司所属子企业，相关材料报国有资本投资、运营公司批准。

中央部门及事业单位所属企业，按国有资产管理权属，相关材料报中央主管部门或机构批准。

地方国有企业相关材料，按现行国有资产管理体制，报同级履行国有资产监管职责的部门或机构批准。

第三十五条　审核单位应当严格审核企业申报的激励方案，必要时要求企业法律事务机构或者外聘律师对激励方案出具法律意见书，对以下事项发表专业意见：

（一）激励方案是否符合有关法律、法规和本办法的规定。

（二）激励方案是否存在明显损害企业及现有股东利益的情形。

（三）激励方案是否充分披露影响激励结果的重大信息。

（四）激励方案可能引发的法律纠纷等风险，以及应对风险的法律建议。

（五）其他重要事项。

审核单位自受理企业股权和分红激励方案之日起20个工作日内，提出书面审定意见。

第三十六条　审核单位批准企业实施股权和分红激励后，企业内部决策机构应将批准的激励方案提请股东（大）会审议。

在股东（大）会审议激励方案时，国有股东代表应当按照审批单位书面审定意见发表意见。

未设立股东（大）会的企业，按照审批单位批准的方案实施。

第三十七条　除国家另有规定外，企业应当在股东（大）会审议通过激励方案后5个工作日内，将以下材料报送审核单位备案：

（一）经股东（大）会审议通过的激励方案。

（二）相关批准文件、股东（大）会决议。

企业股东应当依法行使股东权利，督促企业内部决策机构严格按照激励方案实施激励。

第三十八条　在激励方案实施期间内，企业应于每年1月底前向审核单位报告上一年度激励方案实施情况：

（一）实施激励涉及的业绩条件、净收益等财务信息。

（二）激励对象在报告期内各自获得的激励情况。

（三）报告期内的股权激励数量及金额，引起的股本变动情况，以及截至报告期末的累计额。

（四）报告期内的分红激励金额，以及截至报告期末的累计额。

（五）激励支出的列支渠道和会计核算情况。

（六）其他应报告的事项。

中央主管部门、机构和中央企业集团公司，应当对所属企业年度股权和分红激励实施情况进行总结，包括实施股权和分红激励企业户数、激励方式、激励人数、激励落实情况、存在的突出问题以及有关政策建议等，并于3月底前将上一年度实施情况的总结报告报送财政部、科技部。

地方省级财政部门、科技部门，负责对本省地方国有企业年度股权和分红激励实施情况进行总结，并于3月底前将上一年度实施情况的总结报告报送财政部、科技部。

**第三十九条** 企业实施股权或者分红激励，应当按照《企业财务通则》（财政部令第41号）和国家统一会计制度的规定，规范财务管理和会计核算。

**第四十条** 企业实施激励导致注册资本规模、股权结构或者组织形式变动的，应当按照有关规定，根据相关批准文件、股东（大）会决议等，及时办理国有资产产权登记和工商变更登记手续。

**第四十一条** 因出现特殊情形需要调整激励方案的，企业应当重新履行内部审议和外部审核的程序。

因出现特殊情形需要终止实施激励的，企业内部决策机构应当向审核单位报告并向股东（大）会说明情况。

**第四十二条** 企业实施激励过程中，应当接受审核单位及财政、科技部门监督。对违反有关法律法规及本办法规定、损害国有资产合法权益的情形，审核单位应当责令企业中止方案实施，并追究相关人员的法律责任。

## 第六章 附 则

**第四十三条** 企业不符合本办法规定激励条件而向管理者转让国有产权的，应当通过产权交易市场公开进行，并按照国家关于产权交易监督管理的有关规定执行。

**第四十四条** 尚未实施公司制改革的全民所有制企业可参照本办法，实施项目收益分红和岗位分红激励政策。

**第四十五条** 本办法由财政部、科技部负责解释。各地方、部门可根据本办法制定具体实施细则。

**第四十六条** 本办法自2016年3月1日起施行。企业依据《财政部 科技部关于印发〈中关村国家自主创新示范区企业股权和分红激励实施办法〉的通知》(财企〔2010〕8号)、《财政部 科技部关于〈中关村国家自主创新示范区企业股权和分红激励实施办法〉的补充通知》(财企〔2011〕1号)制定并正在实施的激励方案,可继续执行,实施期满,新的激励方案统一按本办法执行。

附件:"企业股权和分红激励方案"提纲

附件：

# "企业股权和分红激励方案"提纲

企业拟定的激励方案应包括但不限于以下内容：

## 一、基本情况

（一）企业基本情况及其发展战略。

（二）企业近3年的业务发展和财务状况。

（三）企业产权是否清晰，目前的股权结构。

（四）激励方案拟订和实施的管理机构及其成员。

（五）企业未来三年技术创新规划，包括企业技术创新目标，以及为实现技术创新目标在体制机制、创新人才、创新投入、创新能力、创新管理等方面将采取的措施。

（六）其他重要事项。

## 二、激励方案

（一）企业符合本办法规定实施激励条件的情况说明。

（二）激励对象的确定依据、具体名单及其职位和主要贡献。

（三）激励方式的选择及考虑因素。

（四）实施股权激励的，说明所需股权来源、数量及其占企业实收资本（股本）总额的比例，与激励对象约定的业绩条件；拟分次实施的，说明每次拟授予股权的来源、数量及其占比。

（五）实施股权激励的，说明股权出售价格或者股权期权行权价格的确定依据。

（六）实施分红激励的，说明具体激励水平及考虑因素。

（七）每个激励对象预计可获得的股权数量、激励金额。

（八）企业与激励对象各自的权利、义务。

（九）激励对象通过其他方式间接持股的，说明必要性、直接持股单位的基本情况，必要时应当出具直接持股单位与企业不存在同业竞争关系或者不发生关联交易的书面承诺。

（十）发生企业控制权变更、合并、分立，激励对象职务变更、离职、被解聘、被解除劳动合同、死亡等特殊情形时的调整性规定。

（十一）激励方案的审批、变更、终止程序。

（十二）其他重要事项。

**三、其他需说明的特殊事项说明**

# 关于扩大国有科技型企业股权和分红激励暂行办法实施范围等有关事项的通知

(2018年9月18日 财资〔2018〕54号)

党中央有关部门，国务院各部委、各直属机构，各省、自治区、直辖市、计划单列市财政厅（局）、科技厅（委、局）、国资委，新疆生产建设兵团财政局、科技局、国资委，各中央管理企业：

为加快实施创新驱动发展战略，推动国有科技型企业建立健全激励分配机制，进一步增强技术和管理人员的获得感，经国务院同意，现就扩大《国有科技型企业股权和分红激励暂行办法》实施范围等有关事项通知如下：

一、将国有科技型中小企业、国有控股上市公司所出资的各级未上市科技子企业、转制院所企业投资的科技企业纳入激励实施范围。

上述企业纳入实施范围后，《财政部 科技部 国资委关于印发〈国有科技型企业股权和分红激励暂行办法〉的通知》（财资〔2016〕4号，以下简称《激励办法》）第二条相应调整为：本办法所称国有科技型企业，是指中国境内具有公司法人资格的国有及国有控股未上市科技企业（含全国中小企业股份转让系统挂牌的国有企业、国有控股上市公司所出资的各级未上市科技子企业），具体包括：

（一）国家认定的高新技术企业。

（二）转制院所企业及所投资的科技企业。

（三）高等院校和科研院所投资的科技企业。

（四）纳入科技部"全国科技型中小企业信息库"的企业。

（五）国家和省级认定的科技服务机构。

二、对于国家认定的高新技术企业不再设定研发费用和研发人员指标条件。将《激励办法》第六条第（二）款调整为"（二）对于本办法第二条中的（二）、（三）、（四）类企业，近3年研发费用占当年企业营业收入均在3%以上，激励方案制定的上一年度企业研发人员占职工总数10%以上。成立不满3年的企业，以实际经营年限计算"。将《激励办法》第六条第(三)款调整为"（三）对于本办法第二条中的（五）类企业，近3年科技服务性收入不低于当年企业营业收入的60%"。

三、本通知自印发之日起执行。

财政部　科技部　国资委
2018年9月18日

# 财政部 科技部 国资委关于《国有科技型企业股权和分红激励暂行办法》的问题解答

（2017年11月10日）

为加快实施创新驱动发展战略，进一步激发广大技术和管理人员的积极性和创造性，促进国有科技型企业可持续发展，经国务院同意，2016年2月26日，财政部、科技部、国资委联合印发了《国有科技型企业股权和分红激励暂行办法》（财资〔2016〕4号，以下简称《办法》），自2016年3月1日起在全国范围内实施。《办法》出台以来，受到社会各界广泛关注，各单位高度重视，认真部署，开展了一系列卓有成效的工作，同时也反映了一些执行中的突出问题。为便于各单位深入理解政策内涵，引导、鼓励企业开展激励工作，财政部、科技部、国资委就《办法》执行中企业适用条件、激励对象要求、激励实施条件、激励方案管理等方面有关问题进行了解答。

## 一、企业适用条件

1. 如何界定转制院所企业？

答：转制院所企业是指根据《国务院办公厅转发科技部等部门关于深化科研机构管理体制改革实施意见的通知》（国办发〔2000〕38号），国务院部门（单位）所属科研机构已转制为企业或进入企业的主要从事科学研究和技术开发工作的机构，以及各省、自治区、直辖市、计划单列市所属已转制为企业或进入企业的主要从事科学研究和技术开发工作的机构。

财政部　科技部　国资委关于《国有科技型企业股权和分红激励暂行办法》的问题解答

2. 如何界定国家认定的高新技术企业？

答：根据《科技部　财政部　国家税务总局关于修订印发〈高新技术企业认定管理办法〉的通知》（国科发火〔2016〕32号）《科技部　财政部　国家税务总局关于修订印发〈高新技术企业认定管理工作指引〉的通知》（国科发火〔2016〕195号）认定的高新技术企业。

3. 如何界定高等院校和科研院所投资的科技企业？

答：包括两类情况，一是高等院校、科研院所直接投资的科技企业；二是高等院校、科研院所通过其独资设立的资产管理公司投资的科技企业。

4. 如何界定国家和省级认定的科技服务机构？

答：科技服务机构的主要业务符合《国务院关于加快科技服务业发展的若干意见》（国发〔2014〕49号）规定的范畴，包括研究开发及其服务、技术转移服务、检验检测认证服务、创业孵化服务、知识产权服务、科技咨询服务、科技金融服务、科学技术普及服务等，并经国务院有关部委、直属机构或省（自治区、直辖市、计划单列市）有关部门认定。

5. 分公司、子公司是否可实施股权和分红激励？

答：分公司不具有公司法人资格，不符合《办法》第二条规定，不能依据《办法》实施股权和分红激励；子公司具有独立的法人主体资格，在符合《办法》规定的实施条件的基础上，可实施股权和分红激励。

6. 全民所有制企业是否可以根据《办法》实施股权或分红激励？

答：《办法》第四十四条规定，尚未实施公司制改革的全民所有制企业可参照本办法，实施项目收益分红和岗位分红激励政策，但不能实施股权激励政策。

7. 纳入国有控股混合所有制企业员工持股试点的单位，是否可开展股权激励？

答：符合国有控股混合所有制企业员工持股试点与《办法》股权激励政策的国有科技型企业，可自主择一实施，不可以同时开展。主要考虑，国有控股混合所有制企业员工持股试点政策实质是允许员工购买企业股权，与《办法》股权激励的标的来源是一致的，即都是企业股权。因此，企业可按照自身发展要求和发展战略，实施不同的政策，但不可以同时开展员工持股试点和股权激励，避免重复激励。

8. 在全国中小企业股份转让系统挂牌的国有科技型企业是否可以实施股权或分红激励？

答：2006 年，中关村科技园区非上市股份公司进入代办转让系统进行股份报价转让，即在全国中小企业股份转让系统进行挂牌，俗称"新三板"。《办法》的适用对象为中国境内具有公司法人资格的国有及国有控股未上市科技企业，包含在全国中小企业股份转让系统挂牌的国有企业。

9. 非国有企业激励政策如何执行？

答：对于非国有企业的激励政策，属于上市公司的，按照《上市公司股权激励管理办法》（中国证券监督管理委员会令第 126 号）执行；属于非上市公司的，可比照《中华人民共和国促进科技成果转化法》及《办法》等相关规定执行激励政策，或自主决策。

## 二、激励对象要求

10. 如何理解《办法》第七条规定的"签订劳动合同"的条件？

答：《办法》的目的是为建立国有科技型企业自主创新和科技成果转化的中长期激励分配机制，调动本企业技术和管理人员的积极性和创造性，所以要求激励对象必须是与本企业"签订劳动合同"的职工。

11. 重要技术人员、经营管理人员同时为企业职工代表监事，是否可进行股权或者分红激励？

答：《办法》明确规定，"企业监事、独立董事不得参与企业股权或者分红激励"。考虑到特定职务履职独立性要求，重要技术人员、经营管理人员兼任企业职工代表监事的，不能纳入激励人员范围。

12. 对同一激励对象可否实施多次、多种激励？

答：根据《办法》第三十一条规定，对同一激励对象就同一职务科技成果或者产业化项目，企业只能采取一种激励方式、给予一次激励。对按照本办法给予股权激励的激励对象，自本次股权激励方案实施始，企业 5 年内不得再对其开展股权激励。

### 三、激励实施条件

13. 股权或分红激励的前置条件有哪些？

答：根据《办法》第六条规定，企业应建立规范的内部财务管理制度和员工绩效考核评价制度，年度财务会计报告经过中介机构依法审计，且激励方案制定近 3 年未因财务、税收等违法违规行为受到行政、刑事处罚。成立不满 3 年的企业，以实际经营年限计算。近 3 年的财务指标要求如下：

| 对符合《办法》第六条中的（一）、（二）类企业 | |
|---|---|
| 近 3 年，每年研发费用/当年营业收入 | >3% |
| 激励方案制定的上一年度，研发人员/职工总数 | >10% |
| 对符合《办法》第六条中的（三）类企业 | |
| 国家或省级认定的科技服务机构，近 3 年科技服务性收入/营业收入 | ≥60% |

注：假设企业制定 2017 年的激励方案，近 3 年指 2014—2016 年。激励方案制定的上一年度指 2016 年。

14. 成立不满 3 年的企业，可以实施股权和分红激励吗？

答：为支持和鼓励初创型国有科技型企业开展股权和分红激励，《办法》放宽了实施激励的时间限制。对成立不满 3 年的企业，可采取股权出售、股权期权和项目收益分红等激励方式，相关指标以实际经营年限计算；但不得采取股权奖励和岗位分红的激励方式。

15. 对于转制院所企业，《办法》第六条"近 3 年"的指标是从转制为企业时开始算还是从院所设立时开始算？

答：根据《国务院办公厅转发科技部等部门关于深化科研机构管理体制改革实施意见的通知》（国办发〔2000〕38 号）有关要求，由事业单位转制为企业的技术开发类科研机构，实施激励时涉及的"近 3 年"指标是从转制成为企业作为初始时点开始计算的。如果转制为企业的时间不满 3 年，按照《办法》要求，不得采取股权奖励和岗位分红的激励方式。

16. 集团和子公司作为独立公司法人均符合激励条件，在实施激励时，激励所需财务指标是否能剔除各自的子公司？

答：《办法》第二章实施条件中规定的财务指标，按经中介机构依法审计的企业年度财务会计报告有关数据计算确认。集团公司或子公司在实施激励时，企业年度财务会计报告是指本企业合并财务报告，包括各自子公司的数据。

17. 大、中、小、微型国有科技型企业是否均可依据《办法》实施股权激励？

答：根据《办法》规定，股权激励包括股权出售、股权奖励和股权期权三种方式，大、中型国有科技型企业可以采取股权出售、股权奖励的激励方式，不得采取股权期权的激励方式。企业的类型划分标准，按照国家统计局《关于印发统计上大中小微型企业划分办法的通知》（国统字〔2011〕75号）等有关规定执行。

18. 符合条件的国有科技型企业是否可以用持有的控股子公司股份对本企业员工进行股权激励？

答：根据《办法》第三条规定，符合条件的国有科技型企业开展股权激励，应以本企业股权为标的，不得用持有的控股子公司股份对本企业员工进行股权激励。

19. 股权出售是否需要进场交易？

答：根据《办法》第十一条规定，企业实施股权出售，应按不低于资产评估结果的价格，以协议方式将企业股权出售给激励对象，股权出售不需要进场交易。

20. 如何理解实施股权奖励需"近3年税后利润累计形成的净资产增值额应当占近3年年初净资产总额的20%以上"？

答：根据《办法》第十二条规定，"近3年税后利润累计形成的净资产增值额，是指激励方案制定上年末账面净资产相对于近3年首年初账面净资产的增加值，不包括财政及企业股东以各种方式投资或补助形成的净资产和已经向股东分配的利润"，近3年年初净资产总额是指近三年首年年初净资产总额。

举例说明如下：假设A企业2017年度计划实施股权奖励，2014—2016年税后利润形成的净资产分别为60万元、70万元、80万元，2014年年初净资产总额为1000万元。净资产增值情况为：210（60+70+80）＞200（1000×20%），故A企业达到实施股权奖励的财务指标要求。

21. 获得财政专项补助资金的国有企业是否可以实施股权和分红激励？

答：根据《办法》第十二条规定"近3年税后利润累计形成的净资产增值

额,不包括财政及企业股东以各种方式投资或补助形成的净资产和已经向股东分配的利润"。即国有企业获得财政专项补助资金不影响企业实施股权和分红激励,但在具体计算"近3年税后利润累计形成的净资产增值额"有关财务指标时,要扣除企业获得的财政专项补助资金,即计算采用的指标必须是企业通过自身经营发展实现盈利。

22. 股权期权的行权日期有何硬性要求?

答:股权期权授权日与获授股权期权首次可行权日之间的间隔(即行权限制期)不得少于1年,股权期权行权的有效期不得超过5年。流程如下:

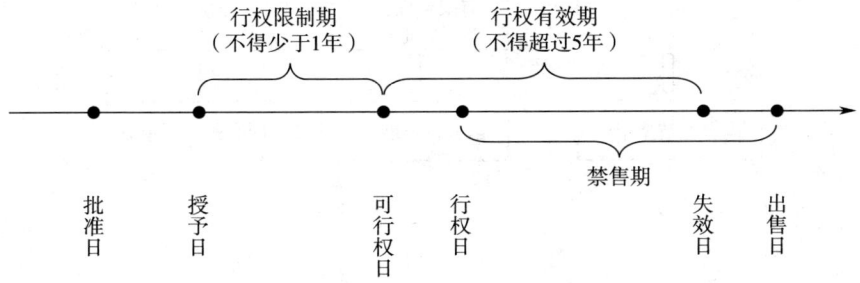

23. 股权激励实施过程中涉及哪些税收优惠政策?

答:根据财政部、税务总局联合印发的《关于完善股权激励和技术入股有关所得税政策的通知》(财税〔2016〕101号),自2016年9月1日起,符合条件的非上市公司股票(权)期权、限制性股票和股权奖励实行递延纳税政策。员工在取得股权激励时暂不纳税,递延至股权转让时,按股权转让收入减去股权取得成本以及合理税费后的差额和20%的税率一次性缴纳;上市公司股票期权、限制性股票和股权奖励征税政策维持不变,缴税期限由6个月放宽至12个月。

24. 如何理解第十九条"以实际出资额对应的股权参与企业利润分配"?

答:激励对象应以实际出资额对应的股权参与企业利润分配,不能按应获得的股权期权参与企业利润分配,即分期缴纳未出资部分不能参与企业利润分配。

举例说明如下:假设激励对象A获得1%的股权期权激励,并分期缴纳出资额;本期利润分配总额为100万元;在激励确定的时点,A共缴纳总出资额的20%。则A应按照应获得的激励股权的20%参与企业利润分配,获得100万元×1%×20%=2000元。

25.如何理解第二十一条中"激励对象可以采用直接或间接方式持有激励股权"?

答:激励对象可以采用直接持有激励股权;也可以通过设立有限责任公司或合伙企业持股平台,采用间接持股的方式持有激励股权。需要注意的是,间接持股单位不得与企业存在同业竞争关系或发生关联交易。如下图所示:

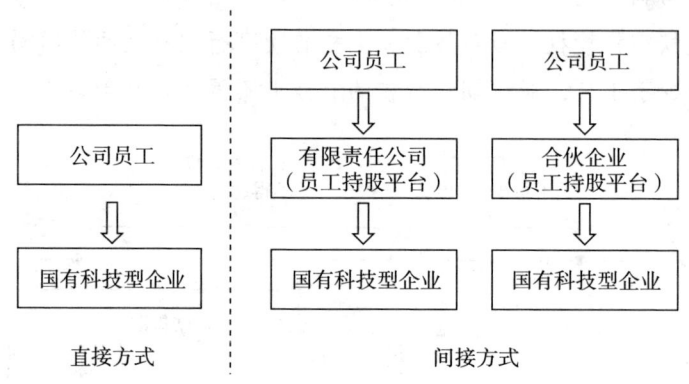

26.如何理解项目收益分红的"约定"条款?

答:《办法》项目收益分红激励与《中华人民共和国促进科技成果转化法》相关规定一致。国有科技型企业有规定或与重要技术人员有约定的,按规定或约定的方式、数额和时限执行。没有约定的,按《办法》第二十三条执行。

27.在实施岗位分红激励时,如何准确把握《办法》第二十六条、第二十七条中关于"岗位"的要求?

答:岗位分红是以企业经营收益为标的,按照岗位在科技成果产业化中的重要性和贡献确定分红标准,因岗而奖。企业关键技术人员和管理人员岗位调整后,自离岗当年起,不再享有原岗位分红权,以前年度已获得的岗位分红不再退还。

28.如何理解岗位分红实施中的财务指标要求?

答:根据《办法》第二十七条规定,企业实施岗位分红,除满足本办法第六条规定外,近3年税后利润累计形成的净资产增值额应当占企业近3年年初净资产总额的10%以上,且实施激励当年年初未分配利润为正数。

举例说明如下:在满足《办法》前置条件基础上,假设A企业2017年度实施岗位分红,2014—2016年税后利润形成的净资产增值额分别为100万元、

120万元、140万元，且2014年初净资产总额为1000万元，2017年初未分配利润为160万元。由于36%［（100+120+140）/1000］>10%，且160>0，故A企业达到实施岗位分红的财务指标要求。

29. 如何理解"激励对象获得的岗位分红所得不高于其薪酬总额的2/3"，薪酬基数如何计算？

答：根据《办法》第二十七条规定，激励对象获得的岗位分红所得不高于其薪酬总额的2/3。这里的薪酬总额不包括激励对象获得的年度岗位分红所得。

举例说明如下：假设激励对象的年薪酬总额为60万元，则年度岗位分红最多不超过60万元×2/3=40万元。

30. 在实施岗位分红激励过程中，某一年度未达到年度考核要求，是否可以当年暂停分红激励，待下一年度达到考核要求后继续实施？

答：根据《办法》第二十八条规定，企业业绩未达到年度考核要求的，应当终止激励方案的实施，该岗位分红激励方案同时终止，以前年度已经发放的岗位分红无须退回。下一年度即使企业达到考核要求，也不可以重新启动原岗位分红激励，而应重新申报新的岗位分红激励方案。

企业业绩达到年度考核要求、某些激励对象未达到年度考核要求的，则企业岗位分红激励方案仍有效，整体激励方案仍可实施，达到年度考核要求的激励对象可依规获得岗位分红，未达到年度考核要求的个人，则应按约定的条款扣减、暂缓或停止其分红激励。

31. 企业实施股权和分红激励，如何进行会计处理？

答：企业实施股权和分红激励，应当按照《企业财务通则》（财政部令第41号）和国家统一会计制度的规定，规范财务管理和会计核算。如企业实施项目收益分红，应当按照具体项目实施财务管理、独立核算，反映具体项目收益分红情况。又如，企业实施分红激励所需支出计入工资总额，但不受当年本单位工资总额限制、不纳入本单位工资总额基数，不作为企业职工教育经费、工会经费、社会保险费、补充养老及补充医疗保险费、住房公积金等的计提依据。

## 四、激励方案管理

32. 企业实施激励的具体流程有哪些？

答：符合条件的国有科技型企业实施股权或分红激励的流程如下图：

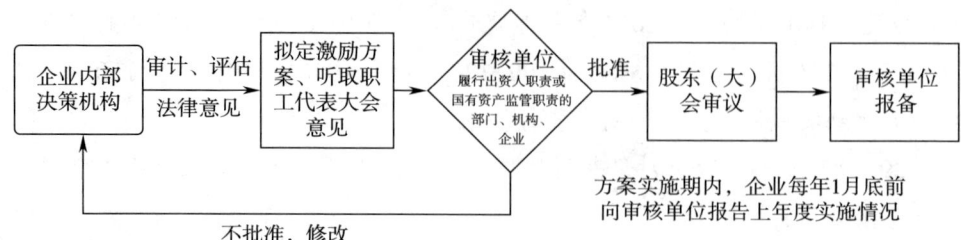

企业内部决策机构（即总经理班子或者董事会）负责拟订企业股权和分红激励方案，并应当通过职工代表大会或者其他形式充分听取职工的意见和建议。

审核单位是指履行出资人职责或国有资产监管职责的部门、机构、企业。即中央企业集团公司相关材料报履行出资人职责的部门或机构批准；中央企业集团公司所属子企业，相关材料报中央企业集团公司批准；履行出资人职责的国有资本投资、运营公司所属子企业，相关材料报国有资本投资、运营公司批准；中央部门及事业单位所属企业，按国有资产管理权属，相关材料报中央主管部门或机构批准；地方国有企业相关材料，按现行国有资产管理体制，报同级履行国有资产监管职责的部门或机构批准。

33. 审核单位的主要职责有哪些？

答：《办法》第三十五条、第三十七条、第三十八条、第四十一条、第四十二条均对审核单位的职责作出规定。主要如下图所示：

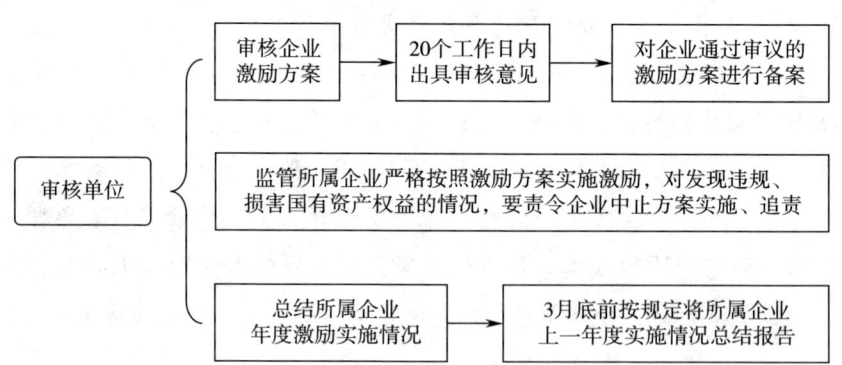

34. 出现特殊情形，需要调整或终止实施激励方案时，企业应如何操作？

答：根据《办法》第四十一条规定，因出现特殊情形需要调整激励方案的，企业应当重新履行内部审议和外部审核的程序。需要终止实施激励的，企业内部决策机构应当向审核单位报告并向股东（大）会说明情况。

35.《办法》与之前的激励文件如何有效衔接？

答：《办法》自 2016 年 3 月 1 日起施行。企业依据《财政部 科技部关于印发〈中关村国家自主创新示范区企业股权和分红激励实施方法〉的通知》（财企〔2010〕8 号）、《财政部 科技部关于〈中关村国家自主创新示范区企业股权和分红激励实施办法〉的补充通知》（财企〔2011〕1 号）制订并正在实施的激励方案，可继续执行。实施期满后，统一按《办法》执行。

# 关于做好中央科技型企业股权和分红激励工作的通知

（2016年10月31日　国资发分配〔2016〕274号）

各中央企业：

为进一步贯彻落实《中华人民共和国促进科技成果转化法》、《关于深化国有企业改革的指导意见》、《关于深化人才发展体制机制改革的意见》和国家以增加知识价值为导向分配等政策精神，加快实施国家创新驱动发展战略，健全完善有利于中央企业自主创新和科技成果转化的中长期激励机制，根据《国有科技型企业股权和分红激励暂行办法》（财资〔2016〕4号，以下简称《暂行办法》），现就做好中央企业及所属国有科技型企业（以下简称中央科技型企业）股权和分红激励工作的有关事项通知如下：

## 一、充分认识实施股权和分红激励的重要性

中央企业是国家科技创新的主力军，是国家创新体系建设的重要力量。近年来，国资委相继开展了国有控股上市公司股权激励和中关村注册企业分红激励试点等工作，积极探索符合中央企业科技创新和改革发展需要的中长期激励方式，取得了一定成效。但总体来看，中央企业创新激励机制建设尚不完善，激励力度和效果还不能与加快实施创新驱动发展战略，建设一流创新型企业的要求相匹配。《暂行办法》将中关村股权和分红激励试点政策在更大范围推广，是贯彻落实国家创新驱动发展战略，深化企业内部收入分配制度改革，建立激发人才活力中长期激励机制的重要举措，有利于完善技术、管理等要素按贡献参与分配的办法，有利于加快动力机制转换，有利于推动供给侧结构性改革和提质增效。中央企业要充分认识实施股权和分红激励的重要性，把握政

策机遇，推进工作落实。

## 二、科学制定股权和分红激励实施方案

中央企业要准确把握股权和分红激励政策内涵，坚持"依法依规、公正透明、因企制宜、多措并举，利益共享、风险共担，落实责任、强化监督"的原则，科学制定激励方案。

（一）明确激励政策导向。

中央企业要以推动形成自主创新和科技成果转化的激励机制为主要目标，根据所属企业科技人才资本和技术要素贡献占比及投入产出效率等情况，合理确定实施企业范围和激励对象，建立导向清晰、层次分明、重点突出的中长期激励体系。优先支持符合《"十三五"国家科技创新规划》战略布局和中央企业"十三五"科技创新重点研发方向，创新能力较强、成果技术水平较高、市场前景较好的企业或项目实施股权和分红激励。企业应当综合考虑职工岗位价值、实际贡献、承担风险和服务年限等因素，重点激励在自主创新和科技成果转化中发挥主要作用的关键核心技术、管理人员。

（二）科学选择激励方式。

中央企业应当按照深化收入分配制度改革的总体要求，从所属企业规模、功能定位、所处行业及发展阶段等实际出发，结合配套制度完善情况，合理选择激励方式，优化薪酬资源配置。鼓励符合条件的企业优先开展岗位分红激励。科技成果转化和项目收支明确的企业可选择项目分红激励。稳妥实施股权激励，企业应当在积累试点经验的基础上逐步推进。在股权和分红激励起步阶段，同一企业原则上应当以一种方式为主。同一激励对象就同一职务科技成果或产业化项目，只能采取一种激励方式、给予一次激励。

（三）合理确定激励水平。

中央企业应当从经营发展战略以及自身经济效益状况出发，分类分步推进股权和分红激励工作。要坚持效益导向和增量激励原则，根据企业人工成本承受能力和经营业绩状况，合理确定总体激励水平。要坚持生产要素按贡献参与分配原则，从企业人才激励现状和用工市场化程度出发，建立健全以成果贡献为评价标准的科技创新人才薪酬制度，在科学评价科研团队、个人业绩的基础上，适度拉开激励对象收入分配差距。

岗位分红激励总额的确定应当统筹好与当期工资总额管理的关系，避免因实施分红激励出现工资效益不匹配。项目分红激励原则上应当采取与重要技术人员约定的方式进行，明确激励水平、兑现方式和违约责任等，激励总额根据项目规模、市场化程度合理确定。股权激励总额的确定应当从企业规模、发展阶段等实际出发，个人激励水平应当合理适度，确保激励的可持续性和公平性。

（四）严格规范制度执行。

中央企业开展股权和分红激励应当严格执行《暂行办法》有关规定，不得随意降低资格条件。实施股权激励的，应当建立相应的考核兑现办法，加强对授予、行权等事项的管理。实施岗位分红激励的，应当明确年度业绩考核指标，除企业处于初创阶段等特殊情况外，原则上各年度净利润增长率应当高于企业实施岗位分红激励近3年平均增长水平。实施项目分红激励的，应当建立健全项目成本核算、科技成果评估及收益分红等财务管理体系，并严格按照与激励对象约定情况，实施激励。

### 三、全面加强股权和分红激励的组织管理

（一）建立分级管理工作机制。

国资委作为监督管理部门，负责推动中央企业做好股权和分红激励政策贯彻落实工作，除承担中央企业集团公司激励方案审批外，主要侧重于政策指导以及对执行情况的监督检查。

中央企业是实施股权和分红激励政策的责任主体，负责本企业股权和分红激励制度建设、组织实施及规范管理等工作，审批所属科技型企业激励方案，并且对其合规性负责。

（二）规范决策程序和工作流程。

中央企业应当按照国家有关规定和本通知要求，拟订本企业实施股权和分红激励的总体工作方案和推进计划，并且在实施前向国资委报告。

中央企业集团公司以及所属科技型企业股权和分红激励方案的拟订均应当严格履行内部决策程序，并通过职工大会、职代会或者其他形式充分听取职工意见和建议。企业拟订的激励方案应当按照出资关系，分别报送国资委或中央企业集团批准。未经批准，企业不得擅自实施激励方案。

建立中央科技型企业股权和分红激励实施情况定期报告制度，中央企业应当将年度股权和分红激励实施情况总结报告于次年2月底前报送国资委。

（三）强化监督检查。

中央企业应当将股权和分红激励计划纳入预算管理，在年度财务决算后兑现，其中分红激励总额纳入工资总额预算单列管理。国资委将中央科技型企业股权和分红激励工作纳入收入分配监督检查事项范围，采取抽查和专项检查等方式，对企业实施情况进行监督评估。对违反法律法规及政策规定、损害国有资产权益的企业，国资委将责令其调整或终止方案，并且追究相关企业和人员责任。

本通知印发之前有关中央企业经国资委批准的分红激励方案可继续执行，实施期满后，新的激励方案统一按照《暂行办法》和本通知要求执行。各中央企业在实施过程中遇到新情况新问题，要及时向国资委报告。

国资委

2016年10月31日

# 关于进一步加大授权力度促进科技成果转化的通知

（2019年9月23日　财资〔2019〕57号）

党中央有关部门，国务院各部委、各直属机构，全国人大常委会办公厅，全国政协办公厅，最高人民法院，最高人民检察院，各民主党派中央，有关人民团体，有关中央管理企业，各省、自治区、直辖市、计划单列市财政厅（局），新疆生产建设兵团财政局：

为贯彻"放管服"改革要求，进一步加大国家设立的中央级研究开发机构、高等院校科技成果转化有关国有资产管理授权力度，落实创新驱动发展战略，促进科技成果转移转化，支持科技创新，现就有关事项通知如下：

## 一、加大授权力度，简化管理程序

（一）中央级研究开发机构、高等院校对持有的科技成果，可以自主决定转让、许可或者作价投资，除涉及国家秘密、国家安全及关键核心技术外，不需报主管部门和财政部审批或者备案。涉及国家秘密、国家安全及关键核心技术的科技成果转让、许可或者作价投资，授权中央级研究开发机构、高等院校的主管部门按照国家有关保密制度的规定进行审批，并于批复之日起15个工作日内将批复文件报财政部备案。

（二）授权中央级研究开发机构、高等院校的主管部门办理科技成果作价投资形成国有股权的转让、无偿划转或者对外投资等管理事项，不需报财政部审批或者备案。纳入国有资本投资运营公司集中统一监管的，公司要按照科技成果转化授权要求，简化科技成果作价投资形成的国有股权管理决策程序，积极支持科技成果转化和科技创新。

（三）授权中央级研究开发机构、高等院校的主管部门办理科技成果作价投资成立企业的国有资产产权登记事项，不需报财政部办理登记。

## 二、优化评估管理，明确收益归属

（四）中央级研究开发机构、高等院校将科技成果转让、许可或者作价投资，由单位自主决定是否进行资产评估；通过协议定价的，应当在本单位公示科技成果名称和拟交易价格。

（五）中央级研究开发机构、高等院校转化科技成果所获得的收入全部留归本单位，纳入单位预算，不上缴国库，主要用于对完成和转化职务科技成果作出重要贡献人员的奖励和报酬、科学技术研发与成果转化等相关工作。

## 三、落实主体责任，加强监督管理

（六）中央级研究开发机构、高等院校要遵循科技成果转移转化规律，完善科技成果转化机制，加强科技成果管理，规范科技成果转化程序，建立健全科技成果转化重大事项领导班子集体决策制度，提高科技成果转化成效。对在科技成果转化工作过程中，通过串通作弊、暗箱操作等低价处置国有资产的，要依据国家有关规定进行处理。

（七）中央级研究开发机构、高等院校的主管部门要承担科技成果转化有关国有资产管理的主体责任，加强对科技成果作价投资形成国有股权的管理，健全完善管理制度，建立内控和风险防控机制，加强监管约束。同时，要加强对中央级研究开发机构、高等院校自主转化科技成果的监督，落实监管职责。

（八）财政部门加强对科技成果转化有关国有资产管理的监督，督促改进发现的问题，做到放管结合，实现有效监管。

## 四、鼓励地方探索，支持改革创新

（九）地方财政部门要将支持科技成果转移转化、推动科技创新作为重要职责，根据本通知精神，结合本地区经济发展、产业转型、科技创新等实际需要，制定具体规定，进一步完善科技成果国有资产管理制度。

（十）鼓励地方开拓创新，探索符合科技成果国有资产特点的管理模式，充分发挥国有资产在科技成果转移转化中的支撑作用,支持地方促进科技成果转移转化。

本通知自印发之日起施行。

财政部

2019 年 9 月 23 日

# 关于印发《"双百企业"和"科改示范企业"超额利润分享机制操作指引》的通知

（2021年1月19日　国务院国有企业改革领导小组办公室）

各中央企业，各省、自治区、直辖市及计划单列市和新疆生产建设兵团国资委：

　　为深入贯彻落实党中央、国务院关于健全国有企业市场化经营机制、提高国有企业活力的决策部署，按照国企改革三年行动的有关要求，指导"双百企业""科改示范企业"率先推进相关工作，国务院国有企业改革领导小组办公室制定了《"双百企业"和"科改示范企业"超额利润分享机制操作指引》，现印发给你们，供工作参考。

国务院国有企业改革领导小组办公室<br>
2021年1月19日

## "双百企业"和"科改示范企业"超额利润分享机制操作指引

　　为贯彻落实党中央、国务院关于健全国有企业市场化经营机制、提高国有企业活力的决策部署，落实国企改革三年行动有关工作要求，指导符合条件的国有企业灵活开展多种方式的中长期激励机制，规范实施超额利润分享机制，根据《中共中央　国务院关于深化国有企业改革的指导意见》（中发〔2015〕22号）、《关于印发〈国企改革"双百行动"工作方案〉的通知》（国资发研究〔2018〕70号)、《关于支持鼓励"双百企业"进一步加大改革创新力度有关事项的通知》(国资改办〔2019〕302号)、《关于印发〈百户科技型企业深化市场化改革提升自主创新能力专项行动方案〉的通知》(国企改办发〔2019〕2号)等文件精神和有关政策规定,结合中央企业和地方国有企业相关工作实践,制定本操作指引。

鼓励商业一类"双百企业""科改示范企业"(以下简称为"企业",含其所属各级子企业,下同),以价值创造为导向,聚焦关键岗位核心人才,参考本操作指引,建立超额利润分享机制。本操作指引印发前,已根据党中央、国务院有关文件精神和政策规定,在本企业推行超额利润分享机制的,可以按照"孰优"原则参考本操作指引完善相关工作。

## 一、基本概念和应用原则

(一)基本概念。

本操作指引所称超额利润分享机制,是指企业综合考虑战略规划、业绩考核指标、历史经营数据和本行业平均利润水平,合理设定目标利润,并以企业实际利润超出目标利润的部分作为超额利润,按约定比例提取超额利润分享额,分配给激励对象的一种中长期激励方式。其中,目标利润是指企业为特定年度设定的预期利润值。

(二)应用原则。

企业在推行超额利润分享机制时,一般应把握以下原则:

一是战略引领。企业推行超额利润分享机制应以企业实现战略规划为目标,避免追求短期效应。

二是市场导向。超额利润分享机制要以要素市场化配置为导向,体现生产要素由市场评价贡献、按贡献决定报酬原则。

三是增量激励。企业推行超额利润分享机制应以创造利润增量为基础,以增量价值分配为核心,实现有效激励。

## 二、适用条件和工作职责

(一)适用条件。

推行超额利润分享机制的企业一般应具备以下条件:

1. 商业一类企业；

2. 企业战略清晰，中长期发展目标明确；

3.《超额利润分享方案》制定当年已实现利润以及年初未分配利润为正值；

4. 法人治理结构健全，人力资源管理基础完善；

5. 建立了规范的财务管理制度，近三年没有因财务、税收等违法违规行为受到行政、刑事处罚。

（二）工作职责。

本企业负责制定《超额利润分享方案》《超额利润分享实施细则》（以下简称《实施细则》）和《超额利润分享兑现方案》（以下简称《兑现方案》）。

企业的控股股东（含国有独资公司的国有股东，下同）负责审核把关企业《超额利润分享方案》《实施细则》和《兑现方案》，其中《超额利润分享方案》报中央企业集团公司、地方国资委监管一级企业履行相关决策程序。国有资本投资、运营公司可以授权所出资企业审批其子企业的《超额利润分享方案》，并报国有资本投资、运营公司备案。

地方国资委监管一级企业，其《超额利润分享方案》由地方国资委负责审核把关。

## 三、基本操作流程

企业推行超额利润分享机制，一般应履行以下基本操作流程：

（一）制定方案。

企业应结合实际制定《超额利润分享方案》，该方案一般以三年为一个周期，主要包括以下内容：企业基本情况、可行性分析、确定激励对象的原则和标准、设定目标利润的原则和标准、分享比例、实施及兑现流程、约束条件和退出规定、监督管理和组织保障等。

制定《超额利润分享方案》时，应以公示、召开职工代表大会等方式充分听取职工意见，履行企业内部民主决策程序。《超额利润分享方案》制定后，企业应按照"三重一大"决策机制及有关规定，按出资关系报中央企业集团公司、地方国资委监管一级企业、控股股东(适用于国有资本投资、运营公司)或地方国资委同意。

（二）制定《实施细则》。

《超额利润分享方案》经审核同意后，企业一般每年年初制定《实施细则》，确定当年目标利润，报控股股东同意。如遇不可抗力影响或其他特殊情况时，经控股股东同意，可对目标利润进行一次调整。

《实施细则》一般应与企业当年经营业绩考核方案同步制定，相互关联和匹配。

（三）制定《兑现方案》。

企业一般于次年上半年开展经营业绩考核，同步根据经审计的经营业绩结果等情况，核算年度超额利润、超额利润分享额和激励对象个人分享所得额，并据此制定《兑现方案》，报控股股东同意。

上年度《兑现方案》和本年度《实施细则》一般可同步制定并履行相关决策审批的程序。

（四）实施兑现。

企业根据经审核同意的《兑现方案》实施兑现，并将实际兑现结果报控股股东备案。

## 四、确定激励对象相关环节操作要点

激励对象一般为与本企业签订劳动合同，在该岗位上连续工作1年以上，对企业经营业绩和持续发展有直接重要影响的管理、技术、营销、业务等核心骨干人才，且一般每一期激励人数不超过企业在岗职工总数的30%。

集团公司或控股股东相关人员在本企业兼职的，按其主要履职的岗位职责、实际履职时间等因素综合确定是否可参与本企业超额利润分享机制。合乎条件的仅可在一家企业参与超额利润分享机制。

企业外部董事、独立董事、监事不得参与超额利润分享机制。

实施超额利润分享机制的企业，一般不在同期对同一对象开展岗位分红等现金类中长期激励机制。

## 五、设定目标利润相关环节操作要点

企业在设定目标利润时，应与战略规划充分衔接，年度目标利润原则上不低于以下利润水平的高者：

1. 企业的利润考核目标；
2. 按照企业上一年净资产收益率计算的利润水平；
3. 企业近三年平均利润；
4. 按照行业平均净资产收益率计算的利润水平。

企业设定目标利润时，可以根据实际情况选取利润总额、净利润、归母公司净利润等指标。

确定本行业平均利润水平时一般应选取境内外可比的对标企业（以下简称对标组）。对标组选取依据、范围等情况应在《超额利润分享方案》中说明。

## 六、确定超额利润分享额相关环节操作要点

（一）确定超额利润。

年度超额利润为企业当年实际利润与目标利润的差额。确定时一般应考虑剔除以下因素影响：

1. 重大资产处置等行为导致的本年度非经营性收益；
2. 并购、重组等行为导致的本年度利润变化；
3. 会计政策和会计估计变更导致的本年度利润变化；
4. 外部政策性因素导致的本年度利润变化；
5. 负责审批的单位认为其他应予考虑的剔除因素。

对科技进步要求高的企业，在计算超额利润时，可将研发投入视同利润加回。

（二）确定分享比例。

年度超额利润分享额一般不超过超额利润的30%。

企业高级管理人员（或经营班子）岗位合计所获得的超额利润分享比例一般不超过超额利润分享额的30%，其他额度应根据岗位贡献系数或个人绩效考核结果分配给核心骨干人才，重点向作出突出贡献的科技人才和关键科研岗位倾斜。

企业可以在《超额利润分享方案》中针对不同业务特点，确定差异化的超额利润分享比例。具体可采用统一比例或累进计提等不同方法。

### 七、实施兑现相关环节操作要点

（一）兑现方式。

超额利润分享额在工资总额中列支，一般采用递延方式予以兑现，分三年兑现完毕。由企业根据经营情况，确定各年度支付比例，第一年支付比例不高于50%。所产生的个人所得税由激励对象个人承担。

计划期（三年）内企业净利润一般应保持稳健增长，若出现大幅递减或亏损，审核单位有权对上一年度超额利润分享额未兑现部分进行扣减，并对已兑现部分进行追回。

（二）退出条件。

企业《超额利润分享方案》实施期间，激励对象因调动、退休、工伤、丧失民事行为能力、死亡等客观原因与企业解除或终止劳动关系，按照其在岗位任职时间比例（年度任职日／年度总工作日）兑现。以前年度未兑现部分，可按递延支付相关安排予以支付。

激励对象出现下列情况之一，不得继续参与超额利润分享兑现，以前年度递延支付部分，不再支付：

1. 个人绩效考核不合格；
2. 违反企业管理制度受到重大处分；
3. 因违纪违法行为受到相关部门处理；
4. 对重大决策失误、重大资产损失、重大安全事故等负有责任；
5. 本人提出离职或者个人原因被解聘、解除劳动合同；
6. 负责审批的单位认为其他不得继续参与超额利润分享兑现的情况。

（三）终止实施。

企业出现以下情况之一，应终止实施《超额利润分享方案》：

1. 当年出现亏损；
2. 出现重大风险事故、重大安全及质量事故或违规违纪等情况；
3. 出现主审会计师事务所对企业年度财务报告出具保留意见、否定意见、无法表示意见等非标准审计意见或其他对财务信息公允性产生重大影响的情况；
4. 经营性现金流为负或者对企业日常经营活动开展产生重大负面影响的

情况；

5. 其他不得开展中长期激励的情况。

## 八、监督管理相关环节操作要点

企业应建立健全对超额利润分享机制的监督体系，党组织、股东会、董事会、监事会等治理主体，以及纪检监察、巡视巡察、财务、审计等机构根据职责分工，做好监督工作。

对于推行超额利润分享机制的企业，如经查实存在兑现年度故意违反会计政策或财务制度、弄虚作假等行为的，除应及时终止实施《超额利润分享方案》外，还应对相关行为发生期间相关人员已兑现的超额利润分享所得予以追索扣回，并按照有关规定严肃追究相关人员责任。

附件：1. 超额利润分享方案（提纲）
　　　2. 超额利润分享实施细则（提纲）
　　　3. 超额利润分享兑现方案（提纲）

附件 1

# 超额利润分享方案（提纲）

《超额利润分享方案》一般包括但不限于以下内容：

## 一、企业基本情况
（一）发展历程和核心业务
（二）三到五年战略规划
（三）近三年财务状况、经营成果和业绩考核结果
（四）集团内部关联交易情况

## 二、可行性分析
（一）本行业市场竞争状态
（二）推行超额利润分享机制的可行性

## 三、激励对象确定的原则和标准
（一）拟纳入激励范围岗位确定原则
（二）拟纳入激励范围岗位超额利润内部分配原则

## 四、目标利润确定的原则和标准
（一）未来三年目标利润规划指标和主要依据
（二）行业对标企业清单和选取原则
（三）年度目标利润确定和调整原则

## 五、超额利润分享比例
（一）超额利润分享比例确定原则
（二）超额利润分享比例

## 六、实施与兑现
（一）实施与兑现主要流程
（二）递延支付相关安排

## 七、约束条件和退出规定
（一）退出条件
（二）终止实施条件

## 八、监督管理和组织保障

## 九、其他事项

关于印发《"双百企业"和"科改示范企业"超额利润分享机制操作指引》的通知

附件 2

# 超额利润分享实施细则（提纲）

《超额利润分享实施细则》一般包括但不限于以下内容：

**一、三年目标利润规划完成情况**

**二、年度超额利润分享适用条件**

**三、年度目标利润计算基础**

（一）年度利润考核目标值

（二）近三年企业实际利润金额

（三）本行业上年度平均利润水平

**四、年度目标利润确定**

（一）年度目标利润确定影响因素

（二）年度目标利润值

（三）年度目标利润值与三年目标规划值差异分析

**五、年度超额利润的计算和分配规则**

**六、其他需说明的特殊事项**

附件3

# 超额利润分享兑现方案（提纲）

《超额利润分享兑现方案》一般包括但不限于以下内容：

## 一、实施兑现可行性

（一）年度实际利润值

（二）年度经营业绩考核结果

（三）年度超额利润计算结果

（四）年度实施兑现可行性

## 二、超额利润分享额

（一）需要进行利润调整的影响因素

（二）计算确定超额利润分享额

## 三、激励兑现方案

（一）当年激励对象、分配比例和金额

（二）约束条件和支付计划

## 四、备案安排

## 五、其他事项

# 四、完善现代企业制度

# 关于印发《关于全面推进法治央企建设的意见》的通知

(2015年12月8日 国资发法规〔2015〕166号)

各中央企业：

为贯彻落实党的十八届三中、四中、五中全会精神和党中央、国务院关于深化国有企业改革的部署要求，进一步推进中央企业法制建设，提升依法治企能力水平，我们制定了《关于全面推进法治央企建设的意见》，现印发给你们，请认真贯彻落实。

国务院国有资产监督管理委员会<br>
2015年12月8日

## 关于全面推进法治央企建设的意见

党的十八届三中、四中全会作出全面深化改革和全面推进依法治国的重大战略部署。习近平总书记强调，要把全面依法治国放在"四个全面"战略布局中来把握。中央企业是我国国民经济的重要支柱，是落实全面依法治国战略的重要主体，应当在建设社会主义法治国家中发挥重要作用。近年来，中央企业深入推进法治建设，依法经营管理水平不断提升，依法治企能力明显增强，为改革发展提供了重要的支撑保障。但与此同时，中央企业法治工作与全面依法治国的要求相比还有不小差距。新形势下，全面建设法治央企，是贯彻落实全面依法治国战略的重要内容，是进一步深化国企改革的必然要求，也是提升企业核心竞争力，做强做优做大中央企业的迫切需要。为此，现就全面推进法治央企建设提出以下意见：

## 一、总体要求

（一）指导思想。认真贯彻落实党的十八届三中、四中、五中全会精神和习近平总书记系列重要讲话精神，按照全面依法治国战略部署，围绕中央企业改革发展总体目标，适应市场化、现代化、国际化发展需要，坚持依法治理、依法经营、依法管理共同推进，坚持法治体系、法治能力、法治文化一体建设，加强制度创新，以健全公司法人治理结构为基础，以促进依法经营管理为重点，以提升企业法律管理能力为手段，切实加强对企业法治建设的组织领导，大力推动企业治理体系和治理能力现代化，促进中央企业健康可持续发展。

（二）基本原则。

——坚持围绕中心，服务发展大局。紧紧围绕中央企业改革发展中心任务，充分发挥法治在推进分类改革、完善现代企业制度、发展混合所有制经济、强化监督防止国有资产流失等重点改革任务中的重要作用，支撑企业实施自主创新、转型升级等重大发展战略，为中央企业改革发展提供坚实的法治保障。

——坚持全面覆盖，突出工作重点。把依法治企要求全面融入企业决策运营各个环节，贯穿各业务领域、各管理层级、各工作岗位，努力实现法治工作全流程、全覆盖，同时突出依法治理、依法合规经营、依法规范管理等重点领域法治建设。

——坚持权责明确，强化协同配合。切实加强对法治央企建设的组织领导，明确企业主要负责人、总法律顾问、法律事务机构、其他部门在推进法治建设中的责任，有效整合资源，增强工作合力，形成上下联动、部门协同的法治建设大格局。

——坚持领导带头，确保全员参与。牢牢抓住领导干部这个"关键少数"，大力提升领导干部的法治思维和依法办事能力，充分发挥领导干部遵法学法守法用法的示范作用，进一步强化普法宣传教育，提高全员法治素养，充分调动职工的积极性和主动性，努力形成全员守法的良好氛围。

（三）总体目标。到2020年，中央企业依法治理能力进一步增强，依法合规经营水平显著提升，依法规范管理能力不断强化，全员法治素质明显提高，企业法治文化更加浓厚，依法治企能力达到国际同行业先进水平，努力成为治理完善、经营合规、管理规范、守法诚信的法治央企。

## 二、切实增强依法治理能力

（四）充分发挥章程在公司治理中的统领作用。根据企业行业特点、管理架构等实际，依法完善公司章程，合理配置股东权利义务，明确议事规则和决策机制。突出章程在规范各治理主体权责关系中的基础性作用，依法厘清股东（大）会、董事会、监事会、经理层的职责边界，明确履职程序。依据章程建立健全企业各项基本制度、管理机制和工作体系，细化董事会、经理层工作规则等配套办法。把加强党的领导和完善公司治理统一起来，明确党组织在公司治理结构中的法定地位，将党建工作总体要求纳入公司章程。加强对章程落实情况的监督，坚决纠正与章程不符的规定和行为。高度重视子企业章程制定工作，依法依章程对子企业规范行使股东权，处理好维护出资人权益与尊重子企业经营自主权的关系。充分发挥总法律顾问和法律事务机构在章程制定、执行和监督中的重要作用，确保章程依法制定、依法实施。

（五）完善各治理主体依法履职保障机制。按照《公司法》、《企业国有资产法》等法律法规，进一步完善公司法人治理结构，提升治理主体依法履职能力。优化董事会知识结构，通过加强法律培训、选拔法律专业人员担任董事等方式，提升董事会依法决策水平。明确负责推进企业法治建设的专门委员会，对经理层依法治企情况进行监督，并将企业法治建设情况作为董事会年度工作报告的重要内容。董事会审议事项涉及法律问题的，总法律顾问应列席会议并提出法律意见。加大监事会对依法治企情况和董事、高级管理人员依法履职情况的监督力度，配备具有法律专业背景的专职监事，将企业合规经营、依法管理作为当期监督的重要内容。总法律顾问应当全面参与经理层的经营管理活动，充分发挥法律审核把关作用。健全党组织参与重大决策机制，强化党组织对企业领导人员依法行权履职的监督，确保企业决策部署及其执行过程符合党和国家方针政策、法律法规。

## 三、着力强化依法合规经营

（六）健全依法决策机制。进一步完善"三重一大"等决策制度，细化各层级决策范围、事项和权限。健全依法决策程序,严格落实职工参与、专家论证、风险评估、法律审核、集体决策等程序要求。完善重大决策合法性审查机制,未经合法性审查或者经审查不合法的,不得提交决策会议讨论。高度重视对重大改革事项的法律论证,切实防范法律风险,确保各项改革措施于法有据。中央企业报请国资委审批事项涉及法律问题的,应当出具总法律顾问签字的法律意见书。依法健全以职工代表大会为基本形式的企业民主管理制度,规范职工董事、职工监事产生的程序,切实发挥其在参与决策和公司治理中的作用。

(七)依法参与市场竞争。严格执行有关反垄断、安全生产、环境保护、节能减排、产品质量、知识产权、劳动用工等国家法律法规和市场规则,坚决杜绝违法违规行为。崇尚契约精神,重合同、守信用,公平参与市场竞争,自觉维护市场秩序。认真履行社会责任,切实维护消费者和其他利益相关方的合法权益。明确法律事务机构的合同管理职责,严格落实合同法律审核制度,充分发挥法律审核在规范市场竞争、防止违法违规行为中的重要作用。提升依法维权能力,加大对侵权行为的追责力度,妥善解决法律纠纷案件,切实维护自身合法权益。

(八)依法开展国际化经营。在实施走出去战略、参与"一带一路"建设、推进国际产能和装备制造合作过程中,严格按照国际规则、所在国法律和我国相关法律法规开展境外业务,有效防范法律风险。建立境外重大项目法律顾问提前介入工作机制,将法律论证与市场论证、技术论证、财务论证有机结合,实现从可行性论证到立项决策、从谈判签约到项目实施全程参与,确保法律风险防范全覆盖。突出境外法律风险防范重点,高度重视国家安全审查、反垄断审查、反倾销反补贴调查和知识产权等领域的法律风险,深入做好尽职调查,组织拟定防范预案。建立健全涉外重大法律纠纷案件预警和应对机制。完善境外法治工作组织体系,推动境外重要子企业或业务相对集中的区域设立法律事务机构或配备专职法律顾问。

## 四、进一步加强依法规范管理

(九)完善企业规章制度体系。根据国家法律法规和国有资产监管制度,结合企业实际,进一步完善财务管理、劳动用工、物资采购等各项规章制度。

完善规章制度制定工作机制，广泛吸纳业务骨干、专家学者等共同参与规章制度的研究制定，加强对规章制度的法律审核，确保各项制度依法合规。健全规章制度实施机制，提高制度执行力，通过加强宣贯培训、纳入业务流程、明确岗位守则等方式，确保各项制度得到有效落实。探索建立规章制度评估机制，定期开展规章制度梳理工作，对规章制度执行情况进行评价，及时堵塞制度漏洞，形成制度体系完整闭环。强化规章制度落实监督机制，法律、审计、纪检和相关业务部门定期对制度落实情况进行监督检查，对违规行为严格督促整改、开展责任追究。

（十）依法规范重点领域和关键环节管理。加强对企业投资融资、改制重组、对外担保、产权流转、物资采购、招标投标等重点领域的管理，通过信息化手段，确保流程规范、公开透明，坚决杜绝暗箱操作。在推进混合所有制、员工持股、股权激励等改革过程中，坚持依法规范操作，确保法律事务机构全程参与，严控法律风险，防止国有资产流失。高度重视对企业内部审批、执行等关键环节的管理，强化对权力集中、资金密集、资源富集、资产聚集的部门和岗位的监督，实行分事行权、分岗设权、分级授权，定期轮岗，强化内部流程控制，防止权力滥用。严格执行信息披露制度，依法加大信息公开力度，积极打造阳光央企。完善企业内部监督体系，形成法律与审计、纪检监察、巡视、财务等部门的监督合力。

（十一）大力提升法律管理水平。进一步深化法律风险防范机制，加快促进法律管理与经营管理的深度融合，将法律审核嵌入管理流程，使法律审核成为经营管理的必经环节，在确保规章制度、经济合同、重要决策法律审核率100%的同时，通过开展后评估等方式，不断提高审核质量。加快提升合规管理能力，建立由总法律顾问领导，法律事务机构作为牵头部门，相关部门共同参与、齐抓共管的合规管理工作体系，研究制定统一有效、全面覆盖、内容明确的合规制度准则，加强合规教育培训，努力形成全员合规的良性机制。探索建立法律、合规、风险、内控一体化管理平台。加强知识产权管理，强化知识产权保护，为企业自主创新、转型升级、品牌建设提供有力支撑。健全完善法律风险防范、纠纷案件处理等各项法律管理制度，探索创新法律管理方式方法，大力推进信息化建设，提高管理效能。

### 五、加强组织领导

（十二）强化领导责任。企业主要负责人充分发挥"关键少数"作用，认真履行推进本企业法治建设第一责任人职责，把法治建设作为谋划部署全局工作的重要内容，对工作中的重点难点问题，亲自研究、亲自部署、亲自协调、亲自督办。明确法治建设领导机构，加快形成企业主要负责人负总责、总法律顾问牵头推进、法律事务机构具体实施、各部门共同参与的工作机制。研究制定本企业法治央企建设实施方案，将中央企业法制工作新五年规划各项要求作为重要内容，与企业"十三五"规划相衔接，同步实施、同步推进。积极为企业法治建设提供必要的制度、人员、机构和经费等保障。

（十三）完善激励约束机制。将合规经营等依法治企情况纳入对中央企业领导人员的考核体系。完善企业领导班子知识结构，在相同条件下，优先提拔使用法治素养好、依法办事能力强的干部。建立法治工作激励机制，对于在法治建设中作出突出贡献、有效防范重大法律风险、避免或挽回重大损失的集体或个人，应当予以表彰和奖励。落实问责制度，企业重大经营活动因未经法律审核，或者虽经审核但未采纳正确法律意见而造成重大损失的，追究企业相关领导人员责任；经过法律审核，但因重大失职未发现严重法律风险造成重大损失的，追究相关法律工作人员责任。对因违法违规发生重大法律纠纷案件造成企业重大损失的，或者违反规定、未履行或未正确履行职责造成企业资产损失的，在业绩考核中扣减分值，并按照有关规定追究相关人员责任。实行重大法律风险事项报告制度，中央企业对可能引发重大法律纠纷案件、造成重大资产损失的法律风险事项，应当及时向国资委报告。

（十四）加强法治工作队伍建设。在中央企业及其重要子企业全面推行总法律顾问制度，并在公司章程中予以明确。总法律顾问应当具有法学专业背景或者法律相关职业资格。设立董事会的中央企业，总法律顾问可以由董事会聘任。总法律顾问作为企业高级管理人员，全面领导企业法律管理工作，统一协调处理经营管理中的法律事务，全面参与重大经营决策，领导企业法律事务机构开展相关工作。建立健全总法律顾问述职制度。对标同行业世界一流企业，加快健全企业法治工作体系，中央企业及其重要子企业设立独立的法律事务机构，配备与经营管理需求相适应的企业法律顾问。建立健全企业法律顾问职业发展规划，将企业法律顾问纳入人才培养体系，提升企业法律顾问队伍专职化、专业化水平。建立健全企业法律顾问专业人员评价体系，完善职业岗位等级评审制度，实行与职级和专业技术等级相匹配的差异化薪酬分配办法。

（十五）打造企业法治文化。大力推进法治文化建设，弘扬法治精神，增强法治理念，努力使全体员工成为法治的忠实崇尚者、自觉践行者、坚定捍卫者。全面开展普法宣传教育，加强法律、宣传与各业务部门的协同联动，推进法治宣传教育制度化、常态化。完善学法用法制度，将法治学习作为企业党委（党组）中心组学习、管理培训、员工教育的必修课，形成全员遵法学法守法用法的良好氛围。积极树立推进法治央企建设中涌现出的优秀企业、集体和个人典型，充分发挥引领带动作用。

地方国有资产监督管理机构参照本意见，积极推进所出资企业法治建设。

# 国务院办公厅关于进一步完善国有企业法人治理结构的指导意见

（2017年5月3日　国办发〔2017〕36号）

各省、自治区、直辖市人民政府，国务院各部委、各直属机构：

完善国有企业法人治理结构是全面推进依法治企、推进国家治理体系和治理能力现代化的内在要求，是新一轮国有企业改革的重要任务。当前，多数国有企业已初步建立现代企业制度，但从实践情况看，现代企业制度仍不完善，部分企业尚未形成有效的法人治理结构，权责不清、约束不够、缺乏制衡等问题较为突出，一些董事会形同虚设，未能发挥应有作用。根据《中共中央　国务院关于深化国有企业改革的指导意见》等文件精神，为改进国有企业法人治理结构，完善国有企业现代企业制度，经国务院同意，现提出以下意见：

## 一、总体要求

（一）指导思想。

全面贯彻党的十八大和十八届三中、四中、五中、六中全会精神，深入贯彻习近平总书记系列重要讲话精神和治国理政新理念新思想新战略，认真落实党中央、国务院决策部署，统筹推进"五位一体"总体布局和协调推进"四个全面"战略布局，牢固树立和贯彻落实创新、协调、绿色、开放、共享的发展理念，从国有企业实际情况出发，以建立健全产权清晰、权责明确、政企分开、管理科学的现代企业制度为方向，积极适应国有企业改革的新形势新要求，坚持党的领导、加强党的建设，完善体制机制，依法规范权责，根据功能分类，把握重点，进一步健全各司其职、各负其责、协调运转、有效制衡的国有企业法人治理结构。

（二）基本原则。

1. 坚持深化改革。尊重企业市场主体地位，遵循市场经济规律和企业发展规律，以规范决策机制和完善制衡机制为重点，坚持激励机制与约束机制相结合，体现效率原则与公平原则，充分调动企业家积极性，提升企业的市场化、现代化经营水平。

2. 坚持党的领导。落实全面从严治党战略部署，把加强党的领导和完善公司治理统一起来，明确国有企业党组织在法人治理结构中的法定地位，发挥国有企业党组织的领导核心和政治核心作用，保证党组织把方向、管大局、保落实。坚持党管干部原则与董事会依法选择经营管理者、经营管理者依法行使人权相结合，积极探索有效实现形式，完善反腐倡廉制度体系。

3. 坚持依法治企。依据《中华人民共和国公司法》、《中华人民共和国企业国有资产法》等法律法规，以公司章程为行为准则，规范权责定位和行权方式；法无授权，任何政府部门和机构不得干预企业正常生产经营活动，实现深化改革与依法治企的有机统一。

4. 坚持权责对等。坚持权利义务责任相统一，规范权力运行、强化权利责任对等，改革国有资本授权经营体制，深化权力运行和监督机制改革，构建符合国情的监管体系，完善履职评价和责任追究机制，对失职、渎职行为严格追责，建立决策、执行和监督环节的终身责任追究制度。

（三）主要目标。

2017年年底前，国有企业公司制改革基本完成。到2020年，党组织在国有企业法人治理结构中的法定地位更加牢固，充分发挥公司章程在企业治理中的基础作用，国有独资、全资公司全面建立外部董事占多数的董事会，国有控股企业实行外部董事派出制度，完成外派监事会改革；充分发挥企业家作用，造就一大批政治坚定、善于经营、充满活力的董事长和职业经理人，培育一支德才兼备、业务精通、勇于担当的董事、监事队伍；党风廉政建设主体责任和监督责任全面落实，企业民主监督和管理明显改善；遵循市场经济规律和企业发展规律，使国有企业成为依法自主经营、自负盈亏、自担风险、自我约束、自我发展的市场主体。

## 二、规范主体权责

健全以公司章程为核心的企业制度体系,充分发挥公司章程在企业治理中的基础作用,依照法律法规和公司章程,严格规范履行出资人职责的机构(以下简称出资人机构)、股东会(包括股东大会,下同)、董事会、经理层、监事会、党组织和职工代表大会的权责,强化权利责任对等,保障有效履职,完善符合市场经济规律和我国国情的国有企业法人治理结构,进一步提升国有企业运行效率。

(一)理顺出资人职责,转变监管方式。

1. 股东会是公司的权力机构。股东会主要依据法律法规和公司章程,通过委派或更换董事、监事(不含职工代表),审核批准董事会、监事会年度工作报告,批准公司财务预决算、利润分配方案等方式,对董事会、监事会以及董事、监事的履职情况进行评价和监督。出资人机构根据本级人民政府授权对国家出资企业依法享有股东权利。

2. 国有独资公司不设股东会,由出资人机构依法行使股东会职权。以管资本为主改革国有资本授权经营体制,对直接出资的国有独资公司,出资人机构重点管好国有资本布局、规范资本运作、强化资本约束、提高资本回报、维护资本安全。对国有全资公司、国有控股企业,出资人机构主要依据股权份额通过参加股东会议、审核需由股东决定的事项、与其他股东协商作出决议等方式履行职责,除法律法规或公司章程另有规定外,不得干预企业自主经营活动。

3. 出资人机构依据法律法规和公司章程规定行使股东权利、履行股东义务,有关监管内容应依法纳入公司章程。按照以管资本为主的要求,出资人机构要转变工作职能、改进工作方式,加强公司章程管理,清理有关规章、规范性文件,研究提出出资人机构审批事项清单,建立对董事会重大决策的合规性审查机制,制定监事会建设、责任追究等具体措施,适时制定国有资本优先股和国家特殊管理股管理办法。

(二)加强董事会建设,落实董事会职权。

1. 董事会是公司的决策机构,要对股东会负责,执行股东会决定,依照法定程序和公司章程授权决定公司重大事项,接受股东会、监事会监督,认真履行决策把关、内部管理、防范风险、深化改革等职责。国有独资公司要依法落实和维护董事会行使重大决策、选人用人、薪酬分配等权利，增强董事会的独立性和权威性，落实董事会年度工作报告制度；董事会应与党组织充分沟通，有序开展国有独资公司董事会选聘经理层试点，加强对经理层的管理和监督。

2. 优化董事会组成结构。国有独资、全资公司的董事长、总经理原则上分设，应均为内部执行董事，定期向董事会报告工作。国有独资公司的董事长作为企业法定代表人，对企业改革发展负首要责任，要及时向董事会和国有股东报告重大经营问题和经营风险。国有独资公司的董事对出资人机构负责，接受出资人机构指导，其中外部董事人选由出资人机构商有关部门提名，并按照法定程序任命。国有全资公司、国有控股企业的董事由相关股东依据股权份额推荐派出，由股东会选举或更换，国有股东派出的董事要积极维护国有资本权益；国有全资公司的外部董事人选由控股股东商其他股东推荐，由股东会选举或更换；国有控股企业应有一定比例的外部董事，由股东会选举或更换。

3. 规范董事会议事规则。董事会要严格实行集体审议、独立表决、个人负责的决策制度，平等充分发表意见，一人一票表决，建立规范透明的重大事项信息公开和对外披露制度，保障董事会会议记录和提案资料的完整性，建立董事会决议跟踪落实以及后评估制度，做好与其他治理主体的联系沟通。董事会应当设立提名委员会、薪酬与考核委员会、审计委员会等专门委员会，为董事会决策提供咨询，其中薪酬与考核委员会、审计委员会应由外部董事组成。改进董事会和董事评价办法，完善年度和任期考核制度，逐步形成符合企业特点的考核评价体系及激励机制。

4. 加强董事队伍建设。开展董事任前和任期培训，做好董事派出和任期管理工作。建立完善外部董事选聘和管理制度，严格资格认定和考试考察程序，拓宽外部董事来源渠道，扩大专职外部董事队伍，选聘一批现职国有企业负责人转任专职外部董事，定期报告外部董事履职情况。国有独资公司要健全外部董事召集人制度，召集人由外部董事定期推选产生。外部董事要与出资人机构加强沟通。

（三）维护经营自主权，激发经理层活力。

1. 经理层是公司的执行机构，依法由董事会聘任或解聘，接受董事会管理和监事会监督。总经理对董事会负责,依法行使管理生产经营、组织实施董事会决议等职权,向董事会报告工作,董事会闭会期间向董事长报告工作。

2.建立规范的经理层授权管理制度,对经理层成员实行与选任方式相匹配、与企业功能性质相适应、与经营业绩相挂钩的差异化薪酬分配制度,国有独资公司经理层逐步实行任期制和契约化管理。根据企业产权结构、市场化程度等不同情况,有序推进职业经理人制度建设,逐步扩大职业经理人队伍,有序实行市场化薪酬,探索完善中长期激励机制,研究出台相关指导意见。国有独资公司要积极探索推行职业经理人制度,实行内部培养和外部引进相结合,畅通企业经理层成员与职业经理人的身份转换通道。开展出资人机构委派国有独资公司总会计师试点。

(四)发挥监督作用,完善问责机制。

1.监事会是公司的监督机构,依照有关法律法规和公司章程设立,对董事会、经理层成员的职务行为进行监督。要提高专职监事比例,增强监事会的独立性和权威性。对国有资产监管机构所出资企业依法实行外派监事会制度。外派监事会由政府派出,负责检查企业财务,监督企业重大决策和关键环节以及董事会、经理层履职情况,不参与、不干预企业经营管理活动。

2.健全以职工代表大会为基本形式的企业民主管理制度,支持和保证职工代表大会依法行使职权,加强职工民主管理与监督,维护职工合法权益。国有独资、全资公司的董事会、监事会中须有职工董事和职工监事。建立国有企业重大事项信息公开和对外披露制度。

3.强化责任意识,明确权责边界,建立与治理主体履职相适应的责任追究制度。董事、监事、经理层成员应当遵守法律法规和公司章程,对公司负有忠实义务和勤勉义务;要将其信用记录纳入全国信用信息共享平台,违约失信的按规定在"信用中国"网站公开。董事应当出席董事会会议,对董事会决议承担责任;董事会决议违反法律法规或公司章程、股东会决议,致使公司遭受严重损失的,应依法追究有关董事责任。经理层成员违反法律法规或公司章程,致使公司遭受损失的,应依法追究有关经理层成员责任。执行董事和经理层成员未及时向董事会或国有股东报告重大经营问题和经营风险的,应依法追究相关人员责任。企业党组织成员履职过程中有重大失误和失职、渎职行为的,应按照党组织有关规定严格追究责任。按照"三个区分开来"的要求,建立必要的改革容错纠错机制,激励企业领导人员干事创业。

(五)坚持党的领导,发挥政治优势。

1. 坚持党的领导、加强党的建设是国有企业的独特优势。要明确党组织在国有企业法人治理结构中的法定地位,将党建工作总体要求纳入国有企业章程,明确党组织在企业决策、执行、监督各环节的权责和工作方式,使党组织成为企业法人治理结构的有机组成部分。要充分发挥党组织的领导核心和政治核心作用,领导企业思想政治工作,支持董事会、监事会、经理层依法履行职责,保证党和国家方针政策的贯彻执行。

2. 充分发挥纪检监察、巡视、审计等监督作用,国有企业董事、监事、经理层中的党员每年要定期向党组(党委)报告个人履职和廉洁自律情况。上级党组织对国有企业纪检组组长(纪委书记)实行委派制度和定期轮岗制度,纪检组组长(纪委书记)要坚持原则、强化监督。纪检组组长(纪委书记)可列席董事会和董事会专门委员会的会议。

3. 积极探索党管干部原则与董事会选聘经营管理人员有机结合的途径和方法。坚持和完善双向进入、交叉任职的领导体制,符合条件的国有企业党组(党委)领导班子成员可以通过法定程序进入董事会、监事会、经理层,董事会、监事会、经理层成员中符合条件的党员可以依照有关规定和程序进入党组(党委);党组(党委)书记、董事长一般由一人担任,推进中央企业党组(党委)专职副书记进入董事会。在董事会选聘经理层成员工作中,上级党组织及其组织部门、国有资产监管机构党委应当发挥确定标准、规范程序、参与考察、推荐人选等作用。积极探索董事会通过差额方式选聘经理层成员。

## 三、做好组织实施

(一)及时总结经验,分层有序实施。在国有企业建设规范董事会试点基础上,总结经验、完善制度,国务院国资委监管的中央企业要依法改制为国有独资公司或国有控股公司,全面建立规范的董事会。国有资本投资、运营公司法人治理结构要"一企一策"地在公司章程中予以细化。其他中央企业和地方国有企业要根据自身实际,由出资人机构负责完善国有企业法人治理结构。

(二)精心规范运作,做好相互衔接。国有企业要按照完善法人治理结构的要求,全面推进依法治企,完善公司章程,明确内部组织机构的权利、义务、责任，实现各负其责、规范运作、相互衔接、有效制衡。国务院国资委要会同有关部门和单位抓紧制定国有企业公司章程审核和批准管理办法。

金融、文化等国有企业的改革，中央另有规定的依其规定执行。

国务院办公厅<br>2017 年 4 月 24 日

# 中央企业工资总额管理办法

（2018年12月27日　国务院国资委令第39号）

《中央企业工资总额管理办法》已于2018年12月11日经国务院国有资产监督管理委员会第158次主任办公会议审议通过，现予公布，自2019年1月1日起施行。

国务院国有资产监督管理委员会主任　肖亚庆
2018年12月27日

## 中央企业工资总额管理办法

### 第一章　总　则

**第一条**　为建立健全与劳动力市场基本适应、与企业经济效益和劳动生产率挂钩的工资决定和正常增长机制，增强企业活力和竞争力，促进企业实现高质量发展，推动国有资本做强做优做大，根据《中华人民共和国企业国有资产法》、《企业国有资产监督管理暂行条例》、《中共中央　国务院关于深化国有企业改革的指导意见》、《国务院关于改革国有企业工资决定机制的意见》和国家有关收入分配政策规定，制定本办法。

**第二条**　本办法所称中央企业是指国务院国有资产监督管理委员会（以下简称国资委）履行出资人职责的企业。

**第三条**　本办法所称工资总额，是指由企业在一个会计年度内直接支付给与本企业建立劳动关系的全部职工的劳动报酬总额，包括工资、奖金、津贴、补贴、加班加点工资、特殊情况下支付的工资等。

**第四条** 中央企业工资总额实行预算管理。企业每年度围绕发展战略，按照国家工资收入分配宏观政策要求，依据生产经营目标、经济效益情况和人力资源管理要求，对工资总额的确定、发放和职工工资水平的调整，作出预算安排，并且进行有效控制和监督。

**第五条** 工资总额管理应当遵循以下原则：

（一）坚持市场化改革方向。实行与社会主义市场经济相适应的企业工资分配制度，发挥市场在资源配置中的决定性作用，逐步实现中央企业职工工资水平与劳动力市场价位相适应。

（二）坚持效益导向原则。按照质量第一、效益优先的要求，职工工资水平的确定以及增长应当与企业经济效益和劳动生产率的提高相联系，切实实现职工工资能增能减，充分调动职工创效主动性和积极性，不断优化人工成本投入产出效率，持续增强企业活力。

（三）坚持分级管理。完善出资人依法调控与企业自主分配相结合的中央企业工资总额分级管理体制，国资委以管资本为主调控中央企业工资分配总体水平，企业依法依规自主决定内部薪酬分配。

（四）坚持分类管理。根据中央企业功能定位、行业特点，分类实行差异化的工资总额管理方式和决定机制，引导中央企业落实国有资产保值增值责任，发挥在国民经济和社会发展中的骨干作用。

## 第二章　工资总额分级管理

**第六条** 国资委依据有关法律法规履行出资人职责，制定中央企业工资总额管理制度，根据企业功能定位、公司治理、人力资源管理市场化程度等情况，对企业工资总额预算实行备案制或者核准制管理。

**第七条** 实行工资总额预算备案制管理的中央企业，根据国资委管理制度和调控要求，结合实际制定本企业工资总额管理办法，报经国资委同意后，依照办法科学编制职工年度工资总额预算方案并组织实施，国资委对其年度工资总额预算进行备案管理。

**第八条** 实行工资总额预算核准制管理的中央企业，根据国资委有关制度要求，科学编制职工年度工资总额预算方案，报国资委核准后实施。

**第九条** 工资总额预算经国资委备案或者核准后,由中央企业根据所属企业功能定位、行业特点和经营性质,按照内部绩效考核和薪酬分配制度要求,完善本企业工资总额预算管理体系,并且组织开展预算编制、执行以及内部监督、评价工作。

**第十条** 中央企业工资总额预算一般按照单一会计年度进行管理。对行业周期性特征明显、经济效益年度间波动较大或者存在其他特殊情况的企业,工资总额预算可以探索按周期进行管理,周期最长不超过三年,周期内的工资总额增长应当符合工资与效益联动的要求。

## 第三章 工资总额分类管理

**第十一条** 主业处于充分竞争行业和领域的商业类中央企业原则上实行工资总额预算备案制管理。职工工资总额主要与企业利润总额、净利润、经济增加值、净资产增长率、净资产收益率等反映经济效益、国有资本保值增值和市场竞争能力的指标挂钩。职工工资水平根据企业经济效益和市场竞争力,结合市场或者行业对标科学合理确定。

**第十二条** 主业处于关系国家安全、国民经济命脉的重要行业和关键领域、主要承担重大专项任务的商业类中央企业原则上实行工资总额预算核准制管理。职工工资总额在主要与反映经济效益和国有资本保值增值指标挂钩的同时,可以根据实际增加营业收入、任务完成率等体现服务国家战略、保障国家安全和国民经济运行、发展前瞻性战略性产业以及完成特殊任务等情况的指标。职工工资水平根据企业在国民经济中的作用、贡献和经济效益,结合所处行业职工平均工资水平等因素合理确定。

上述企业中,法人治理结构健全、三项制度改革到位、收入分配管理规范的,经国资委同意后,工资总额预算可以探索实行备案制管理。

**第十三条** 公益类中央企业实行工资总额预算核准制管理。职工工资总额主要与反映成本控制、产品服务质量、营运效率和保障能力等情况的指标挂钩,兼顾体现经济效益和国有资本保值增值情况的指标。职工工资水平根据公益性业务的质量和企业经济效益状况,结合收入分配现状、所处行业平均工资等因素合理确定。

**第十四条** 开展国有资本投资、运营公司或者混合所有制改革等试点的中央企业,按照国家收入分配政策要求,根据改革推进情况,经国资委同意,可以探索实行更加灵活高效的工资总额管理方式。

## 第四章 工资总额决定机制

**第十五条** 中央企业以上年度工资总额清算额为基础,根据企业功能定位以及当年经济效益和劳动生产率的预算情况,参考劳动力市场价位,分类确定决定机制,合理编制年度工资总额预算。

**第十六条** 工资总额预算与利润总额等经济效益指标的业绩考核目标值挂钩,并且根据目标值的先进程度(一般设置为三档)确定不同的预算水平。

(一)企业经济效益增长,目标值为第一档的,工资总额增长可以与经济效益增幅保持同步;目标值为第二档的,工资总额增长应当低于经济效益增幅。

(二)企业经济效益下降,目标值为第二档的,工资总额可以适度少降;目标值为第三档的,工资总额应当下降。

(三)企业受政策调整、不可抗力等非经营性因素影响的,可以合理调整工资总额预算。

(四)企业未实现国有资产保值增值的,工资总额不得增长或者适度下降。

**第十七条** 工资总额预算在按照经济效益决定的基础上,还应当根据劳动生产率、人工成本投入产出效率的对标情况合理调整。企业当年经济效益增长但劳动生产率未提高的,工资总额应当适当少增。企业劳动生产率以及其他人工成本投入产出指标与同行业水平对标差距较大的,应当合理控制工资总额预算。

**第十八条** 主业处于关系国家安全、国民经济命脉的重要行业和关键领域、主要承担重大专项任务的商业类中央企业和公益类中央企业可以探索将工资总额划分为保障性和效益性工资总额两部分,国资委根据企业功能定位、行业特点等情况,合理确定其保障性和效益性工资总额比重,比重原则上三年内保持不变。

(一)保障性工资总额的增长主要根据企业所承担的重大专项任务、公益性业务、营业收入等指标完成情况,结合居民消费价格指数以及企业职工工资水平对标情况综合确定,原则上不超过挂钩指标增长幅度。

（二）效益性工资总额增长原则上参照本办法第十六条、第十七条确定。

**第十九条** 工资总额在预算范围不发生变化的情况下，原则上增人不增工资总额、减人不减工资总额，但发生兼并重组、新设企业或者机构等情况的，可以合理增加或者减少工资总额。

**第二十条** 国资委按照国家有关部门发布的工资指导线、非竞争类国有企业职工平均工资调控水平和工资增长调控目标，根据中央企业职工工资分配现状，适度调控部分企业工资总额增幅。

对中央企业承担重大专项任务、重大科技创新项目等特殊事项的，国资委合理认定后，予以适度支持。

**第二十一条** 中央企业应当制定完善集团总部职工工资总额管理制度，根据人员结构及工资水平的对标情况，总部职工平均工资增幅原则上在低于当年集团职工平均工资增幅的范围内合理确定。

## 第五章　工资总额管理程序

**第二十二条** 中央企业应当按照国家收入分配政策规定和国资委有关要求编制工资总额预算。工资总额预算方案履行企业内部决策程序后，于每年第一季度报国资委备案或者核准。

**第二十三条** 国资委建立中央企业工资总额预算动态监控制度，对中央企业工资总额发放情况、人工成本投入产出等主要指标执行情况进行跟踪监测，定期发布监测结果，督促中央企业加强预算执行情况的监督和控制。

**第二十四条** 中央企业应当严格执行经国资委备案或者核准的工资总额预算方案，在执行过程中出现以下情形之一，导致预算编制基础发生重大变化的，可以申请对工资总额预算进行调整：

（一）国家宏观经济政策发生重大调整。

（二）市场环境发生重大变化。

（三）企业发生分立、合并等重大资产重组行为。

（四）其他特殊情况。

**第二十五条** 中央企业工资总额预算调整情况经履行企业内部决策程序后，于每年10月报国资委复核或者重新备案。

**第二十六条** 中央企业应当于每年4月向国资委提交上年工资总额预算执

行情况报告，国资委依据经审计的财务决算数据，参考企业经营业绩考核目标完成情况，对中央企业工资总额预算执行情况、执行国家有关收入分配政策等情况进行清算评价，并且出具清算评价意见。

## 第六章 企业内部分配管理

**第二十七条** 中央企业应当按照国家有关政策要求以及本办法规定，持续深化企业内部收入分配制度改革，不断完善职工工资能增能减机制。

**第二十八条** 中央企业应当建立健全职工薪酬市场对标体系，构建以岗位价值为基础、以绩效贡献为依据的薪酬管理制度，坚持按岗定薪、岗变薪变，强化全员业绩考核，合理确定各类人员薪酬水平，逐步提高关键岗位的薪酬市场竞争力，调整不合理收入分配差距。

**第二十九条** 坚持短期与中长期激励相结合，按照国家有关政策，对符合条件的核心骨干人才实行股权激励和分红激励等中长期激励措施。

**第三十条** 严格清理规范工资外收入，企业所有工资性支出应当按照有关财务会计制度规定，全部纳入工资总额核算，不得在工资总额之外列支任何工资性支出。

**第三十一条** 规范职工福利保障管理，严格执行国家关于社会保险、住房公积金、企业年金、福利费等政策规定，不得超标准、超范围列支。企业效益下降的，应当严格控制职工福利费支出。

**第三十二条** 加强企业人工成本监测预警，建立全口径人工成本预算管理制度，严格控制人工成本不合理增长，不断提高人工成本投入产出效率。

**第三十三条** 健全完善企业内部监督机制，企业内部收入分配制度、中长期激励计划以及实施方案等关系职工切身利益的重大分配事项应当履行必要的决策程序和民主程序。中央企业集团总部要将所属企业薪酬福利管理作为财务管理和年度审计的重要内容。

## 第七章 工资总额监督检查

**第三十四条** 中央企业不得违反规定超提、超发工资总额。出现超提、超发行为的企业，应当清退并且进行相关账务处理，国资委相应核减企业下一年度工资总额基数，并且根据有关规定对相关责任人进行处理。

第三十五条　国资委对中央企业工资总额管理情况进行监督检查，对于履行主体责任不到位、工资增长与经济效益严重不匹配、内部收入分配管理不规范、收入分配关系明显不合理的企业，国资委将对其工资总额预算从严调控。

第三十六条　实行工资总额预算备案制管理的中央企业，出现违反国家工资总额管理有关规定的，国资委将责成企业进行整改，情节严重的，除按规定进行处外，将其工资总额预算由备案制管理调整为核准制管理。

第三十七条　国资委将中央企业工资总额管理情况纳入出资人监管以及纪检监察、巡视等监督检查工作范围，必要时委托专门机构进行检查。对工资总额管理过程中弄虚作假以及其他严重违反收入分配政策规定的企业，国资委将视情况对企业采取相应处罚措施，并且根据有关规定对相关责任人进行处理。

第三十八条　中央企业应当依照法定程序决定工资分配事项，加强对工资分配决议执行情况的监督。职工工资收入分配情况应当作为厂务公开的重要内容，定期向职工公开，接受职工监督。

第三十九条　国资委、中央企业每年定期将企业工资总额和职工平均工资水平等相关信息向社会披露，接受社会公众监督。

## 第八章　附　则

第四十条　本办法由国资委负责解释，具体实施方案另行制定。

第四十一条　本办法自2019年1月1日起施行。《关于印发〈中央企业工资总额预算管理暂行办法〉的通知》（国资发分配〔2010〕72号）、《关于印发〈中央企业工资总额预算管理暂行办法实施细则〉的通知》（国资发分配〔2012〕146号）同时废止。

# 关于印发《"双百企业"推行经理层成员任期制和契约化管理操作指引》和《"双百企业"推行职业经理人制度操作指引》的通知

（2020年1月22日　国务院国有企业改革领导小组办公室）

各中央企业，各省、自治区、直辖市及计划单列市和新疆生产建设兵团国资委：

为深入贯彻落实党中央、国务院关于推行国有企业经理层成员任期制和契约化管理、建立职业经理人制度的决策部署，指导"双百企业"率先全面推进相关工作，国务院国有企业改革领导小组办公室制定了《"双百企业"推行经理层成员任期制和契约化管理操作指引》《"双百企业"推行职业经理人制度操作指引》，现印发给你们，供工作参考。

国务院国有企业改革领导小组办公室<br>2020年1月22日

## "双百企业"推行经理层成员任期制和契约化管理操作指引

为贯彻落实党中央、国务院关于建立健全市场化经营机制、激发企业活力的决策部署，完善国有企业领导人员分类分层管理制度，更好解决三项制度

## 关于印发《"双百企业"推行经理层成员任期制和契约化管理操作指引》和《"双百企业"推行职业经理人制度操作指引》的通知

改革中的突出矛盾和问题,有效激发微观主体活力,按照《中共中央 国务院关于深化国有企业改革的指导意见》(中发〔2015〕22号)、《关于印发〈国企改革"双百行动"工作方案〉的通知》(国资发研究〔2018〕70号)、《国务院国有企业改革领导小组办公室关于支持鼓励"双百企业"进一步加大改革创新力度有关事项的通知》(国资改办〔2019〕302号)等文件精神和有关政策规定,结合中央企业和地方国有企业相关工作实践,制定本操作指引。

"双百企业"(含所属各级子企业,下同)在推行经理层成员任期制和契约化管理时,相关工作参考本操作指引。鼓励未纳入国企改革"双百行动"的中央企业所属各级子企业和地方国有企业(含所属各级子企业,下同),参考本操作指引积极推进相关工作。本操作指引印发前,已根据党中央、国务院有关文件精神和政策规定,在本企业或本地区推行经理层成员任期制和契约化管理的,可以按照"孰优"原则参考本操作指引完善相关工作。

## 一、基本概念、范围和职责

(一)基本概念。

本操作指引所称的经理层成员任期制和契约化管理,是指对企业经理层成员实行的,以固定任期和契约关系为基础,根据合同或协议约定开展年度和任期考核,并根据考核结果兑现薪酬和实施聘任(或解聘)的管理方式。

(二)范围。

一般包括"双百企业"的总经理(总裁、行长等)、副总经理(副总裁、副行长等)、财务负责人和公司章程规定的其他高级管理人员。

(三)职责。

"双百企业"的控股股东及其党组织对"双百企业"推行经理层成员任期制和契约化管理工作发挥领导和把关作用。已建立董事会的"双百企业",其控股股东及其党组织负责对相关工作方案进行审核把关;未建立董事会的"双百企业",其控股股东及其党组织负责组织制定相关工作方案并进行审核把关,指导"双百企业"具体实施。

"双百企业"党组织负责研究讨论相关工作方案和考核结果应用等重大事项。

"双百企业"董事会负责组织制订相关工作方案、履行决策审批程序、与经理层成员签订契约、开展考核、兑现薪酬、聘任（或解聘）等。

## 二、基本操作流程

"双百企业"推行经理层成员任期制和契约化管理，一般应履行以下基本操作流程：

（一）制订方案。

"双百企业"应结合实际制订工作方案，方案一般包括以下内容：企业基本情况、背景和目的、任期制管理的主要举措、契约化管理的主要举措、监督管理的主要举措、组织保障和进度安排等。

（二）履行决策审批程序。

方案制定后，"双百企业"应按照"三重一大"决策机制，根据公司章程或控股股东及其党组织有关要求，履行相关决策审批程序。

（三）签订契约。

根据"双百企业"董事会建设情况实际，由"双百企业"董事会（或控股股东）与经理层成员签订岗位聘任协议和经营业绩责任书（年度和任期），依法依规建立契约关系，明确任期期限、岗位职责、权利义务、业绩目标、薪酬待遇、退出规定、责任追究等内容。

（四）开展考核。

严格按照契约约定开展年度和任期经营业绩考核，强化刚性考核。

（五）结果应用。

依据年度和任期经营业绩考核结果，结合综合评价结果等确定薪酬、决定聘任（或解聘），强化刚性兑付。

## 三、任期制管理相关环节操作要点

（一）任期管理。

1. 任期期限。经理层成员的任期期限由董事会（或控股股东）确定，一般为两到三年，可以根据实际情况适当延长。

2. 到期重聘。经理层成员任期期满后，应重新履行聘任程序并签订岗位聘任协议。未能续聘的，自然免职（解聘），如有党组织职务，原则上应一并免去。

（二）明确权责。

"双百企业"应明确经理层成员的岗位职责及工作分工，合理划分权责界面。

1. 岗位说明书。可以采用岗位说明书等方式，明确经理层成员的岗位职责和任职资格。

2. 权责清单。可以采用制定权责清单等方式，规范董事会（或控股股东）与经理层、总经理与其他经理层成员之间的权责关系。

### 四、契约化管理相关环节操作要点

（一）契约签订。

1. 经营业绩责任书。根据岗位聘任协议，签订年度和任期经营业绩责任书。经营业绩责任书一般包括以下内容：

（1）双方基本信息；

（2）考核内容及指标；

（3）考核指标的目标值、确定方法及计分规则；

（4）考核实施与奖惩；

（5）其他需要约定的事项。

2. 考核内容及指标。根据岗位职责和工作分工，按照定量与定性相结合、以定量为主的导向，确定每位经理层成员的考核内容及指标。年度和任期经营业绩考核内容及指标应适当区分、有效衔接。

3. 考核指标的目标值。目标值应科学合理、具有一定挑战性，一般根据企业发展战略、经营预算、历史数据、行业对标情况等设置。

4. 签约程序。一般由"双百企业"董事会授权董事长与总经理签订年度和任期经营业绩责任书。董事会可以授权总经理与其他经理层成员签订年度和任期经营业绩责任书。未建立董事会的"双百企业"，由其控股股东确定相关签约程序并组织实施。

（二）考核实施。

年度经营业绩考核以年度为周期进行考核，一般在当年年末或次年年初进行。任期经营业绩考核一般结合任期届满当年年度考核一并进行。

考核期末，董事会（或控股股东）依据经审计的财务决算数据等，对经理层成员考核内容及指标的完成情况进行考核，形成考核与奖惩意见，并反馈给经理层成员。经理层成员对考核与奖惩意见有异议的，可及时向董事会（或控股股东）反映。最终确认的考核结果可以在一定范围内公开。

（三）薪酬管理。

1. 薪酬结构。经理层成员薪酬结构一般包括基本年薪、绩效年薪、任期激励等。

（1）基本年薪是年度基本收入，按月固定发放。

（2）绩效年薪是与年度经营业绩考核结果挂钩的浮动收入，原则上占年度薪酬（基本年薪与绩效年薪之和）的比例不低于60%。

（3）任期激励是与任期经营业绩考核结果挂钩的收入。

鼓励"双百企业"综合运用国有控股上市公司股权激励、国有科技型企业股权和分红激励、国有控股混合所有制企业员工持股等中长期激励政策，探索超额利润分享、虚拟股权、跟投等中长期激励方式，不断丰富完善经理层成员的薪酬结构。

2. 薪酬兑现。"双百企业"应根据经营业绩考核结果，合理拉开经理层成员薪酬差距。年度考核不合格的，扣减全部绩效年薪。

"双百企业"应根据有关规定建立薪酬追索扣回制度，在岗位聘任协议中予以明确并严格执行。

（四）退出管理。

1. 退出条件。"双百企业"应加强对经理层成员任期内的考核和管理，经考核认定不适宜继续任职的，应当中止任期、免去现职。一般包括以下情形：

（1）年度经营业绩考核结果未达到完成底线（如百分制低于70分），或年度经营业绩考核主要指标未达到完成底线（如完成率低于70%）的。

（2）连续两年年度经营业绩考核结果为不合格或任期经营业绩考核结果为不合格的。

（3）任期综合考核评价不称职，或者在年度综合考核评价中总经理得分连续两年靠后、其他经理层成员连续两年排名末位，经分析研判确属不胜任或者不适宜担任现职的。

（4）对违规经营投资造成国有资产损失负有责任的。

（5）因其他原因，董事会（或控股股东及其党组织）认为不适合在该岗

关于印发《"双百企业"推行经理层成员任期制和契约化管理操作指引》和《"双百企业"推行职业经理人制度操作指引》的通知

位继续工作的。

2.退出方式。对不胜任或不适宜担任现职的经理层成员，不得以任期未满为由继续留任，应当及时解聘。

### 五、监督管理相关环节操作要点

（一）严格任期。

任期期限、最多连任届数和期限等一经确定，不得随意延长。

（二）履职监督。

"双百企业"应建立健全对推行任期制和契约化管理的经理层成员的监督体系，党组织、董事会、监事会等治理主体，以及纪检监察、巡视、审计等部门根据职能分工，做好履职监督工作。坚持以预防和事前监督为主，建立健全提醒、诫勉、函询等制度办法，及早发现和纠正其不良行为倾向。

（三）责任追究。

经理层成员在聘任期间应当维护企业国有资产安全、防止国有资产流失，不得侵吞、贪污、输送、挥霍国有资产。经理层成员违反规定，未履行或未正确履行职责，在经营投资中造成国有资产损失或其他严重不良后果的，严肃追究责任。

按照"三个区分开来"要求，支持鼓励"双百企业"按照公私分明、尽职合规免责原则，建立健全并细化相关工作机制的主体、标准、适用情形和工作流程，形成可落实可操作的制度安排。

## "双百企业"推行职业经理人制度操作指引

为贯彻落实党中央、国务院关于建立健全市场化经营机制、激发企业活力的决策部署，完善国有企业领导人员分类分层管理制度，更好解决三项制度改革中的突出矛盾和问题，有效激发微观主体活力，按照《中共中央 国务院关于深化国有企业改革的指导意见》（中发〔2015〕22号）、《关于印发〈国企改革"双百行动"工作方案〉的通知》（国资发研究〔2018〕70号）、《国务院国有企业改革领导小组办公室关于支持鼓励"双百企业"进一步加大改革创新力度有关事项的通知》(国资改办〔2019〕302号)等文件精神和有关政策规定，结合中央企业和地方国有企业相关工作实践，制定本操作指引。

"双百企业"(含所属各级子企业，下同)在推行职业经理人制度时，相关工作可以参考本操作指引。鼓励未纳入国企改革"双百行动"的中央企业所属各级子企业和地方国有企业(含所属各级子企业，下同)，参考本操作指引积极推进相关工作。本操作指引印发前，已根据党中央、国务院有关文件精神和政策规定，在本企业或本地区推行职业经理人制度的，可以按照"孰优"原则参考本操作指引完善相关工作。

## 一、基本概念、范围和职责

(一)基本概念。

本操作指引所称职业经理人是指按照"市场化选聘、契约化管理、差异化薪酬、市场化退出"原则选聘和管理的，在充分授权范围内依靠专业的管理知识、技能和经验，实现企业经营目标的高级管理人员。

(二)范围。

一般包括"双百企业"的总经理(总裁、行长等)、副总经理(副总裁、副行长等)、财务负责人和按照公司章程规定的高级管理人员。对于确定推行职业经理人制度的"双百企业"，原则上应当在高级管理人员中全面推行。

(三)职责。

"双百企业"的控股股东及其党组织对"双百企业"推行职业经理人制度工作发挥领导和把关作用，负责对相关工作方案，特别是在确定标准、规范程序、参与考察、推荐人选等方面把关。

"双百企业"董事会依法选聘和管理职业经理人，负责组织制定相关工作方案和管理制度、履行决策审批程序、组织开展选聘、参与考察、决定聘任或解聘、开展考核、兑现薪酬等。

"双百企业"党组织会同董事会制定相关工作方案和管理制度并组织人选推荐、测试、考察等工作，集体研究后向董事会提出意见和建议。

关于印发《"双百企业"推行经理层成员任期制和契约化管理操作指引》和《"双百企业"推行职业经理人制度操作指引》的通知

## 二、基本操作流程

（一）企业条件。

支持鼓励同时具备以下条件的"双百企业"，加快推行职业经理人制度。

1. 主业处于充分竞争行业和领域，或者主要从事新产业、新业态、新商业模式；

2. 人力资源市场化程度较高；

3. 建立了权责对等、运转协调、有效制衡的决策执行监督机制；

4. 董事会重大决策、选人用人、薪酬分配等权利依法得到有效落实。

（二）操作流程。

"双百企业"推行职业经理人制度，一般应履行以下基本操作流程：

1. 制定方案。"双百企业"应结合实际制订工作方案，方案一般包括以下内容：企业基本情况、背景和目的、岗位职责、任职条件、选聘方式、选聘程序、薪酬标准、业绩目标、考核规定、退出规定、组织保障和进度安排等。

2. 履行决策审批程序。方案制定后，"双百企业"应按照"三重一大"决策机制，根据公司章程或控股股东及其党组织有关要求，履行相关决策审批程序。

3. 市场化选聘。一般包括制定招聘方案、发布招聘公告、报名及资格审查、实施综合考评（测评、面试评估等）、组织考察或背景调查、作出聘任决定等。

4. 签订契约。"双百企业"与职业经理人签订劳动合同、聘任合同、经营业绩责任书等，以契约方式明确聘任岗位、聘任期限、任务目标、权利义务、考核评价、薪酬标准、履职待遇及福利、奖惩措施、续聘和解聘条件、保密要求、违约责任等内容。

5. 开展考核。严格按照契约约定开展年度和任期经营业绩考核，强化刚性考核。

6. 结果应用。依据年度和任期经营业绩考核结果等确定薪酬、决定聘任（或解聘），强化刚性兑现。

## 三、市场化选聘相关环节操作要点

"双百企业"职业经理人可以采取竞聘上岗、公开招聘、委托推荐等方式产生。

(一)选聘标准。

坚持业绩导向、市场导向。人选应具有良好的职业道德、职业操守、职业信用,具有过硬的专业素质和治企能力,熟悉企业经营管理工作,以往经营业绩突出,在所处行业或相关专业领域有一定影响力和认可度。

(二)人选来源。

坚持五湖四海、任人唯贤。一般包括本企业内部人员、股东推荐人员、社会参与人员、人才中介机构推荐人员等,不受企业内外、级别高低、资历深浅限制。

(三)选聘程序。

坚持公平公正、竞争择优。一般包括制定招聘方案、发布招聘公告、报名及资格审查、实施综合考评(测评、面试评估等)、组织考察或背景调查、作出聘任决定。

本企业内部人员参与竞聘职业经理人的,个人应当先行提出申请,承诺竞聘成功后放弃原有身份、解除(终止)聘任关系后不得要求恢复原有身份,并遵守职业经理人管理的相关规定。

符合条件的职业经理人,可以按照有关规定进入"双百企业"党组织领导班子。

## 四、契约化管理相关环节操作要点

(一)契约签订。

1.职业经理人实行聘任制。职业经理人聘任期限由董事会决定,原则上不超过三年,可以根据实际情况适当延长。董事会可以依法对职业经理人设置试用期。

2.契约实现形式。"双百企业"应与职业经理人签订劳动合同、聘任合同和经营业绩责任书(年度和任期)。

"双百企业"与职业经理人依法签订劳动合同。本企业内部人员选聘为职业经理人的，一般应重新签订劳动合同。

董事会授权董事长与职业经理人签订聘任合同，聘任期限原则上应与劳动合同期限保持一致。根据聘任合同，董事会授权董事长与总经理签订年度和任期经营业绩责任书，董事会可以授权总经理与其他职业经理人签订年度和任期经营业绩责任书。经营业绩责任书一般包括以下内容：双方基本信息，考核内容及指标，考核指标的目标值、确定方法及计分规则，考核实施与奖惩及其他需要约定的事项。

3.考核内容及指标。董事会对职业经理人实施年度和任期考核，考核以经营业绩考核指标为主，根据岗位职责和工作分工，确定每位职业经理人的考核内容及指标，年度和任期经营业绩考核内容及指标应适当区分、有效衔接。

董事会可以结合实际对职业经理人进行试用期考核和任期考核。

4.考核指标的目标值。考核指标目标值设定应当具有较强的挑战性，力争跑赢市场、优于同行。考核指标目标值应当结合本企业历史业绩、同行业可比企业业绩情况等综合确定。

（二）考核实施。

年度经营业绩考核以年度为周期进行考核，一般在当年年末或次年年初进行。任期经营业绩考核一般结合聘任期限届满当年年度考核一并进行。

考核期末，董事会依据经审计的企业财务决算数据等，对职业经理人考核内容及指标的完成情况进行考核，形成考核与奖惩意见，并反馈给职业经理人。职业经理人对考核与奖惩意见有异议的，可及时向董事会反映。

## 五、差异化薪酬相关环节操作要点

（一）薪酬结构。

职业经理人薪酬结构可以包括基本年薪、绩效年薪、任期激励，也可以实施各种方式的中长期激励，具体由董事会与职业经理人协商确定。

1.基本年薪是职业经理人的年度基本收入。

2.绩效年薪是与职业经理人年度经营业绩考核结果相挂钩的浮动收入，原则上占年度薪酬（基本年薪与绩效年薪之和）的比例不低于60%。

3.任期激励是与职业经理人任期经营业绩考核结果挂钩的收入。

鼓励"双百企业"综合运用国有控股上市公司股权激励、国有科技型企业股权和分红激励、国有控股混合所有制企业员工持股等中长期激励政策，探索超额利润分享、虚拟股权、跟投等中长期激励方式，不断丰富完善职业经理人的薪酬结构。

职业经理人履职待遇及福利，由董事会与职业经理人协商确定。

（二）薪酬水平。

职业经理人薪酬总水平应当按照"业绩与薪酬双对标"原则，根据行业特点、企业发展战略目标、经营业绩、市场同类可比人员薪酬水平等因素，由董事会与职业经理人协商确定。

（三）薪酬支付。

1.规范薪酬支付。基本年薪按月支付。绩效年薪、任期激励先考核后兑现，可结合企业实际情况延期支付。中长期激励收入在董事会与职业经理人签订的聘任合同约定的锁定期到期后支付或行权。

解除（终止）聘用和劳动关系后（聘期届满考核合格但不再续聘的除外），原则上不得兑现当年绩效年薪、任期激励和其他中长期激励收入。

2.实行薪酬追索扣回制度。"双百企业"应根据有关规定建立薪酬追索扣回制度，并在聘任合同中予以明确。

## 六、市场化退出相关环节操作要点

（一）退出条件。

建立职业经理人市场化退出机制，依据职业经理人聘任合同约定和经营业绩考核结果等，出现以下情形的，应解除（终止）聘任关系。

1.考核不达标的，如年度经营业绩考核结果未达到完成底线（如百分制低于70分）；年度经营业绩考核主要指标未达到完成底线（如完成率低于70%）；聘任期限内累计两个年度经营业绩考核结果为不合格；任期经营业绩考核结果为不合格。

2.对于开展任期综合考核评价的，评价结果为不称职的。

3.因严重违纪违法、严重违反企业管理制度被追究相关责任的。

4.聘任期间对企业重大决策失误、重大资产损失、重大安全事故等负有重要领导责任的，或对违规经营投资造成国有资产损失负有责任的。

5.因健康原因无法正常履行工作职责的。

6. 聘期未满但双方协商一致解除聘任合同或者聘期届满不再续聘的。

7. 试用期内或试用期满，经试用发现或试用考核结果不适宜聘任的情形。

8. 董事会认定不适宜继续聘任的其他情形。

（二）辞职规定。

职业经理人因个人原因辞职的，应依据《中华人民共和国劳动合同法》和签订的聘任合同有关条款，提前30日提出辞职申请。未经批准擅自离职、给企业造成损失的，依法依规追究其相应责任。

（三）退出规定。

"双百企业"在职业经理人解除（终止）聘任关系的同时，如有党组织职务应当一并免去，并依法解除（终止）劳动关系。

## 七、监督管理相关环节操作要点

（一）组织人事关系管理。

职业经理人是中共党员的，其党组织关系由"双百企业"党组织进行管理，其中来自外部的，其党组织关系应当及时转入"双百企业"党组织进行管理。"双百企业"可以根据有关要求自行明确职业经理人个人有关事项报告的管理规定。职业经理人的人事档案原则上应委托人才服务机构管理。职业经理人退休相关事宜按照国家有关规定执行。

（二）出国（境）管理。

职业经理人因私出国（境）证件由"双百企业"党组织集中保管，职业经理人因私出国（境）时应当根据有关规定履行请假等手续。

（三）培养发展。

"双百企业"应加强对职业经理人的思想政治教育，提高职业经理人的政治素质。建立健全符合职业经理人特点的培养体系，提升职业经理人的专业能力和职业素养。

（四）保密管理。

聘任期间以及退出后，职业经理人应当按照国家和企业有关规定以及聘任合同有关约定，严格履行保密责任和义务。

（五）履职监督。

"双百企业"应建立健全对职业经理人的监督体系，党组织、董事会、监事会等治理主体,以及纪检监察、巡视、审计等部门根据职能分工,做好履职监督工作。坚持以预防和事前监督为主,建立健全提醒、诫勉、函询等制度办法,及早发现和纠正其不良行为倾向。

(六)责任追究。

职业经理人在聘任期间应当维护企业国有资产安全、防止国有资产流失,不得侵吞、贪污、输送、挥霍国有资产。职业经理人违反规定,未履行或未正确履行职责,在经营投资中造成国有资产损失或其他严重不良后果的,严肃追究责任。

按照"三个区分开来"要求,支持鼓励"双百企业"按照公私分明、尽职合规免责原则,建立健全并细化相关工作机制的主体、标准、适用情形和工作流程,形成可落实可操作的制度安排。

# 关于印发《国有企业公司章程制定管理办法》的通知

(2020年12月31日 国资发改革规〔2020〕86号)

各省、自治区、直辖市及计划单列市和新疆生产建设兵团国资委、财政厅(局),各中央企业:

为规范国有企业组织和行为,加强公司章程制定管理,我们制定了《国有企业公司章程制定管理办法》,现印发给你们,请遵照执行。

国务院国资委 财政部<br>
2020年12月31日

## 国有企业公司章程制定管理办法

### 第一章 总 则

**第一条** 为深入贯彻习近平新时代中国特色社会主义思想,坚持和加强党的全面领导,建设中国特色现代企业制度,充分发挥公司章程在公司治理中的基础作用,规范公司章程管理行为,根据《中国共产党章程》、《中华人民共和国公司法》(以下简称《公司法》)、《中华人民共和国企业国有资产法》(以下简称《企业国有资产法》)等有关规定,按照《国务院办公厅关于进一步完善国有企业法人治理结构的指导意见》(国办发〔2017〕36号)等文件的要求,结合国有企业实际,制定本办法。

**第二条** 国家出资并由履行出资人职责的机构监管的国有独资公司、国有全资公司和国有控股公司章程制定过程中的制订、修改、审核、批准等管理行为适用本办法。

**第三条** 本办法所称履行出资人职责的机构（以下简称出资人机构）是指国务院国有资产监督管理机构和地方人民政府按照国务院的规定设立的国有资产监督管理机构，以及国务院和地方人民政府根据需要授权代表本级人民政府对国有企业履行出资人职责的其他部门、机构。

**第四条** 国有企业公司章程的制定管理应当坚持党的全面领导、坚持依法治企、坚持权责对等原则，切实规范公司治理，落实企业法人财产权与经营自主权，完善国有企业监管，确保国有资产保值增值。

## 第二章 公司章程的主要内容

**第五条** 国有企业公司章程一般应当包括但不限于以下主要内容：

（一）总则；

（二）经营宗旨、范围和期限；

（三）出资人机构或股东、股东会（包括股东大会，下同）；

（四）公司党组织；

（五）董事会；

（六）经理层；

（七）监事会（监事）；

（八）职工民主管理与劳动人事制度；

（九）财务、会计、审计与法律顾问制度；

（十）合并、分立、解散和清算；

（十一）附则。

**第六条** 总则条款应当根据《公司法》等法律法规要求载明公司名称、住所、法定代表人、注册资本等基本信息。明确公司类型（国有独资公司、有限责任公司等）；明确公司按照《中国共产党章程》规定设立党的组织，开展党的工作，提供基础保障等。

**第七条** 经营宗旨、范围和期限条款应当根据《公司法》相关规定载明公司经营宗旨、经营范围和经营期限等基本信息。经营宗旨、经营范围应当符合出资人机构审定的公司发展战略规划；经营范围的表述要规范统一，符合工商注册登记的管理要求。

**第八条** 出资人机构或股东、股东会条款应当按照《公司法》《企业国有资产法》等有关法律法规及相关规定表述，载明出资方式，明确出资人机构或股东、股东会的职权范围。

**第九条** 公司党组织条款应当按照《中国共产党章程》《中国共产党国有企业基层组织工作条例（试行）》等有关规定，写明党委（党组）或党支部（党总支）的职责权限、机构设置、运行机制等重要事项。明确党组织研究讨论是董事会、经理层决策重大问题的前置程序。

设立公司党委（党组）的国有企业应当明确党委（党组）发挥领导作用，把方向、管大局、保落实，依照规定讨论和决定企业重大事项；明确坚持和完善"双向进入、交叉任职"领导体制及有关要求。设立公司党支部（党总支）的国有企业应当明确公司党支部（党总支）围绕生产经营开展工作，发挥战斗堡垒作用；具有人财物重大事项决策权的企业党支部（党总支），明确一般由企业党员负责人担任书记和委员，由党支部（党总支）对企业重大事项进行集体研究把关。

对于国有相对控股企业的党建工作，需结合企业股权结构、经营管理等实际，充分听取其他股东包括机构投资者的意见，参照有关规定和本条款的内容把党建工作基本要求写入公司章程。

**第十条** 董事会条款应当明确董事会定战略、作决策、防风险的职责定位和董事会组织结构、议事规则；载明出资人机构或股东会对董事会授予的权利事项；明确董事的权利义务、董事长职责；明确总经理、副总经理、财务负责人、总法律顾问、董事会秘书由董事会聘任；明确董事会向出资人机构（股东会）报告、审计部门向董事会负责、重大决策合法合规性审查、董事会决议跟踪落实以及后评估、违规经营投资责任追究等机制。

国有独资公司、国有全资公司应当明确由出资人机构或相关股东推荐派出的外部董事人数超过董事会全体成员的半数，董事会成员中的职工代表依照法定程序选举产生。

**第十一条** 经理层条款应当明确经理层谋经营、抓落实、强管理的职责定位；明确设置总经理、副总经理、财务负责人的有关要求，如设置董事会秘书、总法律顾问，应当明确为高级管理人员；载明总经理职责；明确总经理对董事会负责，依法行使管理生产经营、组织实施董事会决议等职权，向董事会报告工作。

第十二条 设立监事会的国有企业，应当在监事会条款中明确监事会组成、职责和议事规则。不设监事会仅设监事的国有企业，应当明确监事人数和职责。

第十三条 财务、会计制度相关条款应当符合国家通用的企业财务制度和国家统一的会计制度。

第十四条 公司章程的主要内容应当确保出资人机构或股东会、党委（党组）、董事会、经理层等治理主体的权责边界清晰，重大事项的议事规则科学规范，决策程序衔接顺畅。

第十五条 公司章程可以根据企业实际增加其他内容。有关内容必须符合法律、行政法规的规定。

## 第三章 国有独资公司章程的制定程序

第十六条 国有独资公司章程由出资人机构负责制定，或者由董事会制订报出资人机构批准。出资人机构可以授权新设、重组、改制企业的筹备机构等其他决策机构制订公司章程草案，报出资人机构批准。

第十七条 发生下列情形之一时，应当依法制定国有独资公司章程：

（一）新设国有独资公司的；

（二）通过合并、分立等重组方式新产生国有独资公司的；

（三）国有独资企业改制为国有独资公司的；

（四）发生应当制定公司章程的其他情形。

第十八条 出资人机构负责修改国有独资公司章程。国有独资公司董事会可以根据企业实际情况，按照法律、行政法规制订公司章程修正案，报出资人机构批准。

第十九条 发生下列情形之一时，应当及时修改国有独资公司章程：

（一）公司章程规定的事项与现行的法律、行政法规、规章及规范性文件相抵触的；

（二）企业的实际情况发生变化，与公司章程记载不一致的；

（三）出资人机构决定修改公司章程的；

（四）发生应当修改公司章程的其他情形。

第二十条　国有独资公司章程草案或修正案由公司筹备机构或董事会制订的，应当在审议通过后的5个工作日内报出资人机构批准，并提交下列书面文件：

（一）国有独资公司关于制订或修改公司章程的请示；

（二）国有独资公司筹备机构关于章程草案的决议，或董事会关于章程修正案的决议；

（三）章程草案，或章程修正案、修改对照说明；

（四）产权登记证（表）复印件、营业执照副本复印件（新设公司除外）；

（五）公司总法律顾问签署的对章程草案或修正案出具的法律意见书，未设立总法律顾问的，由律师事务所出具法律意见书或公司法务部门出具审查意见书；

（六）出资人机构要求的其他有关材料。

第二十一条　出资人机构收到请示材料后，需对材料进行形式审查。提交材料不齐全的，应当在5个工作日内一次性告知补正。

第二十二条　出资人机构对公司章程草案或修正案进行审核，并于15个工作日内将审核意见告知报送单位，经沟通确认达成一致后，出资人机构应当于15个工作日内完成审批程序。

第二十三条　出资人机构需要征求其他业务相关单位意见、或需报请本级人民政府批准的，应当根据实际工作情况调整相应期限，并将有关情况提前告知报送单位。

第二十四条　国有独资公司章程经批准，由出资人机构按规定程序负责审签。

第二十五条　国有独资公司在收到公司章程批准文件后，应当在法律、行政法规规定的时间内办理工商登记手续。

## 第四章　国有全资、控股公司章程的制定程序

第二十六条　国有全资公司、国有控股公司设立时，股东共同制定公司章程。

第二十七条　国有全资公司、国有控股公司的股东会负责修改公司章

程。国有全资公司、国有控股公司的董事会应当按照法律、行政法规及公司实际情况及时制订章程的修正案，经与出资人机构沟通后，报股东会审议。

**第二十八条** 发生下列情形之一时，应当及时修改国有全资公司、国有控股公司章程：

（一）公司章程规定的事项与现行法律、行政法规、规章及规范性文件相抵触的；

（二）企业的实际情况发生变化，与公司章程记载不一致的；

（三）股东会决定修改公司章程的；

（四）发生应当修改公司章程的其他情形。

**第二十九条** 出资人机构委派股东代表参加股东会会议。股东代表应当按照出资人机构对公司章程的意见，通过法定程序发表意见、进行表决、签署相关文件。

**第三十条** 出资人机构要按照《公司法》规定在股东会审议通过后的国有全资公司、国有控股公司章程上签字、盖章。

**第三十一条** 国有全资公司、国有控股公司章程的草案及修正案，经股东会表决通过后，公司应当在法律、行政法规规定的时间内办理工商登记手续。

## 第五章　责任与监督

**第三十二条** 在国有企业公司章程制定过程中，出资人机构及有关人员违反法律、行政法规和本办法规定的，依法承担相应法律责任。

**第三十三条** 国有独资公司董事会，国有全资公司、国有控股公司中由出资人机构委派的董事，应当在职责范围内对国有企业公司章程制定过程中向出资人机构报送材料的真实性、完整性、有效性、及时性负责，造成国有资产损失或其他严重不良后果的，依法承担相应法律责任。

**第三十四条** 国有全资公司、国有控股公司中由出资人机构委派的股东代表违反第二十九条规定，造成国有资产损失的或其他严重不良后果的，依法承担相应法律责任。

**第三十五条** 出资人机构应当对国有独资公司、国有全资公司、国有控股公司的章程执行情况进行监督检查，对违反公司章程的行为予以纠正，对因违反公司章程导致国有资产损失或其他严重不良后果的相关责任人进行责任追究。

## 第六章　附　则

**第三十六条**　出资人机构可以结合实际情况，出台有关配套制度，加强对所出资国有企业的公司章程制定管理。

**第三十七条**　国有企业可以参照本办法根据实际情况制定所出资企业的公司章程制定管理办法。

**第三十八条**　国有控股上市公司章程制定管理应当同时符合证券监管相关规定。

**第三十九条**　金融、文化等国有企业的公司章程制定管理，另有规定的依其规定执行。

**第四十条**　本办法自公布之日起施行。

# 五、为国有企业改革创造良好环境条件

# 国家发改委关于支持国有企业改革政策措施的梳理及建议

（2015年　发改经体〔2015〕3103号）

为深入贯彻落实党的十八大和十八届二中、三中、四中、五中全会精神，牢固树立和贯彻落实创新、协调、绿色、开放、共享的发展理念，创造良好的环境和条件支持国有企业改革，进一步深化国有企业改革工作，解决制约国有企业发展的突出矛盾和深层次问题，不断增强国有经济活力、控制力、影响力和抗风险能力。现对已出台的支持国有企业改革的政策措施进行梳理归纳，并对国有企业改革中存在的问题及下一步完善相关政策措施，提出意见和建议。

## 一、充分发挥好已有改革政策措施的积极作用

改革开放以来，国有企业改革不断深入推进，管理体制和经营机制发生深刻变化，为了更好解决国有企业改革中的实际困难和矛盾，党中央、国务院和有关部门配套出台了一系列支持政策措施，大体涵盖以下几个方面：

（一）财政税收方面

重点是减轻国有企业在改革改制、重组过程中的经济压力，为国有企业"补气血"。目前已出台的政策主要包括两个方面，一是支持企业改制、重组的税收优惠，二是对部分行业企业提出支持政策。主要内容包括：

1. 设立财政专项资金支持中央企业兼并重组。依据《国务院关于促进企业兼并重组的意见》（国发〔2010〕27号）规定，在中央国有资本经营预算中设立专项资金，通过技改贴息、职工安置补助等方式，支持中央企业兼并重组。

2. 进一步发挥国有资本经营预算资金的作用。依据《国务院关于进一步优

化企业兼并重组市场环境的意见》(国发〔2014〕14号)规定,根据企业兼并重组的方向、重点和目标,合理安排国有资本经营预算资金,引导国有企业实施兼并重组、做优做强,研究完善相关管理制度,提高资金使用效率。

3. 符合条件的企业债务重组或非货币性资产投资业务可递延纳税。依据《关于企业重组业务企业所得税处理若干问题的通知》(财税〔2009〕59号)规定,企业债务重组确认的应纳税所得额占该企业当年应纳税所得额50%以上的,可以在5个纳税年度期间内,均匀计入各年度的应纳税所得额。依据《关于非货币性资产投资企业所得税政策问题的通知》(财税〔2014〕116号)规定,居民企业以非货币性资产对外投资确认的非货币性资产转让所得,可在不超过5年期限内,分期均匀计入相应年度的应纳税所得额,按规定计算缴纳企业所得税。《关于中国(上海)自由贸易试验区内企业以非货币性资产对外投资等资产重组行为有关企业所得税政策问题的通知》(财税〔2013〕91号)规定,注册在试验区内的企业,因非货币性资产对外投资等资产重组行为产生资产评估增值,据此确认的非货币性资产转让所得,可在不超过5年期限内,分期均匀计入相应年度的应纳税所得额,按规定计算缴纳企业所得税。

4. 符合条件的股权收购、资产收购、按账面净值划转股权或资产等企业重组业务,可以适用递延纳税的特殊性税务处理政策。依据《关于企业重组业务企业所得税处理若干问题的通知》(财税〔2009〕59号)和《关于促进企业重组有关企业所得税处理问题的通知》(财税〔2014〕109号)规定:(1)发生债权转股权业务,债务人对债务清偿业务暂不确认所得或损失,债权人对股权投资的计税基础以原债权的计税基础确定。(2)收购企业购买的股权不低于被收购企业全部股权的50%,且收购企业在该股权收购发生时的股权支付金额不低于其交易支付总额85%,可以选择按以下规定处理:一是被收购企业的股东取得收购企业股权的计税基础,以被收购股权的原有计税基础确定。二是收购企业取得被收购企业股权的计税基础,以被收购股权的原有计税基础确定。三是收购企业、被收购企业的原有各项资产和负债的计税基础和其他相关所得税事项保持不变。(3)受让企业收购的资产不低于转让企业全部资产的50%,且受让企业在该资产收购发生时的股权支付金额低于其交易支付的85%,可以选择按以下规定处理:一是转让企业取得受让企业股权的计税基础,以被转让资产的原有计税基础确定。二是受让企业取得转让企业资产的计税基础，以被转让资产的原有计税基础确定。（4）对100％直接控制的居民企业之间，以及受同一或相同多家居民企业100％直接控制的居民企业之间按账面净值划转股权或资产，凡具有合理商业目的、不以减少、免除或者推迟缴纳税款为主要目的，股权或资产划转后连续12个月内不改变被划转股权或资产原来实质性经营活动，且划出方企业和划入方企业均未在会计上确认损益的，可以选择按以下规定进行特殊性税务处理：一是划出方企业和划入方企业均不确认所得。二是划入方企业取得被划转股权或资产的计税基础，以被划转股权或资产的原账面净值确定。三是划入方企业取得的被划转资产，应按其原账面净值计算折旧扣除。（5）依据《关于企业所得税应纳税所得额若干问题的公告》（国家税务总局公告2014年第29号）规定，企业接受政府或股东划入资产作为资本金处理的，可不缴纳所得税。

5. 允许符合条件的企业可以继续享受合并（分立）前该企业剩余期限的税收优惠。依据《关于企业重组业务企业所得税处理若干问题的通知》（财税〔2009〕59号）规定，（1）在企业吸收合并中，合并后的存续企业性质及适用税收优惠的条件未发生改变的，可以继续享受合并前该企业剩余期限的税收优惠，其优惠金额按存续企业合并前一年的应纳税所得额（亏损计为零）计算。（2）在企业存续分立中，分立后的存续企业性质及适用税收优惠的条件未发生改变的，可以继续享受分立前该企业剩余期限的税收优惠，其优惠金额按该企业分立前一年的应纳税所得额（亏损计为零）乘以分立后存续企业资产占分立前该企业全部资产的比例计算。

6. 在资产重组过程中，企业将全部或部分实物资产以及与其相关联的债权、债务和劳动力一并转让时，涉及的货物转让，不征收增值税，涉及的不动产、土地使用权转让，不征收营业税。依据《关于纳税人资产重组有关增值税问题的公告》（国家税务总局公告2011年第13号）规定，纳税人在资产重组过程中，通过合并、分立、出售、置换等方式，将全部或者部分实物资产以及与其相关联的债权、负债和劳动力一并转让给其他单位和个人，不属于增值税的征税范围，其中涉及的货物转让，不征收增值税。依据《关于纳税人资产重组有关营业税问题的公告》（国家税务总局公告2011年第51号）规定，纳税人在资产重组过程中，通过合并、分立、出售、置换等方式，将全部或者部分实物资产以及与其相关联的债权、债务和劳动力一并转让给其他单位和个人的行为,不属于营业税征收范围,其中涉及的不动产、土地使用权转让,不征收营业税。

7. 企业兼并重组中,被兼并企业将房地产转让到兼并企业中的,暂免征收土地增值税。依据《关于土地增值税一些具体问题规定的通知》(财税字〔1995〕48号)规定:(1)对于以房地产进行投资、联营的,投资、联营的一方以土地(房地产)作价入股进行投资或作为联营条件,将房地产转让到所投资、联营的企业中时,暂免征收土地增值税。(2)在企业兼并中,对被兼并企业将房地产转让到兼并企业中的,暂免征收土地增值税。但凡所投资、联营的企业从事房地产开发的,或者房地产开发企业以其建造的商品房进行投资和联营的,不适用该政策。需要补充说明的是,为贯彻落实《国务院关于进一步优化企业兼并重组市场环境的意见》(国发〔2014〕14号)中完善企业改制重组涉及的土地增值税政策要求,财政部会同国家税务总局共同起草了《关于企业改制重组有关土地增值税政策的通知》(财税〔2015〕5号),即将印发。

8. 在企业改制过程中,因改制、合并或分立而成立的新企业新启用的资金账簿记载的已交税资金、符合条件的应税合同和企业因改制签订的产权转移书据免交印花税。依据《关于企业改制过程中有关印花税政策的通知》(财税〔2003〕183号)规定:(1)实行公司制改造的企业在改制过程中成立的新企业(重新办理法人登记的),其新启用的资金账簿记载的资金或因企业建立资本纽带关系而增加的资金;凡原已贴花的部分可以不再贴花,未贴花的部分和以后新增加的资金按规定贴花。(2)以合并或分立方式成立的新企业,其新启用的资金账簿记载的资金,凡原已贴花的部分可以不再贴花,未贴花的部分和以后新增加的资金按规定贴花。(3)企业改制前签订但尚未履行完的各类应税合同,改制后要变更执行主体的,对仅改变执行主体、其余条款未作变动且改制前已贴花的,不再贴花。(4)企业因改制签订的产权转移书据免予贴花。(5)企业因改制签订的产权转移书据免予贴花。

9. 2014年12月31日前,企业进行公司制改造、公司股权(股份)转让、公司合并、公司分立、整体出售、企业破产、债权转股权、资产划转等行为时,对改制重组后的公司承受原企业土地、房屋权属的,减征或免征契税。依据《关于企业事业单位改制重组若干契税政策的通知》(财税〔2012〕4号)规定:(1)非公司制企业,按照《中华人民共和国公司法》的规定,整体改建为有限责任公司（含国有独资公司或者股份有限公司）、有限公司整体改建为有限责任公司的，对改建后的公司，承受原企业土地、房屋权属，免征契税。非公司制国有独资企业或国有独资有限责任公司，以其部分资产与他人组建新公司，且该国有独资企业（公司）在新设公司中所占股份超过50%的，对新设公司承受该国有独资企业（公司）的土地、房屋权属，免征契税。国有控股公司以部分资产投资组建新公司，且该国有控股公司占新公司股份超过85%的，对新公司承受该国有控股公司土地、房屋权属，免征契税。（2）在股权（股份）转让中，单位、个人承受公司股权（股份），公司土地、房屋权属不发生转移，不征收契税。（3）两个或两个以上的公司，依据法律规定、合同约定，合并为一个公司，且原投资主体存续的，对其合并后的公司承受原合并各方的土地、房屋权属，免征契税。（4）公司依照法律规定、合同约定分设为两个或两个以上与原公司投资主体相同的公司，对派生方、新设方承受原企业土地、房屋权属，免征契税。（5）国有、集体企业整体出售，被出售企业法人予以注销，并且买受人按照国家有关法律法规政策妥善安置原企业全部职工，与原企业全部职工签订服务年限不少于三年的劳动用工合同的，对其承受所购企业的土地、房屋权属，免征契税；与原企业超过30%的职工签订服务年限不少于三年的劳动用工合同的，减半征收契税。（6）企业依照有关法律、法规规定实施破产，债权人（包括破产企业职工）承受破产企业抵偿债务的土地、房屋权属，免征契税；对非债权人承受破产企业土地、房屋权属，凡按照国家有关法律法规政策妥善安置原企业全部职工，与原企业全部职工签订服务年限不少于三年的劳动用工合同的，对其承受所购企业的土地、房屋权属，免征契税；与原企业超过30%的职工签订服务年限不少于三年的劳动用工合同的，减半征收契税。（7）经国务院批准实施债权转股权的企业，对债权转股权后新设立的公司承受原企业的土地、房屋权属，免征契税。（8）对承受县级以上人民政府或国有资产管理部门按规定进行行政性调整、划转国有土地、房屋权属的单位，免征契税。同一投资主体内部所属企业之间土地、房屋权属的划转，包括母公司与其全资子公司之间，同一公司所属全资子公司之间，同一自然人与其设立的个人独资企业、一人有限公司之间土地、房屋权属的划转，免征契税。

10. 对厂办大集体改制过程中发生的有关税费给予减免。《关于在全国范围内开展厂办大集体改革工作的指导意见》（国办发〔2011〕18号）规定，厂办大集体长期使用的主办国有企业的固定资产,可无偿划拨给厂办大集体,可以用于安置职工。对厂办集体改制过程中发生的资产置换以及土地、房产、车辆过户等各项税费,可按现行有关规定给予减免。

(二)土地管理方面。

重点是解决国有企业改革和发展过程中,开展土地综合开发利用或流转盘活等工作遇到的实际问题,为国有企业改革提供"新助力"。目前已出台的政策主要包括两个方面,一是对国有企业改革中盘活土地资产提供政策支持;二是探索工业用地供应制度和提高企业用地利用效率。主要内容包括:

1. 企业兼并重组中涉及因实施城市规划需要搬迁的工业项目,经审核批准,可收回原国有土地使用权,并以协议出让或租赁方式为原土地使用权人重新安排工业用地。依据《国务院关于进一步优化企业兼并重组市场环境的意见》(国发〔2014〕14号)规定:企业兼并重组中涉及因实施城市规划需要搬迁的工业项目,在符合城乡规划及国家产业政策的条件下,市县国土资源管理部门经审核并报同级人民政府批准,可收回原国有土地使用权,并以协议出让或租赁方式为原土地使用权人重新安排工业用地。企业兼并重组涉及土地转让、改变用途的,国土资源、住房和城乡建设部门要依法依规加快办理相关用地和规划手续。

2. 经国土资源行政主管部门批准,可根据行业和改革的需要,分别采取出让、租赁、国家作价出资(入股)、授权经营和保留划拨用地等方式进行土地资产处置。依据《国有企业改革中划拨地使用权管理暂行规定》(国家土地管理局令1998年第8号)规定,(1)国有企业使用的划拨土地使用权,应当依法逐步实行有偿使用制度。对国有企业改革中涉及的划拨土地使用权,根据企业改革的不同形式和具体情况,可分别采取国有土地使用权出让、国有土地租赁、国家以土地使用权作价出资(入股)和保留划拨用地方式予以处置。(2)国家根据需要,可以一定年期的国有土地使用权作价后授权给经国务院批准设立的国家控股公司、作为国家授权投资机构的国有独资公司和集团公司经营管理。(3)根据国家产业政策,须由国家控股的关系国计民生、国民经济命脉的关键领域和基础性行业企业或大型骨干企业,改造或改组为有限责任公司、股份有限公司以及组建企业集团的,涉及的划拨土地使用权经省级以上人民政府土地管理部门批准,可以采取国家以土地使用权作价出资(入股)方式处置。依据《国务院关于促进企业兼并重组的意见》(国发〔2010〕27号)规定,兼并重组涉及的划拨土地符合划拨用地条件的,经所在地县级以上人民政府批准可继续以划拨方式使用;不符合划拨用地条件的,依法实行有偿使用,划拨土地使用权价格可依法作为土地使用权人的权益。重点产业调整和振兴规划确定的企业兼并重组项目涉及的原生产经营性划拨土地,经省级以上人民政府国土资源部门批准,可以国家作价出资(入股)方式处置。依据《关于加强土地资产管理促进国有企业改革和发展的若干意见》(国土资发〔1999〕433号)规定:(1)在涉及国家安全的领域和对国家长期发展具有战略意义的高新技术开发领域,国有企业可继续以划拨方式使用土地。(2)对于自然垄断的行业、提供重要公共产品和服务的行业,以及支柱产业和高新技术产业中的重要骨干企业,根据企业改革和发展的需要,主要采用授权经营和国家作价出资(入股)方式配置土地,国家以作价转为国家资本金或股本金的方式,向集团公司或企业注入土地资产。(3)对于一般竞争性行业,应坚持以出让、租赁等方式配置土地。非国有资本购买、兼并、参股原国有企业时,可将企业原划拨土地评估作价后同其他国有资产一并转为国有股权,逐步通过股权转让变现;也可分割出与企业净负债额相当的土地转为出让土地,参与企业整体拍卖和兼并,对剩余土地,购买方或兼并方有优先受让权和承租权。(4)对承担国家计划内重点技术改造项目的国有企业,原划拨土地可继续以划拨方式使用,也可以作价出资(入股)方式向企业注入土地资产。对其他采用成熟技术进行产品更新和技术改造的国有企业,可将原使用的划拨处置,土地收益可作为应付账款暂留企业,全额用于技术改造,并参照技改贷款方式进行管理。

3. 国有企业改革涉及的土地使用权,符合条件的经批准可以采取保留划拨方式处置。依据《国有企业改革中划拨土地使用权管理暂行规定》(国家土地管理局令1998年第8号)规定:企业改革涉及的土地使用权,有下列情形之一的,经批准可以采取保留划拨方式处置:(1)继续作为城市基础设施用地、公益事业用地和国家重点扶持的能源、交通、水利等项目用地,原土地用途不发生改变的,但改造或改组为公司制企业的除外;(2)国有企业兼并国有企业或非国有企业以及国有企业合并,兼并或合并后的企业是国有工业生产企业的;(3)在国有企业兼并、合并中,被兼并的国有企业或国有企业合并中的一方属于濒临破产的企业;(4)国有企业改造或改组为国有独资公司的。

4. 国有企业改革时，依法保障企业的土地权益和保护土地的资产效益。依据《关于加强土地资产管理促进国有企业改革和发展的若干意见》（国土资发〔1999〕433号）规定：（1）国有企业改革时，可按规定自主选择土地资产处置方式，鼓励以货币、资本、股本等多种形态综合实现土地资产价值。（2）进一步明确国家作价出资（入股）和授权经营土地使用权的收益。以作价出资（入股）方式处置的，土地使用权在使用年期内可依法转让、作价出资、租赁或抵押，改变用途的应补缴不同用途的土地出让金差价；以授权经营方式处置的，土地使用权在使用年期内依法作价出资（入股）、租赁，或在集团公司直属企业、控股企业、参股企业之间转让，但改变用途或向集团公司以外的单位或个人转让时，应报经土地行政主管部门批准，并补缴土地出让金。（3）为减轻企业负担，国有企业在改革前可继续以划拨方式使用原有土地；改革后的企业用地符合《划拨供地项目目录》的，可仍以划拨方式使用。国有和集体企业兼并国有企业涉及的土地，不属于划拨供地范围的，经土地行政主管部门批准，也可在一定年限内维持划拨使用。（4）国有企业因铺设地上、地下管线等需要通过集体土地或其他单位、个人使用的国有土地的，可以通过设定土地他项权利的方式，保证企业正常生产运营。只对因行使特定的土地他项权利而对土地所有者、使用者造成的损失给予相应补偿。（5）经土地行政主管部门批准，非上市国有企业可将其原使用的划拨土地通过土地交易场所转让变现，也可由土地行政主管部门收购储备或优先安排租赁、出让，土地收益设立专户，专项用于企业增资减债和结构调整。在规划许可的前提下，允许非上市国有企业在其原用地范围内自行提高土地利用率。（6）国有及国有控股企业参与股票配售的，经土地行政主管部门批准，可以将原使用的划拨土地作价后注入企业，作为国有资本，用于认购配售的股票。（7）国有企业与外资进行合资、合作，凡以出让、租赁、国家作价出资（入股）方式取得土地使用权的，不再另行缴纳场地使用费；凡符合《划拨供地项目目录》的，经土地行政主管部门批准，可按划拨方式用地。

5. 国有企业破产时，其原使用的划拨土地出让金优先用于职工安置。依据《关于加强土地资产管理促进国有企业改革和发展的若干意见》（国土资发〔1999〕433号）规定，国有企业破产时，其原使用的划拨土地可由市、县人民政府组织出让，变现资金设立专户，优先用于职工安置。已设立破产企业职工安置资产专户的城市，破产企业划拨土地出让收益可全部纳入专户，按规定统一用于城市内破产企业职工安置。依据《国有企业改革中划拨土地使用权管理暂行规定》（国家土地管理局令1998年第8号）规定，破产企业属国务院确定的企业优化资本结构试点城市范围内的国有工业企业，土地使用权出让金应首先安置破产企业职工，破产企业将土地使用权进行抵押的，抵押权实现时土地使用权折价或者拍卖、变卖后所得也应首先用于安置破产企业职工。

6. 对厂办大集体使用的行政划拨土地给予政策支持。《国务院办公厅关于在全国范围内开展厂办大集体改革工作的指导意见》（国办发〔2011〕18号）规定，厂办大集体使用国有企业的行政划拨土地，经所在地县级以上人民政府批准，可将土地使用权与主办国有企业分割后确定给厂办大集体以划拨方式使用。不符合划拨用地目录条件的，应依法办理土地有偿使用手续。土地出让收益可用于安置职工。

（三）社会保障方面。

社会保障方面，重点是为国有企业改革过程中涉及的人员安置、社会保障等问题提供政策依据，为广大国有企业职工送去"雨中伞""雪中炭"。目前已出台的政策主要包括两个方面，一是建立并完善社会保障体系；二是企业改制、兼并重组过程中职工安置的具体政策措施。主要内容包括：

1. 完善社会统筹与个人账户相结合的基本制度，建立多层次养老保险体系。依据《国务院关于完善企业职工基本养老保险制度的决定》（国发〔2005〕38号）规定，完善企业职工基本养老保险制度。完善社会统筹与个人账户相结合的基本制度；改革基本养老金计发办法，建立参保缴费的激励约束机制；建立多层次养老保险体系，划清中央与地方、政府与企业及个人的责任；加强基本养老保险基金征缴和监管，完善多渠道筹资机制。

2. 着力解决关闭破产国有企业退休人员基本医疗保障。依据《关于妥善解决关闭破产国有企业退休人员等医疗保障有关问题的通知》（人社部发〔2000〕52号）规定，要求各地采取切实有效措施，将未参保的关闭破产国有企业退休人员纳入当地职工基本医疗保险。同时，统筹解决包括关闭破产集体企业退休人员和困难企业职工等在内的其他各类城镇人员医疗保障问题。

3. 国有企业实施改制前，原企业应当与投资者就职工安置费用、劳动关系接续等问题明确相关责任，并制订职工安置方案。职工安置方案必须经职工代表大会或职工大会审议通过，企业方可实施改制。依据《关于进一步规范国有企业改制工作实施意见的通知》(国办发〔2005〕60号）要求：（1）国有企业实施改制前，原企业应当与投资者就职工安置费用、劳动关系接续等问题明确相关责任，并制订职工安置方案。（2）企业改制时，对经确认的拖欠职工的工资、集资款、医疗费和挪用的职工住房公积金以及企业欠缴社会保险费，原则上要一次性付清。改制后的企业要按照有关规定，及时为职工接续养老、失业、医疗、工伤、生育等各项社会保险关系，并按时为职工足额交纳各种社会保险费。

4. 对厂办大集体职工的社会保障给予政策支持。《国务院办公厅关于在全国范围内开展厂办大集体改革工作的指导意见》(国办发〔2011〕18号）规定，（1）厂办大集体可用净资产支付解除在职集体职工劳动关系的经济补偿金。（2）厂办大集体净资产不足以支付解除在职集体职工劳动经济补偿金额的，所需资金由主办国有企业、地方财政和中央财政共同承担。其中，对地方国有企业兴办的厂办大集体，中央财政补助50%；对中央下放地方的煤炭、有色、军工等企业兴办的厂办大集体，中央财政补助100%；对中央企业兴办的厂办大集体，中央财政将根据企业效益等具体情况确定补助比例，原则上不超过50%；中央财政补助资金可统筹用于安置厂办大集体职工。（3）厂办大集体的困难职工，凡符合城市居民最低生活保障条件的，应按规定纳入最低生活保障范围，切实做到应保尽保。

5. 对招用就业困难人员、新录用人员、稳定就业岗位的企业给予相应补贴。《国务院关于做好促进就业工作的通知》(国发〔2008〕5号）规定，对各类企业招用就业困难人员，签订劳动合同并缴纳社会保险费的，在相应期限内给予基本养老保险、基本医疗保险和失业保险补贴。《国务院关于加强职业培训促进就业的意见》(国发〔2010〕36号）规定，企业新录用的符合职业培训补贴条件的劳动者，由企业依托所属培训机构或政府认定培训机构开展岗前培训的，按规定给予企业一定的培训费补贴。依据《关于失业保险支持企业稳定岗位有关问题的通知》(人社部发〔2014〕76号）规定，对符合一定条件的企业，在兼并重组、化解产能过剩以及淘汰落后产能期间，采取有效措施不裁员、少裁员，稳定就业岗位的，可按不超过该企业及其职工上年实际缴纳失业保险费总额的50%给予稳岗补贴，所需资金从失业保险基金中列支。

6. 企业重组过程中，符合条件的职工安置费用可预提。依据《关于企业重组有关职工安置费用财务管理问题的通知》（财企〔2009〕117号）规定，企业重组过程中，对符合法律、行政法规以及国务院劳动保障部门规定条件的内退人员，其内退期间的生活费和社会保险费，经批准可以从重组前企业净资产中预提。

（四）金融证券方面。

金融证券方面，重点是加快金融业务创新，提供对企业的金融服务，降低国有企业改革发展时的融资成本，为国有企业"穿跑鞋"。目前已出台的政策主要包括两个方面，一是出台促进国有企业市场化重组的证券业支持性政策；二是对具体的金融证券行为进行支持和鼓励。主要内容包括：

1. 允许企业通过多种方式融资，拓宽企业兼并重组支付方式，允许各类财务投资主体以多种形式参与兼并重组。依据《商业银行并购贷款风险管理指引》（银监发〔2015〕5号），鼓励商业银行按照商业可持续的原则开展并购贷款业务，将并购贷款的期限延长至7年，依据《国务院关于进一步优化企业兼并重组市场环境的意见》（国发〔2014〕14号）规定：符合条件的企业可通过发行股票、企业债券、非金融企业债券融资工具、可交换债等方式融资。允许符合条件的企业发行优先股、定向发行可转换债作为兼并重组支付方式，研究推进定向权证等作为支付方式。鼓励证券公司开展兼并重组融资业务，各类财务投资主体可以通过设立股权投资基金、创业投资基金、产业投资基金、并购基金等形式参与兼并重组。对上市公司发行股份实施兼并事项，不设发行数量下限，兼并非关联企业不再强制要求作出业绩承诺。非上市公众公司兼并重组，不实施全面要约收购制度。改革上市公司兼并重组的股份定价机制，增加定价弹性。非上市公众公司兼并重组，允许实行股份协商定价。

2. 完善上市公司股权激励制度，对私募发行不设行政审批。依据《国务院关于进一步促进资本市场健康发展的若干意见》（国发〔2014〕17号）提出，（1）鼓励上市公司建立市值管理制度。完善上市公司股权激励制度，允许上市公司按规定通过多种形式开展员工持股计划。（2）建立健全私募发行制度。对私募发行不设行政审批，允许各类发行主体在依法合规的基础上，向累计不超过法律规定特定数量的投资者发行股票、债券、基金等产品。

3. 对重点产业的转型升级和重大项目建设以及向境外转移产能的企业提

供金融信贷支持。依据《国务院办公厅关于金融支持经济结构调整和转型升级的指导意见》(国办发〔2013〕67号)规定,加大对有市场发展前景的先进制造业、战略性新兴产业、现代信息技术产业和信息消费、劳动密集型产业、服务业、传统产业改造升级以及绿色环保等领域的资金支持力度。保证重点在建续建工程和项目的合理资金需求,积极支持铁路等重大基础设施、城市基础设施、保障性安居工程等民生工程建设,培育新的产业增长点。对合理向境外转移产能的企业,要通过内保外贷、外汇及人民币贷款、债权融资、股权融资等方式,积极支持增强跨境投资经营能力;对实施产能整合的企业,要通过探索发行优先股、定向开展并购贷款、在风险可控前提下适当延长贷款期限等方式,支持企业兼并重组;对属于淘汰落后产能的企业,要通过保全资产和不良贷款转让、贷款损失核销等方式支持压产退市。

(五)产权保护方面。

1. 为真实反映企业的资产及财务状况,科学评价和规范考核企业经营绩效,符合条件的国有企业可以进行清产核资,重新核定企业实际占用的国有资本金数额。依据《国有企业清产核资办法》(国资委令2003年第1号)规定,符合下列情形之一的,可以进行清产核资:(1)企业分立、合并、重组、改制、撤销等经济行为涉及资产或产权结构重大变动情况的。(2)企业会计政策发生重大更改,涉及资产核算方式发生重要变化情况的。(3)国家有关法律法规规定企业特定经济行为必须开展清产核资工作的。

2. 符合条件的资产处置行为可以不对相关国有资产进行评估。依据《企业国有资产评估管理暂行办法》(国资委令2005年第12号)规定,企业有下列行为之一的,可以不对相关国有资产进行评估:(1)经各级人民政府或其国有资产监督管理机构批准,对企业整体或者部分资产实施无偿划转。(2)国有独资企业与其下属独资企业(事业单位)之间或其下属独资企业(事业单位)之间的合并、资产(产权)置换和无偿划转。

3. 国有全资企业可以依据评估报告或最近一期审计报告确认的净资产值确定原股东增资、减资的股权比例。依据《关于促进企业国有产权流转有关事项的通知》(国资发产权〔2014〕95号)规定,国有全资企业发生原股东增资、减资,经全体股东同意,可依据评估报告或最近一期审计报告确认的净资产值为基准确定股权比例。

（六）简政放权方面。

取消下放部分审批事项，简化国有企业兼并重组审批程序。依据《国务院关于进一步优化企业兼并重组市场环境的意见》（国发〔2014〕14号）规定：（1）取消下放部分审批事项。取消上市公司收购报告书事前审核，强化事后问责。取消上市公司重大资产购买、出售、置换行为审批（构成借壳上市的除外）。对上市公司要约收购义务豁免的部分情形，取消审批。地方国有股东所持上市公司股份的转让，下放地方政府审批。（2）简化审批程序。优化企业兼并重组相关审批流程，推行并联式审批，避免互为前置条件。实行上市公司并购重组分类审核，对符合条件的企业兼并重组实行快速审核或豁免审核。简化海外并购的外汇管理，改革外汇登记要求，进一步促进投资便利化。优化国内企业境外收购的事前信息报告确认程序，加快办理相关核准手续。提高经营者集中反垄断审查效率，企业兼并重组涉及的生产许可、工商登记、资产权属证明等变更手续，从简限时办理。

## 二、地方的探索和创新

在地方政府出台的政策文件中，有许多体现地方特色和基层率先的支持政策和措施，主要有以下方面：

（一）减轻企业改革成本负担。

山东、重庆等省（直辖市）关于深化国资国企改革的意见提出，集中部分股份转让收益和国有资本经营收益，设立国有企业改革稳定发展基金，专项用于必需的改革成本。建立国有资本多渠道筹集投入机制，对企业承担的政府指令性建设项目，由政府协调解决项目资本金。建立稳定可靠、补偿合理的企业公共服务支出补偿机制，确保企业的政策性亏损由政府合理补偿。福建省《关于加快国有企业改革发展的若干意见》提出，省属企业实施关闭、解散、清算等改革，主体不存在的，其按现行国家和省有关规定应预留的离退休人员费用，企业没有能力预留的，可从省级国有资本收益收缴中按计划分年预留。参加机关事业单位养老保险的省属企业，改制后国有资本不控股或全部退出但仍持续经营的，可不预留退休人员的基本养老保险费；省属企业之间重组合并的，原单位参保人员（含离退休人员）合并转移到新组建公司时，按原参保方式由新组建的公司接续保险关系。

(二)建立国有企业资本市场化补充机制。

重庆市《关于进一步深化国资国企改革的意见》提出,除企业利润追加投资、股票上市融资和社会创业投资增加企业股本外,探索由政府设立股权引导母基金,引导国有资本、保险资金、社保资金、银行资金、私募股权基金、外资私募基金等各类资本参与,形成若干股权投资基金,通过市场化运作,持续不断地补充企业资本金。

(三)落实企业土地资产处置有关政策。

福建省《关于加快国有企业改革发展的若干意见》提出,国有企业之间改制重组后申请办理房地产权属变更手续,只要用地性质不改变,直接办理变更手续。

(四)建立公益性项目补偿机制。

湖北等省(直辖市)提出,因企制宜,一企一策,建立公益性项目补偿机制。对公益性及准公益性项目采取单独核算、单个项目平衡,以及项目整体打包、综合平衡等方法,由承担项目的省出资企业与项目所在地的政府及相关部门算好项目平衡账,通过资产划转、资本金注入、特许经营权授予、税费减免、财政贴息、预算弥补等多种手段整合集约资源,保证省出资企业能够顺利回收投资并获取适当回报,实现持续健康发展。

(五)创新投融资方式方法。

湖南等省(直辖市)提出,支持省出资国有企业灵活运用银行信贷、企业债券、信托计划、产业基金、股权投资、风险投资、信用担保、融资租赁、BT(建设—转让)、BOT(建设—经营—转让)、EPC(投资、设计、施工、运营一体化招标)等多种方式,创新项目融资,争取间接融资,扩大直接融资,破解融资困局。

(六)盘活政府性资金。

湖北等省(直辖市)提出,对投入省出资企业的国债资金、转贷资金、财政周转金、部门转借资金等政府性资金,全面进行清理,按照"新老划断、一企一策"的原则分类盘活。对作为资本金投入省出资企业的国债资金、开发银行转贷资金转借资金,符合规定的转增省出资企业的资本金。

(七)为解决历史遗留问题提供政策支持

辽宁等省(直辖市)在充分利用国家政策的同时,深入调查摸底,研究制定分类解决分离企业办社会职能、壳企业职工安置、厂办大集体、离退休人员社会化管理以及困难企业欠缴社会保险等历史遗留问题的统一政策措施和方案。多渠道筹集资金，建立公共财政资金、国有资本经营预算资金、企业自筹资金共担改革成本的机制，先易后难，分步实施。探索设立国有企业改革专项基金，解决历史遗留问题，支持国有企业改革发展。

（八）完善考核激励机制。

上海、江苏等省（直辖市）提出，在具备条件的竞争类企业，可采取股权和现金、当期和任期相结合的分配形式，逐步建立针对企业核心骨干的长效激励机制和与市场机制相适应的分配机制。对高新技术和创新型企业，可实施科技成果入股、专利奖励等激励方式。允许国有创投企业建立项目团队跟投机制。广东省提出，"企业现任高级经理人员可自主选择按职业经理人制度模式管理"，"探索以企业经济效益的增量部分作为企业负责人激励来源的激励机制，鼓励国有控股上市公司开展市值管理和股权激励计划试点，支持二级及以下竞争性企业尤其是创新型、科技型企业探索增量奖股、期股期权、虚拟股权、岗位分红权等多种激励途径"等。

此外，上海、山东、黑龙江等省（直辖市）关于深化国资国企改革的意见中提出，在推进国有企业改革过程中，建立鼓励改革创新的容错机制。

## 三、国有企业改革中存在的问题及对策建议

（一）国有企业公司制改革过程中资产评估问题。

根据《企业国有资产法》和《企业国有资产评估管理暂行办法》（国资委令第12号）的规定，企业整体或部分改制为公司制企业的，需要进行资产评估。但是，现阶段我国存在资产评估、土地估价、矿业权评估等六类评估资质，分属多个部委管理，国有资产评估法律法规有待进一步完善。同时，由于缺少评估立法及有效监管，评估机构执业过程中存在刻意迎合客户的不合理需求，恶意串通，出具虚假、违规评估报告等现象。

全国人大常委会一直以来都将制定资产评估法列入立法规划，国务院也将其列入立法工作计划，且国资委正在研究起草《企业国有资产基础管理条例》，将对国有资产评估作出相应规定建议全国人大财经委、财政部、国资委、国务院法制办会同有关部门，抓紧修改完善国有资产评估体系、加强国有

资产评估法律制度建设。对国有资产评估的原则、范围、方法、程序、定价依据、评估机构管理等从法律层面加以约束,加强对资产评估机构建设和科学评估的引导,加强社会和市场对资产评估过程及结果的监督。

(二)国有企业公司制改革过程中资产评估产生的税费及瑕疵资产问题。

根据相关文件规定,企业在改制过程中资产评估产生的增值部分要缴纳一定的税费,且部分应纳入改制范围的房屋、土地等资产由于年代久远导致权属不清、手续不完整等问题,一定程度上影响了国有企业改制的顺利进行。为推动完善现代企业制度,财政部会同税务总局、国资委等有关部门已经起草了关于国有企业改制上市中对注入上市公司的资产评估增值转为国家资本金的所得税统一处理政策。建议财政部等部门加快出台有关政策,且由国资委会同国土资源部等有关部门研究,对企业改制过程中确因历史原因无法提供资产权属证明的,在办理权属登记时给予简化程序的政策支持。

(三)土地资产处置政策依据问题。

按照法律规定,企业必须依法办理国有土地出让等有偿使用手续后,才能将其取得的划拨土地转为企业的法人财产,依法进行转让、出租等处置。由于国有企业属于不同层级的政府,地方政府与中央政府对企业已取得的国有划拨土地使用权采取不同的有偿处置方式,将对改制企业成本产生较大影响。在20世纪推进国有企业改革过程中,经过试点探索,中央提出了对国务院所属国有企业改制实行授权经营、作价出资(入股)土地资产处置政策,然后扩大至面临同样问题省级政府所属企业。但因授权经营土地权利设置、作价出资(入股)土地使用权、国有企业改制土地资产处置审批缺乏法律依据,目前正面临着是否保留这项政策的问题。一旦取消这项政策,省级以上人民政府所属国有企业改制,将要按现有法律法规规定,对不符合使用划拨土地规定的,以向市、县人民政府缴纳土地出让价款的方式进行土地资产处置,从而产生改革成本过高的问题。

因此,为适应国有企业改革要求,建议由国务院法制办、财政部、国土资源部牵头,会同有关部门,加快国有企业改制土地资产处置法制建设,修订《土地管理法实施条例》。在土地有偿使用方式中增加授权经营,并明确国有土地国有授权经营、作价出资(入股)的权利、适用范围和处置权限等事项。

（四）国有企业之间境外国有资产无偿划转的报批程序问题。

由于在某些英美法系国家的法律体系下，不承认"无偿划转"的概念，股权或资产的转让必须有对赌，往往采取诸如1美元的名义对价来变通落实无偿划转。但根据有关文件规定，受让方仍需要履行境外投资相关备案、登记等手续，有时程序烦琐，耗时较长，不利于国有企业境外资产的重组整合，也影响到未来国有资本投资运营公司功能的发挥。

根据《境外投资管理办法》（商务部令2014年第3号），商务部或省级商务主管部门应当自收到企业备案申请之日起3个工作日内予以备案，程序已大为简化。建议下一步国资委和商务部加快落实已出台的政策措施，继续完善简化国有企业境外国有资产无偿划转的报批程序。

除了上述问题和建议外，面对国有企业改革中存在的其他体制瓶颈问题，我们认为，下一步应结合国资监管方式、国有资本分类管理模式，提出适应当前国企改革新形势的具体措施，包括对现有的支持政策进行一次集中清理，修订、废止一批交叉重叠、已经到期、与当前国有企业改革需要和市场经济环境不相适应的财政资金、税收优惠、人员安置等政策措施。同时，以问题为导向，新增一批支持国企改革的专项政策，形成政策合力。

# 国务院关于印发《加快剥离国有企业办社会职能和解决历史遗留问题工作方案》的通知

(2016年 国发〔2016〕19号)

各省、自治区、直辖市人民政府,国务院各部委、各直属机构:

现将《加快剥离国有企业办社会职能和解决历史遗留问题工作方案》印发给你们,请认真贯彻落实。

## 加快剥离国有企业办社会职能和解决历史遗留问题工作方案

加快剥离国有企业办社会职能和解决历史遗留问题是党的十八届三中全会以及《中共中央 国务院关于深化国有企业改革的指导意见》作出的重要改革部署。近年来,各地区、各部门先后出台一系列政策措施,积极推进有关工作并取得初步成效,国有企业办学校、公检法机构向地方移交工作基本完成,部分国有企业所办医院已移交地方或进行了改制。但目前全国范围内仍然存在大量国有企业办社会机构,离退休人员社会化管理、厂办大集体改革等历史遗留问题较为突出,人员管理、运营费用负担沉重,已经严重制约了国有企业的改革发展。为进一步深化国有企业改革,加快剥离国有企业办社会职能和解决历史遗留问题,促进国有企业轻装上阵、公平参与竞争,集中资源做强主业,现制订以下工作方案。

## 国务院关于印发《加快剥离国有企业办社会职能和解决历史遗留问题工作方案》的通知

### 一、基本原则

（一）坚持市场导向、政企分开。充分发挥市场在资源配置中的决定性作用，依法落实企业经营自主权，促进国有企业深化改革，真正成为自主经营、自负盈亏的市场主体。按照市场化原则，探索政府购买服务等方式，推进公共服务专业化运营，提高服务质量和运营效率，国有企业不再承担与主业发展方向不符的公共服务职能。

（二）坚持分类指导、分步实施。针对不同企业特点，因地制宜、分类处理，不搞"一刀切"，允许采取分离移交、重组改制、关闭撤销、政府购买服务、专业化运营管理等不同方式剥离办社会职能和解决历史遗留问题。改革思路清晰、条件成熟的地区可以率先推进，改革情况复杂的地区可以试点先行、逐步推进。

（三）坚持多渠道筹资、合理分担成本。建立政府和国有企业合理分担成本的机制，多渠道筹措资金，国有企业作为责任主体，承担主要成本；财政予以适当补助，根据企业分级监管关系及历史沿革等因素，由中央财政和地方财政分别承担。

（四）坚持以人为本、维护稳定。认真做好职工分流安置工作，维护职工合法权益，做好社会保障、就业培训等相关政策的统筹衔接。加强政策宣传和思想政治工作，为改革创造良好的环境。

### 二、工作要求

（一）国有企业职工家属区"三供一业"分离移交。对企业职工家属区供水、供电、供热（供气）和物业管理（以下统称"三供一业"）的设备设施进行必要的维修改造，达到城市基础设施的平均水平，分户设表、按户收费，由专业化企业或机构实行社会化管理。

1. 时间安排。自 2016 年开始，全面推进国有企业"三供一业"分离移交工作，2018 年年底前基本完成。

2. 政策措施。维修改造标准、改造费用测算等相关工作执行各地市级以上地方人民政府出台的相关政策，对同一地区的中央企业和地方国有企业执行相同的政策标准。分离移交费用由企业和政府共同分担，中央企业分离移交费用由中央财政补助50%。原政策性破产中央企业分离移交费用由中央财政全额承担，中央财政对原中央下放地方的煤炭、有色金属、军工等企业（含政策性破产企业）的分离移交费用予以适当补助。地方国有企业的分离移交费用由地方人民政府研究明确解决办法。

3. 工作分工。国资委、财政部牵头负责。

（1）国资委、财政部负责制定关于国有企业职工家属区"三供一业"分离移交的指导意见（2016年年底前完成）。

（2）财政部负责制定对原中央下放地方的煤炭、有色金属、军工等企业（含政策性破产企业）职工家属区"三供一业"分离移交的具体补助办法（2016年年底前完成）。

（3）国资委、财政部和各省级人民政府建立协调机制，共同推进国有企业职工家属区"三供一业"分离移交工作。

（二）剥离国有企业办医疗、教育等公共服务机构。对国有企业办医疗、教育、市政、消防、社区管理等机构实行分类处理，采取移交、撤并、改制或专业化管理、政府购买服务等方式进行剥离。

1. 时间安排。2016年出台剥离国有企业办医疗、教育等公共服务机构的政策措施，2017年年底前完成企业管理的市政设施、职工家属区的社区管理职能移交地方以及对企业办消防机构的分类处理工作，2018年年底前完成企业办医疗、教育机构的移交改制或集中管理工作。

2. 政策措施。

（1）分类处理企业办医疗、教育机构专题。对与地方协商一致同意接收的医疗、教育机构，移交地方管理；对运营困难、缺乏竞争优势的医疗、教育机构，予以撤销并做好有关人员安置和资产处置工作；对因特殊原因确需保留的医疗、教育机构，按照市场化原则进行资源优化整合，实现专业化运营管理。同时，积极探索政府购买服务等模式，引入社会资本参与企业办医疗、教育机构的重组改制。

（2）对企业按照消防法规要求建设的消防安全管理机构和专职消防队予以保留；对企业办的市政消防机构，原则上予以撤销。其中符合当地城镇消防规划布局不能撤销的消防队（站）划转当地人民政府接收。

（3）企业负责管理的市政设施、职工家属区的社区管理移交地方政府

## 国务院关于印发《加快剥离国有企业办社会职能和解决历史遗留问题工作方案》的通知

负责。

（4）中央财政对中央企业办医疗、教育机构撤销、改制、集中管理过程中涉及的职工分流安置等费用补助50%，对原中央下放地方的煤炭、有色金属、军工等企业（含政策性破产企业）有关费用予以适当补助。地方国有企业的公共服务机构剥离费用，由地方人民政府研究明确解决办法。

3．工作分工。国资委、教育部、公安部、民政部、财政部、住房和城乡建设部、卫生计生委按职责分工负责。

（1）国资委、卫生计生委、财政部负责制定关于国有企业办医疗机构深化改革的指导意见（2016年年底前完成）。

（2）国资委、民政部、财政部、住房和城乡建设部负责制定关于国有企业办市政、社区等职能分离移交的指导意见（2016年年底前完成）。

（3）国资委、教育部、财政部负责制定关于国有企业办教育机构深化改革的指导意见（2016年年底前完成）。

（4）国资委、公安部、财政部负责制定国有企业办消防机构分类处理的指导意见（2016年年底前完成）。

（三）对国有企业退休人员实行社会化管理。国有企业职工办理退休手续后，其管理服务工作与原企业分离，统一交由当地社区实行社会化管理；集中力量将尚未实现社会化管理的国有企业已退休人员移交社区实行属地管理，由社区服务组织提供相应服务。

1．时间安排。自2016年开始，采取先试点后推广的方式，将国有企业退休人员逐步移交社区实行社会化管理，2020年年底前完成。

2．政策措施。

（1）做好国有企业退休人员的社会保险关系和党组织关系转移工作，相关档案存放在县级档案管理部门。

（2）尚未实行社会化管理的国有企业退休人员，移交社区管理时按每人每年核定费用基数。

中央企业以及原中央下放地方的煤炭、有色金属、军工等企业（含政策性破产企业）移交退休人员产生的管理费用由中央财政承担；地方国有企业移交退休人员产生的管理费用由地方人民政府研究明确解决办法。

（3）离休人员原则上保持现有管理方式不变，具备条件的可以移交当地有关部门管理。

（4）妥善解决国有企业已退休人员统筹外费用（含有关地区供暖费）问题。

3.工作分工。国资委、中央组织部、民政部、财政部、人力资源和社会保障部按职责分工负责，制定关于国有企业退休人员社会化管理的指导意见（2016年年底前完成）。

（四）推进厂办大集体改革。按照国务院工作部署和时间要求，实现厂办大集体与主办国有企业彻底分离，厂办大集体职工得到妥善安置。

1.政策措施。认真落实《国务院办公厅关于在全国范围内开展厂办大集体改革工作的指导意见》（国办发〔2011〕18号），进一步研究完善相关政策措施。中央财政对厂办大集体改革继续给予补助和奖励，补助比例按国办发〔2011〕18号文件规定不变，奖励比例统一确定为30%。地方政府和中央企业应结合实际情况，将自筹资金和中央财政补助资金统筹用于接续职工社会保险关系、解除劳动关系经济补偿等改革支出，具体范围由各地区根据实际情况合理确定。因核销关闭破产厂办大集体企业养老保险欠费增加的基本养老保险基金缺口，由各地区结合中央财政相关补助资金和自身财力状况统筹考虑。

2.工作分工。国资委、财政部、人力资源和社会保障部、发展改革委按职责分工负责，依照有关工作安排推进实施。

（五）集中解决少数国有大中型困难企业问题。对持续严重亏损、不符合结构调整方向、因历史原因形成的少数国有大中型困难企业，一企一策采取措施，妥善解决企业生产经营和职工生活保障问题。

1.政策措施。对国有困难企业进行梳理分类，分别通过依法破产清算、重整或债务重组等方式开展集中治理。企业要通过资产变现、资产证券化、引入战略投资者等多种方式积极筹措资金，地方政府要妥善解决职工分流安置、社会保险关系接续等问题，有关金融机构要依法处理企业债权债务。

2.工作分工。国资委、财政部、银监会、国防科工局按职责分工负责。

（1）国资委负责制定关于加大困难中央企业治理力度的指导意见（2016年年底前完成）。

（2）对因历史原因形成的国有困难企业，由国资委、财政部、银监会、国防科工局会同有关部门按一企一策原则专项研究解决措施。

# 国务院关于印发《加快剥离国有企业办社会职能和解决历史遗留问题工作方案》的通知

## 三、保障措施

（一）加强组织领导。在国务院国有企业改革领导小组统一领导下，成立剥离国有企业办社会职能和解决历史遗留问题专项小组。专项小组由国资委、财政部牵头，中央组织部、发展改革委、教育部、公安部、民政部、人力资源和社会保障部、住房和城乡建设部、卫生计生委、银监会、国防科工局等部门参加。专项小组负责制订年度工作计划，做好督促检查，推动中央企业、地方政府及时落实各项改革措施。

（二）发挥地方作用。地方各级人民政府要加强对剥离企业办社会职能和解决历史遗留问题工作的组织领导，结合本地实际，制定具体落实措施，做好政策宣传工作，确保改革稳妥有序推进。本工作方案未涵盖的区域性国有企业历史遗留问题，由各地区根据实际情况妥善解决。

（三）落实企业责任。各级国有企业要成立专项工作小组，将剥离办社会职能和解决历史遗留问题纳入业绩考核体系，按时出台落实措施，认真做好风险评估，提高措施的可操作性和可行性。要通过资产变现、股权转让、资产证券化等方式积极筹措资金。加强外部审计，严格落实承接债务的主体，防止逃废金融债务和国有资产流失。

（四）保障资金投入。国资委、财政部等有关部门要加强沟通协调，及时了解掌握改革进展情况，研究解决实施过程中的有关问题。国有资本经营预算优先用于支持国有企业剥离办社会职能和解决历史遗留问题。

财政部商国资委根据工作进度，千方百计保障改革资金需求。财政部统筹安排年度预算资金，将有关补助资金及时足额拨付到位。中央财政对中央企业"三供一业"分离移交、剥离医疗教育等公共服务机构的补助资金，主要通过国有资本经营预算等资金渠道落实。

各地区、各部门要充分认识剥离国有企业办社会职能和解决历史遗留问题的复杂性、艰巨性，明确目标、加强沟通，开阔思路、创新方法，积极引入社会资本探索改革新路径，促进公共服务资源优化配置，力争到2020年基本完成剥离国有企业办社会职能和解决历史遗留问题。国资委、财政部要会同有关部门做好指导和督促工作，确保各项改革任务落到实处，重大情况及时向国务院报告。

# 国务院办公厅转发国务院国资委、财政部《关于国有企业职工家属区"三供一业"分离移交工作的指导意见》的通知

(2016年6月11日 国办发〔2016〕45号)

各省、自治区、直辖市人民政府,国务院各部委、各直属机构:

国务院国资委、财政部《关于国有企业职工家属区"三供一业"分离移交工作的指导意见》已经国务院同意,现转发给你们,请认真贯彻执行。

国务院办公厅
2016年6月11日

## 关于国有企业职工家属区"三供一业"分离移交工作的指导意见

国有企业职工家属区供水、供电、供热(供气)及物业管理(以下统称"三供一业")分离移交是剥离国有企业办社会职能的重要内容,有利于国有企业减轻负担、集中精力发展主营业务,也有利于整合资源改造提升基础设施,进一步改善职工居住环境。2012年以来,国务院国资委、财政部先后在黑龙江、河南、湖南、重庆、辽宁、吉林、广东、海南、四川、贵州等10个省(直辖市)开展了中央企业"三供一业"分离移交试点,取得了积极成效,为

### 国务院办公厅转发国务院国资委、财政部《关于国有企业职工家属区"三供一业"分离移交工作的指导意见》的通知

全面开展分离移交工作积累了经验。为贯彻落实党中央、国务院有关决策部署,推动国有企业职工家属区"三供一业"分离移交工作,现提出以下意见:

## 一、总体要求

(一)工作目标。自2016年开始,在全国全面推进国有企业(含中央企业和地方国有企业)职工家属区"三供一业"分离移交工作,对相关设备设施进行必要的维修改造,达到城市基础设施的平均水平,分户设表、按户收费,交由专业化企业或机构实行社会化管理,2018年年底前基本完成。自2019年起国有企业不再以任何方式为职工家属区"三供一业"承担相关费用。

(二)工作要求。坚持政策引导与企业自主经营相结合,推进公共服务专业化运营,提高服务质量和运营效率,国有企业不再承担与主业发展方向不符的公共服务职能。国有企业不得在工资福利外对职工家属区"三供一业"进行补贴,切实减轻企业负担,保障国有企业轻装上阵、公平参与市场竞争。原则上先完成移交,再维修改造,按照技术合理、经济合算、运行可靠的要求,以维修为主、改造为辅,促进城市基础设施优化整合。分离移交工作执行地市级以上地方人民政府出台的相关标准和政策,保证分离移交后设备设施符合基本标准、正常运行。

## 二、主要任务

(三)明确责任主体。分离移交工作的责任主体是企业,移交企业和接收单位要根据"三供一业"设备设施的现状,共同协商维修改造标准及组织实施方案等事项,签订分离移交协议,明确双方责任,确保工作有效衔接。

(四)规范审核程序。接收单位为国有企业或政府机构的,依据《财政部关于企业分离办社会职能有关财务管理问题的通知》(财企〔2005〕62号)的规定,对分离移交涉及的资产实行无偿划转,由企业集团公司审核批准,报主管财政部门、同级国有资产监督管理机构备案。

(五)严格移交程序。移交企业要做好移交资产清查、财务清理、审计评估、产权变更及登记等工作,并按照财企〔2005〕62号文件规定进行财务处理。多元股东的企业应当经该企业董事会或股东会同意后,按照持有股权的比例核减国有权益。

（六）明确财务规则。企业应按照《企业财务通则》、《企业会计准则》等财务会计有关规定进行财务处理和会计核算，并将账务处理依据和方式作为重大财务事项报同级国有资产监督管理机构备案。分离移交事项对企业财务状况及经营成果造成的影响，应由中介机构出具专项鉴证意见，报同级国有资产监督管理机构备案。

（七）妥善安置人员。移交"三供一业"涉及的从业人员，原则上按照地市级以上地方人民政府制定的政策标准接收安置，按照有关政策无法接收的人员由移交企业妥善安置。企业集团公司及移交企业要做好相关工作衔接，深入细致开展思想政治工作，确保企业正常运转和职工队伍稳定。

（八）探索移交途径。国有企业职工家属区的物业管理可由国有物业管理公司接收，也可由当地政府指定有关单位接收，支持实力强、信誉好的国有物业管理公司跨地区接收移交企业的物业管理职能。已经进行过房改的职工家属区，也可在当地政府指导下，由业主大会市场化选聘物业管理机构，或者实行业主自我管理。

### 三、保障措施

（九）分离移交费用由企业和政府共同分担。分离移交"三供一业"的费用包括相关设施维修维护费用，基建和改造工程项目的可研费用、设计费用、旧设备设施拆除费用、施工费用、监理费等。

中央企业的分离移交费用由中央财政（国有资本经营预算）补助50%，中央企业集团公司及移交企业的主管企业承担比例不低于30%，其余部分由移交企业自身承担。原政策性破产中央企业的分离移交费用由中央财政（国有资本经营预算）全额承担。中央企业的分离移交费用要按照有关要求进行申请、预拨和清算，具体办法由相关部门另行制定。

地方国有企业分离移交费用由地方人民政府明确解决办法。其中1998年1月1日以后中央下放地方的煤炭、有色金属、军工等企业（含政策性破产企业）分离移交费用由中央财政给予适当补助，具体办法由财政部另行制定。

因"三供一业"分离移交工作对企业经营业绩考核指标产生较大影响的，进行经营业绩考核时可予以适当考虑。

## 四、组织领导

（十）发挥地方作用。地方各级人民政府要高度重视国有企业职工家属区"三供一业"分离移交工作，结合实际细化工作措施，分解目标任务，及时办理相关手续，建立绿色通道，简化程序、提高效率，创造便利工作环境。省级人民政府要明确责任分工，制订具体工作方案，协调推动本地区中央企业、地方国有企业开展工作。地市级人民政府要制定完善工作办法，协调落实接收单位，研究解决具体问题，对分离移交工作实行全过程管理。地方各级国有资产监督管理机构、财政部门要及时掌握工作进展情况，督促指导有关企业做好分离移交工作。

（十一）落实企业责任。国有企业集团公司要加强组织协调，积极推进所属企业做好"三供一业"分离移交工作。从事"三供一业"专业化运营的国有企业要树立大局意识、主动承担社会责任，积极参与分离移交工作。移交企业和接收单位要认真组织实施，严格按照有关规定，规范使用分离移交资金，对擅自挪用、违规使用的，要按照《财政违法行为处罚处分条例》的有关规定严肃处理。

# 六、强化监督防止国有资产流失

# 国务院办公厅关于加强和改进企业国有资产监督防止国有资产流失的意见

(2015年10月31日　国办发〔2015〕79号)

各省、自治区、直辖市人民政府,国务院各部委、各直属机构:

我国企业国有资产是全体人民的共同财富,保障国有资产安全、防止国有资产流失,是全面建成小康社会、实现全体人民共同富裕的必然要求。改革开放以来,我国国有经济不断发展壮大,国有企业市场活力普遍增强、效率显著提高,企业国有资产监管工作取得积极进展和明显成效。但与此同时,一些国有企业逐渐暴露出管理不规范、内部人控制严重、企业领导人员权力缺乏制约、腐败案件多有发生等问题,企业国有资产监督工作中多头监督、重复监督和监督不到位的现象也日益突出。为贯彻落实中央关于深化国有企业改革的有关部署,切实加强和改进企业国有资产监督、防止国有资产流失,经国务院同意,现提出以下意见。

## 一、总体要求

(一)指导思想。认真贯彻落实党的十八大和十八届二中、三中、四中、五中全会精神,按照党中央、国务院有关决策部署,以国有资产保值增值、防止流失为目标,坚持问题导向,立足体制机制制度创新,加强和改进党对国有企业的领导,切实强化国有企业内部监督、出资人监督和审计、纪检监察、巡视监督以及社会监督,严格责任追究,加快形成全面覆盖、分工明确、协同配合、制约有力的国有资产监督体系,充分体现监督的严肃性、权威性、时效性,促进国有企业持续健康发展。

（二）基本原则。

坚持全面覆盖，突出重点。实现企业国有资产监督全覆盖，加强对国有企业权力集中、资金密集、资源富集、资产聚集等重点部门、重点岗位和重点决策环节的监督，切实维护国有资产安全。

坚持权责分明，协同联合。清晰界定各类监督主体的监督职责，有效整合监督资源，增强监督工作合力，形成内外衔接、上下贯通的国有资产监督格局。

坚持放管结合，提高效率。正确处理好依法加强监督和增强企业活力的关系，改进监督方式，创新监督方法，尊重和维护企业经营自主权，增强监督的针对性和有效性。

坚持完善制度，严肃问责。建立健全企业国有资产监督法律法规体系，依法依规开展监督工作，完善责任追究制度，对违法违规造成国有资产损失以及监督工作中失职渎职的责任主体，严格追究责任。

## 二、着力强化企业内部监督

（三）完善企业内部监督机制。企业集团应当建立涵盖各治理主体及审计、纪检监察、巡视、法律、财务等部门的监督工作体系，强化对子企业的纵向监督和各业务板块的专业监督。健全涉及财务、采购、营销、投资等方面的内部监督制度和内控机制，进一步发挥总会计师、总法律顾问作用，加强对企业重大决策和重要经营活动的财务、法律审核把关。加强企业内部监督工作的联动配合，提升信息化水平，强化流程管控的刚性约束，确保内部监督及时、有效。

（四）强化董事会规范运作和对经理层的监督。深入推进外部董事占多数的董事会建设，加强董事会内部的制衡约束，依法规范董事会决策程序和董事长履职行为，落实董事对董事会决议承担的法定责任。切实加强董事会对经理层落实董事会决议情况的监督。设置由外部董事组成的审计委员会，建立审计部门向董事会负责的工作机制，董事会依法审议批准企业年度审计计划和重要审计报告，增强董事会运用内部审计规范运营、管控风险的能力。

（五）加强企业内设监事会建设。建立监事会主席由上级母公司依法提名、委派制度，提高专职监事比例，增强监事会的独立性和权威性。加大监事会对董事、高级管理人员履职行为的监督力度，进一步落实监事会检查公司财务、纠正董事及高级管理人员损害公司利益行为等职权，保障监事会依法行权履职，强化监事会及监事的监督责任。

（六）重视企业职工民主监督。健全以职工代表大会为基本形式的企业民主管理制度，规范职工董事、职工监事的产生程序，切实发挥其在参与公司决策和治理中的作用。大力推进厂务公开，建立公开事项清单制度，保障职工知情权、参与权和监督权。

（七）发挥企业党组织保证监督作用。把加强党的领导和完善公司治理统一起来，落实党组织在企业党风廉政建设和反腐败工作中的主体责任和纪检机构的监督责任，健全党组织参与重大决策机制，强化党组织对企业领导人员履职行为的监督，确保企业决策部署及其执行过程符合党和国家方针政策、法律法规。

## 三、切实加强企业外部监督

（八）完善国有资产监管机构监督。国有资产监管机构要坚持出资人管理和监督的有机统一，进一步加强出资人监督。健全国有企业规划投资、改制重组、产权管理、财务评价、业绩考核、选人用人、薪酬分配等规范国有资本运作、防止流失的制度。加大对国有资产监管制度执行情况的监督力度，定期开展对各业务领域制度执行情况的检查，针对不同时期的重点任务和突出问题不定期开展专项抽查。国有资产监管机构设立稽查办公室，负责分类处置和督办监督工作中发现的需要企业整改的问题，组织开展国有资产重大损失调查，提出有关责任追究的意见和建议。开展国有资产监管机构向所出资企业依法委派总会计师试点工作，强化出资人对企业重大财务事项的监督。加强企业境外国有资产监督，重视在法人治理结构中运用出资人监督手段，强化对企业境外投资、运营和产权状况的监督，严格规范境外大额资金使用、集中采购和佣金管理，确保企业境外国有资产安全可控、有效运营。

（九）加强和改进外派监事会监督。对国有资产监管机构所出资企业依法实行外派监事会制度。外派监事会由政府派出，作为出资人监督的专门力量，围绕企业财务、重大决策、运营过程中涉及国有资产流失的事项和关键环节、董事会和经理层依法依规履职情况等重点，着力强化对企业的当期和事中监督。进一步完善履职报告制度，外派监事会要逐户向政府报告年度监督检查情况，对重大事项、重要情况、重大风险和违法违纪违规行为"一事一报告"。按照规定的程序和内容，对监事会监督检查情况实行"一企一公开"，也可以按照类别和事项公开。切实保障监事会主席依法行权履职，落实外派监事会的纠正建议权、罢免或者调整建议权，监事会主席根据授权督促企业整改落实有关问题或者约谈企业领导人员。建立外派监事会可追溯、可量化、可考核、可问责的履职记录制度，切实强化责任意识，健全责任倒查机制。

（十）健全国有企业审计监督体系。完善国有企业审计制度，进一步厘清政府部门公共审计、出资人审计和企业内部审计之间的职责分工，实现企业国有资产审计监督全覆盖。加大对国有企业领导人员履行经济责任情况的审计力度，坚持离任必审，完善任中审计，探索任期轮审，实现任期内至少审计一次。探索建立国有企业经常性审计制度，对国有企业重大财务异常、重大资产损失及风险隐患、国有企业境外资产等开展专项审计，对重大决策部署和投资项目、重要专项资金等开展跟踪审计。完善国有企业购买审计服务办法，扩大购买服务范围，推动审计监督职业化。

（十一）进一步增强纪检监察和巡视的监督作用。督促国有企业落实"两个责任"，实行"一案双查"，强化责任追究。加强对国有企业执行党的纪律情况的监督检查，重点审查国有企业执行党的政治纪律、政治规矩、组织纪律、廉洁纪律情况，严肃查处违反党中央八项规定精神的行为和"四风"问题。查办腐败案件以上级纪委领导为主，线索处置和案件查办在向同级党委报告的同时，必须向上级纪委报告。严肃查办发生在国有企业改制重组、产权交易、投资并购、物资采购、招标投标以及国际化经营等重点领域和关键环节的腐败案件。贯彻中央巡视工作方针，聚焦党风廉政建设和反腐败斗争，围绕"四个着力"，加强和改进国有企业巡视工作，发现问题，形成震慑，倒逼改革，促进发展。

（十二）建立高效顺畅的外部监督协同机制。整合出资人监管、外派监事会监督和审计、纪检监察、巡视等监督力量，建立监督工作会商机制，加强统筹，减少重复检查，提高监督效能。创新监督工作机制和方式方法，运用信息化手段查核问题，实现监督信息共享。完善重大违法违纪违规问题线索向纪检监察机关、司法机关移送机制，健全监督主体依法提请有关机关配合调查案件的制度措施。

## 四、实施信息公开加强社会监督

（十三）推动国有资产和国有企业重大信息公开。建立健全企业国有资产监管重大信息公开制度，依法依规设立信息公开平台，对国有资本整体运营情况、企业国有资产保值增值及经营业绩考核总体情况、国有资产监管制度和监督检查情况等依法依规、及时准确披露。国有企业要严格执行《企业信息公示暂行条例》，在依法保护国家秘密和企业商业秘密的前提下，主动公开公司治理以及管理架构、经营情况、财务状况、关联交易、企业负责人薪酬等信息。

（十四）切实加强社会监督。重视各类媒体的监督，及时回应社会舆论对企业国有资产运营的重大关切。畅通社会公众的监督渠道，认真处理人民群众有关来信、来访和举报，切实保障单位和个人对造成国有资产损失行为进行检举和控告的权利。推动社会中介机构规范执业，发挥其第三方独立监督作用。

## 五、强化国有资产损失和监督工作责任追究

（十五）加大对国有企业违规经营责任追究力度。明确企业作为维护国有资产安全、防止流失的责任主体，健全并严格执行国有企业违规经营责任追究制度。综合运用组织处理、经济处罚、禁入限制、纪律处分和追究刑事责任等手段，依法查办违规经营导致国有资产重大损失的案件，严厉惩处侵吞、贪污、输送、挥霍国有资产和逃废金融债务的行为。对国有企业违法违纪违规问题突出、造成重大国有资产损失的，严肃追究企业党组织的主体责任和企业纪检机构的监督责任。建立完善国有企业违规经营责任追究典型问题通报制度，加强对企业领导人员的警示教育。

（十六）严格监督工作责任追究。落实企业外部监督主体维护国有资产安全、防止流失的监督责任。健全国有资产监管机构、外派监事会、审计机关和纪检监察、巡视部门在监督工作中的问责机制，对企业重大违法违纪违规问题应当发现而未发现或敷衍不追、隐匿不报、查处不力的，严格追究有关人员失职渎职责任，视不同情形分别给予纪律处分或行政处分，构成犯罪的，依法追究刑事责任。完善监督工作中的自我监督机制，健全内控措施，严肃查处监督工作人员在问题线索清理、处置和案件查办过程中违反政治纪律、组织纪律、

廉洁纪律、工作纪律的行为。

## 六、加强监督制度和能力建设

（十七）完善企业国有资产监督法律制度。做好国有资产监督法律法规的立改废释工作，按照法定程序修订完善企业国有资产法等法律法规中有关企业国有资产监督的规定，制定出台防止企业国有资产流失条例，将加强企业国有资产监督的职责、程序和有关要求法定化、规范化。

（十八）加强监督队伍建设。选派政治坚定、业务扎实、作风过硬、清正廉洁的优秀人才，进一步充实监督力量。优化监督队伍知识结构，重视提升监督队伍的综合素质和专业素养。加强对监督队伍的日常管理和考核评价，健全与监督工作成效挂钩的激励约束机制，强化监督队伍履职保障。

本意见适用于全国企业国有资产监督工作。金融、文化等企业国有资产监督工作，中央另有规定的依其规定执行。

国务院办公厅<br>
2015 年 10 月 31 日

# 国务院办公厅关于建立国有企业违规经营投资责任追究制度的意见

（2016年8月2日 国办发〔2016〕63号）

各省、自治区、直辖市人民政府，国务院各部委、各直属机构：

根据《中共中央 国务院关于深化国有企业改革的指导意见》、《国务院办公厅关于加强和改进企业国有资产监督防止国有资产流失的意见》（国办发〔2015〕79号）等要求，为落实国有资本保值增值责任，完善国有资产监管，防止国有资产流失，经国务院同意，现就建立国有企业违规经营投资责任追究制度提出以下意见。

## 一、总体要求

（一）指导思想。全面贯彻党的十八大和十八届三中、四中、五中全会精神，按照"五位一体"总体布局和"四个全面"战略布局，牢固树立和贯彻落实创新、协调、绿色、开放、共享的发展理念，深入贯彻习近平总书记系列重要讲话精神，认真落实党中央、国务院决策部署，坚持社会主义市场经济改革方向，按照完善现代企业制度的要求，以提高国有企业运行质量和经济效益为目标，以强化对权力集中、资金密集、资源富集、资产聚集部门和岗位的监督为重点，严格问责、完善机制，构建权责清晰、约束有效的经营投资责任体系，全面推进依法治企，健全协调运转、有效制衡的法人治理结构，提高国有资本效率、增强国有企业活力、防止国有资产流失，实现国有资本保值增值。

（二）基本原则。

1.依法合规、违规必究。以国家法律法规为准绳，严格执行企业内部管理规定，对违反规定、未履行或未正确履行职责造成国有资产损失以及其他严重不良后果的国有企业经营管理有关人员,严格界定违规经营投资责任,严肃追究问责,实行重大决策终身责任追究制度。

2. 分级组织、分类处理。履行出资人职责的机构和国有企业按照国有资产分级管理要求和干部管理权限,分别组织开展责任追究工作。对违纪违法行为,严格依纪依法处理。

3. 客观公正、责罚适当。在充分调查核实和责任认定的基础上,既考虑量的标准也考虑质的不同,实事求是地确定资产损失程度和责任追究范围,恰当公正地处理相关责任人。

4. 惩教结合、纠建并举。在严肃追究违规经营投资责任的同时,加强案例总结和警示教育,不断完善规章制度,及时堵塞经营管理漏洞,建立问责长效机制,提高国有企业经营管理水平。

(三)主要目标。在2017年年底前,国有企业违规经营投资责任追究制度和责任倒查机制基本形成,责任追究的范围、标准、程序和方式清晰规范,责任追究工作实现有章可循。在2020年年底前,全面建立覆盖各级履行出资人职责的机构及国有企业的责任追究工作体系,形成职责明确、流程清晰、规范有序的责任追究工作机制,对相关责任人及时追究问责,国有企业经营投资责任意识和责任约束显著增强。

## 二、责任追究范围

国有企业经营管理有关人员违反国家法律法规和企业内部管理规定,未履行或未正确履行职责致使发生下列情形造成国有资产损失以及其他严重不良后果的,应当追究责任:

(一)集团管控方面。所属子企业发生重大违纪违法问题,造成重大资产损失,影响其持续经营能力或造成严重不良后果;未履行或未正确履行职责致使集团发生较大资产损失,对生产经营、财务状况产生重大影响;对集团重大风险隐患、内控缺陷等问题失察,或虽发现但没有及时报告、处理,造成重大风险等。

(二)购销管理方面。未按照规定订立、履行合同,未履行或未正确履行职责致使合同标的价格明显不公允;交易行为虚假或违规开展"空转"贸易;利用关联交易输送利益;未按照规定进行招标或未执行招标结果;违反规定提供赊销信用、资质、担保（含抵押、质押等）或预付款项，利用业务预付或物资交易等方式变相融资或投资；违规开展商品期货、期权等衍生业务；未按规定对应收款项及时追索或采取有效保全措施等。

（三）工程承包建设方面。未按规定对合同标的进行调查论证，未经授权或超越授权投标，中标价格严重低于成本，造成企业资产损失；违反规定擅自签订或变更合同，合同约定未经严格审查，存在重大疏漏；工程物资未按规定招标；违反规定转包、分包；工程组织管理混乱，致使工程质量不达标，工程成本严重超支；违反合同约定超计价、超进度付款等。

（四）转让产权、上市公司股权和资产方面。未按规定履行决策和审批程序或超越授权范围转让；财务审计和资产评估违反相关规定；组织提供和披露虚假信息，操纵中介机构出具虚假财务审计、资产评估鉴证结果；未按相关规定执行回避制度，造成资产损失；违反相关规定和公开公平交易原则，低价转让企业产权、上市公司股权和资产等。

（五）固定资产投资方面。未按规定进行可行性研究或风险分析；项目概算未经严格审查，严重偏离实际；未按规定履行决策和审批程序擅自投资，造成资产损失；购建项目未按规定招标，干预或操纵招标；外部环境发生重大变化，未按规定及时调整投资方案并采取止损措施；擅自变更工程设计、建设内容；项目管理混乱，致使建设严重拖期、成本明显高于同类项目等。

（六）投资并购方面。投资并购未按规定开展尽职调查，或尽职调查未进行风险分析等，存在重大疏漏；财务审计、资产评估或估值违反相关规定，或投资并购过程中授意、指使中介机构或有关单位出具虚假报告；未按规定履行决策和审批程序，决策未充分考虑重大风险因素，未制定风险防范预案；违规以各种形式为其他合资合作方提供垫资，或通过高溢价并购等手段向关联方输送利益；投资合同、协议及标的企业公司章程中国有权益保护条款缺失，对标的企业管理失控；投资参股后未行使股东权利，发生重大变化未及时采取止损措施；违反合同约定提前支付并购价款等。

（七）改组改制方面。未按规定履行决策和审批程序；未按规定组织开展清产核资、财务审计和资产评估；故意转移、隐匿国有资产或向中介机构提供虚假信息，操纵中介机构出具虚假清产核资、财务审计与资产评估鉴证结果；将国有资产以明显不公允低价折股、出售或无偿分给其他单位或个人；在发展混合所有制经济、实施员工持股计划等改组改制过程中变相套取、私分国有股权;未按规定收取国有资产转让价款;改制后的公司章程中国有权益保护条款缺失等。

(八)资金管理方面。违反决策和审批程序或超越权限批准资金支出;设立"小金库";违规集资、发行股票(债券)、捐赠、担保、委托理财、拆借资金或开立信用证、办理银行票据;虚列支出套取资金;违规以个人名义留存资金、收支结算、开立银行账户;违规超发、滥发职工薪酬福利;因财务内控缺失,发生侵占、盗取、欺诈等。

(九)风险管理方面。内控及风险管理制度缺失,内控流程存在重大缺陷或内部控制执行不力;对经营投资重大风险未能及时分析、识别、评估、预警和应对;对企业规章制度、经济合同和重要决策的法律审核不到位;过度负债危及企业持续经营,恶意逃废金融债务;瞒报、漏报重大风险及风险损失事件,指使编制虚假财务报告,企业账实严重不符等。

(十)其他违反规定,应当追究责任的情形。

## 三、资产损失认定

对国有企业经营投资发生的资产损失,应当在调查核实的基础上,依据有关规定认定损失金额及影响。

(一)资产损失包括直接损失和间接损失。直接损失是与相关人员行为有直接因果关系的损失金额及影响。间接损失是由相关人员行为引发或导致的,除直接损失外、能够确认计量的其他损失金额及影响。

(二)资产损失分为一般资产损失、较大资产损失和重大资产损失。涉及违纪违法和犯罪行为查处的损失标准,遵照相关党内法规和国家法律法规的规定执行;涉及其他责任追究处理的,由履行出资人职责的机构和国有企业根据实际情况制定资产损失程度划分标准。

(三)资产损失的金额及影响,可根据司法、行政机关出具的书面文件,具有相应资质的会计师事务所、资产评估机构、律师事务所等中介机构出具的专项审计、评估或鉴证报告,以及企业内部证明材料等进行综合研判认定。相关经营投资虽尚未形成事实损失,经中介机构评估在可预见未来将发生的损失,可以认定为或有资产损失。

## 四、经营投资责任认定

国有企业经营管理有关人员任职期间违反规定,未履行或未正确履行职责造成国有资产损失以及其他严重不良后果的,应当追究其相应责任;已调任其他岗位或退休的,应当纳入责任追究范围,实行重大决策终身责任追究制度。经营投资责任根据工作职责划分为直接责任、主管责任和领导责任。

（一）直接责任是指相关人员在其工作职责范围内,违反规定,未履行或未正确履行职责,对造成的资产损失或其他不良后果起决定性直接作用时应当承担的责任。

企业负责人存在以下情形的,应当承担直接责任：本人或与他人共同违反国家法律法规和企业内部管理规定;授意、指使、强令、纵容、包庇下属人员违反国家法律法规和企业内部管理规定;未经民主决策、相关会议讨论或文件传签、报审等规定程序,直接决定、批准、组织实施重大经济事项,并造成重大资产损失或其他严重不良后果;主持相关会议讨论或以文件传签等其他方式研究时,在多数人不同意的情况下,直接决定、批准、组织实施重大经济事项,造成重大资产损失或其他严重不良后果;将按有关法律法规制度应作为第一责任人（总负责）的事项、签订的有关目标责任事项或应当履行的其他重要职责,授权（委托）其他领导干部决策且决策不当或决策失误造成重大资产损失或其他严重不良后果;其他失职、渎职和应当承担直接责任的行为。

（二）主管责任是指相关人员在其直接主管（分管）工作职责范围内,违反规定,未履行或未正确履行职责,对造成的资产损失或不良后果应当承担的责任。

（三）领导责任是指主要负责人在其工作职责范围内,违反规定,未履行或未正确履行职责,对造成的资产损失或不良后果应当承担的责任。

## 五、责任追究处理

（一）根据资产损失程度、问题性质等,对相关责任人采取组织处理、扣减薪酬、禁入限制、纪律处分、移送司法机关等方式处理。

1.组织处理。包括批评教育、责令书面检查、通报批评、诫勉、停职、调离工作岗位、降职、改任非领导职务、责令辞职、免职等。

2.扣减薪酬。扣减和追索绩效年薪或任期激励收入,终止或收回中长期激励收益,取消参加中长期激励资格等。

3.禁入限制。五年内直至终身不得担任国有企业董事、监事、高级管理人员。

4.纪律处分。由相应的纪检监察机关依法依规查处。

5.移送司法机关处理。依据国家有关法律规定,移送司法机关依法查处。

以上处理方式可以单独使用,也可以合并使用。

(二)国有企业发生资产损失,经过查证核实和责任认定后,除依据有关规定移送司法机关处理外,应当按以下方式处理:

1.发生较大资产损失的,对直接责任人和主管责任人给予通报批评、诫勉、停职、调离工作岗位、降职等处理,同时按照以下标准扣减薪酬:扣减和追索责任认定年度50%~100%的绩效年薪、扣减和追索责任认定年度(含)前三年50%~100%的任期激励收入并延期支付绩效年薪,终止尚未行使的中长期激励权益、上缴责任认定年度及前一年度的全部中长期激励收益、五年内不得参加企业新的中长期激励。

对领导责任人给予通报批评、诫勉、停职、调离工作岗位等处理,同时按照以下标准扣减薪酬:扣减和追索责任认定年度30%~70%的绩效年薪、扣减和追索责任认定年度(含)前三年30%~70%的任期激励收入并延期支付绩效年薪,终止尚未行使的中长期激励权益、三年内不得参加企业新的中长期激励。

2.发生重大资产损失的,对直接责任人和主管责任人给予降职、改任非领导职务、责令辞职、免职和禁入限制等处理,同时按照以下标准扣减薪酬:扣减和追索责任认定年度100%的绩效年薪、扣减和追索责任认定年度(含)前三年100%的任期激励收入并延期支付绩效年薪,终止尚未行使的中长期激励权益、上缴责任认定年度(含)前三年的全部中长期激励收益、不得参加企业新的中长期激励。

对领导责任人给予调离工作岗位、降职、改任非领导职务、责令辞职、免职和禁入限制等处理,同时按照以下标准扣减薪酬:扣减和追索责任认定年度70%~100%的绩效年薪、扣减和追索责任认定年度(含)前三年70%~100%的任期激励收入并延期支付绩效年薪,终止尚未行使的中长期激励权益、上缴责任认定年度（含）前三年的全部中长期激励收益、五年内不得参加企业新的中长期激励。

3. 责任人在责任认定年度已不在本企业领取绩效年薪的，按离职前一年度全部绩效年薪及前三年任期激励收入总和计算，参照上述标准追索扣回其薪酬。

4. 对同一事件、同一责任人的薪酬扣减和追索，按照党纪政纪处分、责任追究等扣减薪酬处理的最高标准执行，但不合并使用。

（三）对资产损失频繁发生、金额巨大、后果严重、影响恶劣的，未及时采取措施或措施不力导致资产损失扩大的，以及瞒报、谎报资产损失的，应当从重处理。对及时采取措施减少、挽回损失并消除不良影响的，可以适当从轻处理。

（四）国有企业违规经营投资责任追究处理的具体标准，由各级履行出资人职责的机构根据资产损失程度、应当承担责任等情况，依照本意见制定。

## 六、责任追究工作的组织实施

（一）开展国有企业违规经营投资责任追究工作，应当遵循以下程序：

1. 受理。资产损失一经发现，应当立即按管辖规定及相关程序报告。受理部门应当对掌握的资产损失线索进行初步核实，属于责任追究范围的，应当及时启动责任追究工作。

2. 调查。受理部门应当按照职责权限及时组织开展调查，核查资产损失及相关业务情况、核实损失金额和损失情形、查清损失原因、认定相应责任、提出整改措施等，必要时可经批准组成联合调查组进行核查，并出具资产损失情况调查报告。

3. 处理。根据调查事实，依照管辖规定移送有关部门，按照管理权限和相关程序对相关责任人追究责任。相关责任人对处理决定有异议的，有权提出申诉，但申诉期间不停止原处理决定的执行。责任追究调查情况及处理结果在一定范围内公开。

4. 整改。发生资产损失的国有企业应当认真总结吸取教训，落实整改措施，堵塞管理漏洞，建立健全防范损失的长效机制。

（二）责任追究工作原则上按照干部管理权限组织开展，一般资产损失由本企业依据相关规定自行开展责任追究工作,上级企业或履行出资人职责的机构认为有必要的,可直接组织开展;达到较大或重大资产损失标准的,应当由上级企业或履行出资人职责的机构开展责任追究工作;多次发生重大资产损失或造成其他严重不良影响、资产损失金额特别巨大且危及企业生存发展的,应当由履行出资人职责的机构开展责任追究工作。

(三)对违反规定,未履行或未正确履行职责造成国有资产损失的董事,除依法承担赔偿责任外,应当依照公司法、公司章程及本意见规定对其进行处理。对重大资产损失负有直接责任的董事,应及时调整或解聘。

(四)经营投资责任调查期间,对相关责任人未支付或兑现的绩效年薪、任期激励收入、中长期激励收益等均应暂停支付或兑现;对有可能影响调查工作顺利开展的相关责任人,可视情况采取停职、调离工作岗位、免职等措施。

(五)对发生安全生产、环境污染责任事故和重大不稳定事件的,按照国家有关规定另行处理。

## 七、工作要求

(一)各级履行出资人职责的机构要明确所出资企业负责人在经营投资活动中须履行的职责,引导其树立责任意识和风险意识,依法经营,廉洁从业,坚持职业操守,履职尽责,规范经营投资决策,维护国有资产安全。国有企业要依据公司法规定完善公司章程,建立健全重大决策评估、决策事项履职记录、决策过错认定等配套制度,细化各类经营投资责任清单,明确岗位职责和履职程序,不断提高经营投资责任管理的规范化、科学化水平。履行出资人职责的机构和国有企业应在有关外聘董事、职业经理人聘任合同中,明确违规经营投资责任追究的原则要求。

(二)各级履行出资人职责的机构和国有企业要按照本意见要求,建立健全违规经营投资责任追究制度,细化经营投资责任追究的原则、范围、依据、启动机制、程序、方式、标准和职责,保障违规经营投资责任追究工作有章可循、规范有序。国有企业违规经营投资责任追究制度应当报履行出资人职责的机构备案。

(三)国有企业要充分发挥党组织、审计、财务、法律、人力资源、巡视、纪检监察等部门的监督作用,形成联合实施、协同联动、规范有序的责任追究工作机制，重要情况和问题及时向履行出资人职责的机构报告。履行出资人职责的机构要加强与外派监事会、巡视组、审计机关、纪检监察机关、司法机关的协同配合，共同做好国有企业违规经营投资责任追究工作。对国有企业违规经营投资等重大违法违纪违规问题应当发现而未发现或敷衍不追、隐匿不报、查处不力的，严格追究企业和履行出资人职责的机构有关人员的失职渎职责任。

（四）各级履行出资人职责的机构和国有企业要做好国有企业违规经营投资责任追究相关制度的宣传解释工作，凝聚社会共识，为深入开展责任追究工作营造良好氛围；要结合对具体案例的调查处理，在适当范围进行总结和通报，探索向社会公开调查处理情况，接受社会监督，充分发挥警示教育作用。

本意见适用于国有及国有控股企业违规经营投资责任追究工作。金融、文化等国有企业违规经营投资责任追究工作，中央另有规定的依其规定执行。

国务院办公厅<br>
2016 年 8 月 2 日

# 关于推进中央企业信息公开的指导意见

(2016年12月30日 国资发〔2016〕315号)

各中央企业:

为贯彻落实《中共中央 国务院关于深化国有企业改革的指导意见》(中发〔2015〕22号),完善公司治理体系,主动接受社会监督,现就推进中央企业信息公开提出如下意见。

## 一、总体要求

(一)指导思想。

全面贯彻党的十八大和十八届三中、四中、五中、六中全会,全国国有企业党的建设工作会议精神,深入学习贯彻习近平总书记系列重要讲话精神,紧紧围绕统筹推进"五位一体"总体布局和协调推进"四个全面"战略布局,牢固树立新发展理念,落实国有企业改革总体部署,以促进中央企业依法合规经营、提高公司治理水平为目标,以建立完善中央企业信息公开体制机制为重点,积极稳妥推进中央企业信息公开工作,努力打造适应市场化、现代化、国际化发展需要的法治央企、阳光央企。

(二)基本原则。

——坚持依法合规。严格遵循法律、法规和相关规定,建立健全中央企业信息公开制度体系,推动中央企业信息公开工作制度化、规范化。根据不同企业类型,依法确定信息公开的内容、方式、范围和程序,严格保护国家秘密和商业秘密安全。

——内容真实准确。确保中央企业公开的信息内容真实、数据准确,公开及时,不得有虚假记载、误导性陈述,或者重大遗漏。

——积极稳妥推进。立足回应监管机构、社会公众等各方面关切,积极探索中央企业信息公开有效工作途径,坚持试点先行、总结经验、稳步推进,确保取得实效。

——严格落实责任。按照"谁形成谁公开,谁公开谁负责"的要求,建立中央企业信息公开责任制。中央企业作为本企业信息公开的责任主体,负责组织开展本企业及所属企业信息公开工作。国务院国资委负责指导督促中央企业信息公开工作。

(三)工作目标。

到2020年,中央企业信息公开制度体系和工作体制机制基本健全,信息公开工作流程规范有序,制度化、标准化、信息化水平明显提升,自觉接受社会监督意识普遍增强,社会公众对中央企业国有资本保值增值的知情权、监督权得到保障。

## 二、主要任务

(四)全面梳理企业信息公开要求。依照公司法、证券法、企业国有资产法、企业信息公示暂行条例等法律法规和国有企业改革文件,结合本企业性质和所处行业特点,全面梳理对不同企业信息公开的规定要求。中央企业所属上市公司,按照上市公司信息披露的相关制度规定进行信息公开;非上市企业,对提供社会公共服务、涉及公众切身利益的企业信息,以及法律法规明确规定应当公开的企业信息,按有关规定公开。

(五)依法确定主动公开的信息内容。中央企业信息公开的内容应当包括:工商注册登记等企业基本信息;公司治理及管理架构、重要人事变动、企业负责人薪酬水平情况;企业主要财务状况和经营成果、国有资本保值增值情况;企业重大改制重组结果;通过产权市场转让企业产权和企业增资等信息;有关部门依法要求公开的监督检查问题整改情况、重大突发事件事态发展和应急处置情况;企业履行社会责任情况;其他依照法律法规规定应当主动公开的信息。

(六)严格规范信息公开工作程序。建立健全中央企业信息公开工作制度和流程,明确企业对外公开信息的形成、审查、批准等相关部门的工作职责和工作程序;细化信息公开的内容、范围、形式、时限和归档要求,规范有序地公开企业信息。

（七）加强信息公开工作保密审查。重视加强中央企业信息公开前保密审查，明确保密审查责任和程序，妥善处理好信息公开与保守秘密的关系。企业公开的信息，不得涉及国家秘密、商业秘密和个人隐私，不得危及国家安全、公共安全、经济安全和社会稳定。对依法应当保密的，必须切实做好保密工作。

（八）开展信息公开风险评估工作。认真开展中央企业信息公开的风险评估工作，对公开信息的影响和风险提前进行研判，制定相应的防范、化解和回应预案。结合企业实际，研究确定信息公开与信息共享边界范围，依法界定本企业不予公开（豁免公开）信息内容。对公开后可能损害第三方合法权益的，公开前须征得第三方同意；但不公开可能对公众利益造成重大影响的，应当予以公开，并将决定公开的信息内容和理由书面通知第三方。

（九）完善信息公开载体和形式。结合中央企业实际，针对不同的信息选择适合的公开形式，包括本企业网站、报刊、微博微信和客户端等新媒体，有关主管部门政府网站，新闻发布会，企业社会责任报告等。中央企业门户网站应当适时设置信息公开栏目，按要求做好与有关主管部门政府网站的链接，增强信息发布的时效性和权威性。

## 三、保障措施

（十）加强组织领导。充分认识中央企业信息公开的重要性和必要性，增强信息公开意识，加强组织领导，确定一名企业负责人分管信息公开工作，将信息公开纳入重要议事日程，定期研究信息公开工作的重大问题，积极稳妥地部署推进有关工作。

（十一）健全工作机制。建立完善中央企业信息公开工作机制，明确工作牵头部门和主要职责，配备相应的工作人员，企业办公室、董事会办公室、人力资源、新闻宣传、财务、保密、法律、信息化等部门要密切配合，采取切实有效措施，形成工作合力，确保信息公开工作规范有序开展。

（十二）提高队伍素质。组织开展多种形式的信息公开教育培训和业务研究，不断增强中央企业信息公开工作人员的专业素养，培养提高其政策把握能力、信息发布能力、解疑释惑能力、舆情研判能力和回应引导能力。

（十三）推进载体建设。加强中央企业门户网站、微博微信和客户端等新媒体建设，畅通公开信息渠道，完善功能，增强内容和技术保障；完善新闻发言人制度，不断提高网站主动公开、新闻发布会、企业社会责任报告的质量和水平。

（十四）重视宣传引导。加强中央企业信息公开工作的宣传引导，组织开展业务培训和研讨交流，提高企业相关工作人员依法主动对外公开信息意识。国务院国资委加强对中央企业信息公开工作的指导和引导，组织开展信息公开工作试点和经验交流，典型引路，以点带面。

（十五）强化监督问责。对中央企业信息公开工作开展情况适时进行督导，对不履行主动公开义务或未按规定进行公开的，严肃批评、公开通报；对弄虚作假、隐瞒实情、欺骗公众，造成严重社会影响的，责令其纠正，消除负面影响，并依法追究相关单位和人员责任。

各省（自治区、直辖市）国资委可参照本意见，指导所出资企业开展信息公开工作。

国资委

2016年12月30日

# 中央企业违规经营投资责任追究实施办法（试行）

（2018年7月13日　国务院国有资产监督管理委员会令第37号）

## 第一章　总　则

**第一条**　为加强和规范中央企业违规经营投资责任追究工作，进一步完善国有资产监督管理制度，落实国有资产保值增值责任，有效防止国有资产流失，根据《中华人民共和国公司法》、《中华人民共和国企业国有资产法》、《企业国有资产监督管理暂行条例》和《国务院办公厅关于建立国有企业违规经营投资责任追究制度的意见》等法律法规和文件，制定本办法。

**第二条**　本办法所称中央企业是指国务院国有资产监督管理委员会（以下简称国资委）代表国务院履行出资人职责的国家出资企业。

**第三条**　本办法所称违规经营投资责任追究（以下简称责任追究）是指中央企业经营管理有关人员违反规定，未履行或未正确履行职责，在经营投资中造成国有资产损失或其他严重不良后果，经调查核实和责任认定，对相关责任人进行处理的工作。

前款所称规定，包括国家法律法规、国有资产监管规章制度和企业内部管理规定等。前款所称未履行职责，是指未在规定期限内或正当合理期限内行使职权、承担责任，一般包括不作为、拒绝履行职责、拖延履行职责等；未正确履行职责，是指未按规定以及岗位职责要求，不适当或不完全行使职权、承担责任，一般包括未按程序行使职权、超越职权、滥用职权等。

**第四条**　责任追究工作应当遵循以下原则：

（一）坚持依法依规问责。以国家法律法规为准绳，按照国有资产监管规章制度和企业内部管理规定等,对违反规定、未履行或未正确履行职责造成国有资产损失或其他严重不良后果的企业经营管理有关人员,严肃追究责任,实行重大决策终身问责。

(二)坚持客观公正定责。贯彻落实"三个区分开来"重要要求,结合企业实际情况,调查核实违规行为的事实、性质及其造成的损失和影响,既考虑量的标准也考虑质的不同,认定相关人员责任,保护企业经营管理有关人员干事创业的积极性,恰当公正地处理相关责任人。

(三)坚持分级分层追责。国资委和中央企业原则上按照国有资本出资关系和干部管理权限,界定责任追究工作职责,分级组织开展责任追究工作,分别对企业不同层级经营管理人员进行追究处理,形成分级分层、有效衔接、上下贯通的责任追究工作体系。

(四)坚持惩治教育和制度建设相结合。在对违规经营投资相关责任人严肃问责的同时,加大典型案例总结和通报力度,加强警示教育,发挥震慑作用,推动中央企业不断完善规章制度,堵塞经营管理漏洞,提高经营管理水平,实现国有资产保值增值。

**第五条** 在责任追究工作过程中,发现企业经营管理有关人员违纪或职务违法的问题和线索,应当移送相应的纪检监察机构查处;涉嫌犯罪的,应当移送国家监察机关或司法机关查处。

## 第二章 责任追究范围

**第六条** 中央企业经营管理有关人员违反规定,未履行或未正确履行职责致使发生本办法第七条至第十七条所列情形,造成国有资产损失或其他严重不良后果的,应当追究相应责任。

**第七条** 集团管控方面的责任追究情形:

(一)违反规定程序或超越权限决定、批准和组织实施重大经营投资事项,或决定、批准和组织实施的重大经营投资事项违反党和国家方针政策、决策部署以及国家有关规定。

(二)对国家有关集团管控的规定未执行或执行不力,致使发生重大资产损失对生产经营、财务状况产生重大影响。

(三)对集团重大风险隐患、内控缺陷等问题失察,或虽发现但没有及时报告、处理,造成重大资产损失或其他严重不良后果。

(四)所属子企业发生重大违规违纪违法问题,造成重大资产损失且对集团生产经营、财务状况产生重大影响,或造成其他严重不良后果。

(五)对国家有关监管机构就经营投资有关重大问题提出的整改工作要求,拒绝整改、拖延整改等。

第八条 风险管理方面的责任追究情形:

(一)未按规定履行内控及风险管理制度建设职责,导致内控及风险管理制度缺失,内控流程存在重大缺陷。

(二)内控及风险管理制度未执行或执行不力,对经营投资重大风险未能及时分析、识别、评估、预警、应对和报告。

(三)未按规定对企业规章制度、经济合同和重要决策等进行法律审核。

(四)未执行国有资产监管有关规定,过度负债导致债务危机,危及企业持续经营。

(五)恶意逃废金融债务。

(六)瞒报、漏报、谎报或迟报重大风险及风险损失事件,指使编制虚假财务报告,企业账实严重不符。

第九条 购销管理方面的责任追究情形:

(一)未按规定订立、履行合同,未履行或未正确履行职责致使合同标的价格明显不公允。

(二)未正确履行合同,或无正当理由放弃应得合同权益。

(三)违反规定开展融资性贸易业务或"空转""走单"等虚假贸易业务。

(四)违反规定利用关联交易输送利益。

(五)未按规定进行招标或未执行招标结果。

(六)违反规定提供赊销信用、资质、担保或预付款项,利用业务预付或物资交易等方式变相融资或投资。

(七)违反规定开展商品期货、期权等衍生业务。

(八)未按规定对应收款项及时追索或采取有效保全措施。

第十条 工程承包建设方面的责任追究情形:

(一)未按规定对合同标的进行调查论证或风险分析。

(二)未按规定履行决策和审批程序,或未经授权和超越授权投标。

（三）违反规定，无合理商业理由以低于成本的报价中标。

（四）未按规定履行决策和审批程序，擅自签订或变更合同。

（五）未按规定程序对合同约定进行严格审查，存在重大疏漏。

（六）工程以及与工程建设有关的货物、服务未按规定招标或规避招标。

（七）违反规定分包等。

（八）违反合同约定超计价、超进度付款。

**第十一条** 资金管理方面的责任追究情形：

（一）违反决策和审批程序或超越权限筹集和使用资金。

（二）违反规定以个人名义留存资金、收支结算、开立银行账户等。

（三）设立"小金库"。

（四）违反规定集资、发行股票或债券、捐赠、担保、委托理财、拆借资金或开立信用证、办理银行票据等。

（五）虚列支出套取资金。

（六）违反规定超发、滥发职工薪酬福利。

（七）因财务内控缺失或未按照财务内控制度执行，发生资金挪用、侵占、盗取、欺诈等。

**第十二条** 转让产权、上市公司股权、资产等方面的责任追究情形：

（一）未按规定履行决策和审批程序或超越授权范围转让。

（二）财务审计和资产评估违反相关规定。

（三）隐匿应当纳入审计、评估范围的资产，组织提供和披露虚假信息，授意、指使中介机构出具虚假财务审计、资产评估鉴证结果及法律意见书等。

（四）未按相关规定执行回避制度。

（五）违反相关规定和公开公平交易原则，低价转让企业产权、上市公司股权和资产等。

（六）未按规定进场交易。

**第十三条** 固定资产投资方面的责任追究情形：

（一）未按规定进行可行性研究或风险分析。

（二）项目概算未按规定进行审查，严重偏离实际。

（三）未按规定履行决策和审批程序擅自投资。

（四）购建项目未按规定招标，干预、规避或操纵招标。

（五）外部环境和项目本身情况发生重大变化，未按规定及时调整投资方案并采取止损措施。

（六）擅自变更工程设计、建设内容和追加投资等。

（七）项目管理混乱，致使建设严重拖期、成本明显高于同类项目。

（八）违反规定开展列入负面清单的投资项目。

**第十四条** 投资并购方面的责任追究情形：

（一）未按规定开展尽职调查，或尽职调查未进行风险分析等，存在重大疏漏。

（二）财务审计、资产评估或估值违反相关规定。

（三）投资并购过程中授意、指使中介机构或有关单位出具虚假报告。

（四）未按规定履行决策和审批程序，决策未充分考虑重大风险因素，未制定风险防范预案。

（五）违反规定以各种形式为其他合资合作方提供垫资，或通过高溢价并购等手段向关联方输送利益。

（六）投资合同、协议及标的企业公司章程等法律文件中存在有损国有权益的条款，致使对标的企业管理失控。

（七）违反合同约定提前支付并购价款。

（八）投资并购后未按有关工作方案开展整合，致使对标的企业管理失控。

（九）投资参股后未行使相应股东权利，发生重大变化未及时采取止损措施。

（十）违反规定开展列入负面清单的投资项目。

**第十五条** 改组改制方面的责任追究情形：

（一）未按规定履行决策和审批程序。

（二）未按规定组织开展清产核资、财务审计和资产评估。

（三）故意转移、隐匿国有资产或向中介机构提供虚假信息，授意、指使中介机构出具虚假清产核资、财务审计与资产评估等鉴证结果。

（四）将国有资产以明显不公允低价折股、出售或无偿分给其他单位或个人。

（五）在发展混合所有制经济、实施员工持股计划、破产重整或清算等改组改制过程中，违反规定，导致发生变相套取、私分国有资产。

（六）未按规定收取国有资产转让价款。

（七）改制后的公司章程等法律文件中存在有损国有权益的条款。

**第十六条** 境外经营投资方面的责任追究情形：

（一）未按规定建立企业境外投资管理相关制度，导致境外投资管控缺失。

（二）开展列入负面清单禁止类的境外投资项目。

（三）违反规定从事非主业投资或开展列入负面清单特别监管类的境外投资项目。

（四）未按规定进行风险评估并采取有效风险防控措施对外投资或承揽境外项目。

（五）违反规定采取不当经营行为，以及不顾成本和代价进行恶性竞争。

（六）违反本章其他有关规定或存在国家明令禁止的其他境外经营投资行为的。

**第十七条** 其他违反规定，未履行或未正确履行职责造成国有资产损失或其他严重不良后果的责任追究情形。

## 第三章 资产损失认定

**第十八条** 对中央企业违规经营投资造成的资产损失，在调查核实的基础上，依据有关规定认定资产损失金额，以及对企业、国家和社会等造成的影响。

**第十九条** 资产损失包括直接损失和间接损失。直接损失是与相关人员行为有直接因果关系的损失金额及影响；间接损失是由相关人员行为引发或导致的，除直接损失外、能够确认计量的其他损失金额及影响。

**第二十条** 中央企业违规经营投资资产损失500万元以下为一般资产损失，500万元以上5000万元以下为较大资产损失，5000万元以上为重大资产损失。涉及违纪违法和犯罪行为查处的损失标准，遵照相关党内法规和国家法律法规的规定执行。

前款所称的"以上"包括本数，所称的"以下"不包括本数。

**第二十一条** 资产损失金额及影响，可根据司法、行政机关等依法出具的书面文件，具有相应资质的会计师事务所、资产评估机构、律师事务所、专业技术鉴定机构等专业机构出具的专项审计、评估或鉴证报告，以及企业内部证明材料等,进行综合研判认定。

**第二十二条** 相关违规经营投资虽尚未形成事实资产损失,但确有证据证明资产损失在可预见未来将发生,且能可靠计量资产损失金额的,经中介机构评估可以认定为或有损失,计入资产损失。

## 第四章 责任认定

**第二十三条** 中央企业经营管理有关人员任职期间违反规定,未履行或未正确履行职责造成国有资产损失或其他严重不良后果的,应当追究其相应责任。违规经营投资责任根据工作职责划分为直接责任、主管责任和领导责任。

**第二十四条** 直接责任是指相关人员在其工作职责范围内,违反规定,未履行或未正确履行职责,对造成的资产损失或其他严重不良后果起决定性直接作用时应当承担的责任。

企业负责人存在以下情形的,应当承担直接责任:

(一)本人或与他人共同违反国家法律法规、国有资产监管规章制度和企业内部管理规定。

(二)授意、指使、强令、纵容、包庇下属人员违反国家法律法规、国有资产监管规章制度和企业内部管理规定。

(三)未经规定程序或超越权限,直接决定、批准、组织实施重大经济事项。

(四)主持相关会议讨论或以其他方式研究时,在多数人不同意的情况下,直接决定、批准、组织实施重大经济事项。

(五)将按有关法律法规制度应作为第一责任人(总负责)的事项、签订的有关目标责任事项或应当履行的其他重要职责,授权(委托)其他领导人员决策且决策不当或决策失误等。

(六)其他应当承担直接责任的行为。

**第二十五条** 主管责任是指相关人员在其直接主管(分管)工作职责范围内,违反规定,未履行或未正确履行职责,对造成的资产损失或其他严重不良后果应当承担的责任。

**第二十六条** 领导责任是指企业主要负责人在其工作职责范围内,违反规定,未履行或未正确履行职责,对造成的资产损失或其他严重不良后果应当承担的责任。

**第二十七条** 中央企业所属子企业违规经营投资致使发生本条第二款、第三款所列情形的,上级企业经营管理有关人员应当承担相应的责任。

上一级企业有关人员应当承担相应责任的情形包括:

(一)发生重大资产损失且对企业生产经营、财务状况产生重大影响的。

(二)多次发生较大、重大资产损失,或造成其他严重不良后果的。

除上一级企业有关人员外,更高层级企业有关人员也应当承担相应责任的情形包括:

(一)发生违规违纪违法问题,造成资产损失金额巨大且危及企业生存发展的。

(二)在一定时期内多家所属子企业连续集中发生重大资产损失,或造成其他严重不良后果的。

**第二十八条** 中央企业违反规定瞒报、漏报或谎报重大资产损失的,对企业主要负责人和分管负责人比照领导责任和主管责任进行责任认定。

**第二十九条** 中央企业未按规定和有关工作职责要求组织开展责任追究工作的,对企业负责人及有关人员比照领导责任、主管责任和直接责任进行责任认定。

**第三十条** 中央企业有关经营决策机构以集体决策形式作出违规经营投资的决策或实施其他违规经营投资的行为,造成资产损失或其他严重不良后果的,应当承担集体责任,有关成员也应当承担相应责任。

## 第五章 责任追究处理

**第三十一条** 对相关责任人的处理方式包括组织处理、扣减薪酬、禁入限制、纪律处分、移送国家监察机关或司法机关等,可以单独使用,也可以合并使用。

(一)组织处理。包括批评教育、责令书面检查、通报批评、诫勉、停职、调离工作岗位、降职、改任非领导职务、责令辞职、免职等。

(二)扣减薪酬。扣减和追索绩效年薪或任期激励收入,终止或收回其他中长期激励收益,取消参加中长期激励资格等。

(三)禁入限制。五年直至终身不得担任国有企业董事、监事、高级管人员。

（四）纪律处分。由相应的纪检监察机构查处。

（五）移送国家监察机关或司法机关处理。依据国家有关法律规定，移送国家监察机关或司法机关查处。

**第三十二条** 中央企业发生资产损失，经过查证核实和责任认定后，除依据有关规定移送纪检监察机构或司法机关处理外，应当按以下方式处理：

（一）发生一般资产损失的，对直接责任人和主管责任人给予批评教育、责令书面检查、通报批评、诫勉等处理，可以扣减和追索责任认定年度50%以下的绩效年薪。

（二）发生较大资产损失的，对直接责任人和主管责任人给予通报批评、诫勉、停职、调离工作岗位、降职等处理，同时按照以下标准扣减薪酬：扣减和追索责任认定年度50%~100%的绩效年薪、扣减和追索责任认定年度（含）前三年50%~100%的任期激励收入并延期支付绩效年薪，终止尚未行使的其他中长期激励权益、上缴责任认定年度及前一年度的全部中长期激励收益、五年内不得参加企业新的中长期激励。

对领导责任人给予通报批评、诫勉、停职、调离工作岗位等处理，同时按照以下标准扣减薪酬：扣减和追索责任认定年度30%~70%的绩效年薪、扣减和追索责任认定年度（含）前三年30%~70%的任期激励收入并延期支付绩效年薪，终止尚未行使的其他中长期激励权益、三年内不得参加企业新的中长期激励。

（三）发生重大资产损失的，对直接责任人和主管责任人给予降职、改任非领导职务、责令辞职、免职和禁入限制等处理，同时按照以下标准扣减薪酬：扣减和追索责任认定年度100%的绩效年薪、扣减和追索责任认定年度（含）前三年100%的任期激励收入并延期支付绩效年薪，终止尚未行使的其他中长期激励权益、上缴责任认定年度（含）前三年的全部中长期激励收益、不得参加企业新的中长期激励。

对领导责任人给予调离工作岗位、降职、改任非领导职务、责令辞职、免职和禁入限制等处理，同时按照以下标准扣减薪酬：扣减和追索责任认定年度70%~100%的绩效年薪、扣减和追索责任认定年度（含）前三年70%~100%的任期激励收入并延期支付绩效年薪，终止尚未行使的其他中长期激励权益、上缴责任认定年度（含）前三年的全部中长期激励收益、五年内不得参加企业新的中长期激励。

第三十三条 中央企业所属子企业发生资产损失，按照本办法应当追究中央企业有关人员责任时，对相关责任人给予通报批评、诫勉、停职、调离工作岗位、降职、改任非领导职务、责令辞职、免职和禁入限制等处理，同时按照以下标准扣减薪酬：扣减和追索责任认定年度30%~100%的绩效年薪、扣减和追索责任认定年度（含）前三年30%~100%的任期激励收入并延期支付绩效年薪，终止尚未行使的其他中长期激励权益、上缴责任认定年度（含）前三年的全部中长期激励收益、三至五年内不得参加企业新的中长期激励。

第三十四条 对承担集体责任的中央企业有关经营决策机构，给予批评教育、责令书面检查、通报批评等处理；对造成资产损失金额巨大且危及企业生存发展的，或造成其他特别严重不良后果的，按照规定程序予以改组。

第三十五条 责任认定年度是指责任追究处理年度。有关责任人在责任追究处理年度无任职或任职不满全年的，按照最近一个完整任职年度执行；若无完整任职年度的，参照处理前实际任职月度（不超过12个月）执行。

第三十六条 对同一事件、同一责任人的薪酬扣减和追索，按照党纪处分、政务处分、责任追究等扣减薪酬处理的最高标准执行，但不合并使用。

第三十七条 相关责任人受到诫勉处理的，六个月内不得提拔、重用；受到调离工作岗位、改任非领导职务处理的，一年内不得提拔；受到降职处理的，两年内不得提拔；受到责令辞职、免职处理的，一年内不安排职务，两年内不得担任高于原任职务层级的职务；同时受到纪律处分的，按照影响期长的规定执行。

第三十八条 中央企业经营管理有关人员违规经营投资未造成资产损失，但造成其他严重不良后果的，经过查证核实和责任认定后，对相关责任人参照本办法予以处理。

第三十九条 有下列情形之一的，应当对相关责任人从重或加重处理：

（一）资产损失频繁发生、金额巨大、后果严重的。

（二）屡禁不止、顶风违规、影响恶劣的。

（三）强迫、唆使他人违规造成资产损失或其他严重不良后果的。

（四）未及时采取措施或措施不力导致资产损失或其他严重不良后果扩

大的。

（五）瞒报、漏报或谎报资产损失的。

（六）拒不配合或干扰、抵制责任追究工作的。

（七）其他应当从重或加重处理的。

第四十条　对中央企业经营管理有关人员在企业改革发展中所出现的失误，不属于有令不行、有禁不止、不当谋利、主观故意、独断专行等的，根据有关规定和程序予以容错。有下列情形之一的，可以对违规经营投资相关责任人从轻或减轻处理：

（一）情节轻微的。

（二）以促进企业改革发展稳定或履行企业经济责任、政治责任、社会责任为目标，且个人没有谋取私利的。

（三）党和国家方针政策、党章党规党纪、国家法律法规、地方性法规和规章等没有明确限制或禁止的。

（四）处置突发事件或紧急情况下，个人或少数人决策，事后及时履行报告程序并得到追认，且不存在故意或重大过失的。

（五）及时采取有效措施减少、挽回资产损失并消除不良影响的。

（六）主动反映资产损失情况，积极配合责任追究工作的，或主动检举其他造成资产损失相关人员，查证属实的。

（七）其他可以从轻或减轻处理的。

第四十一条　对于违规经营投资有关责任人应当给予批评教育、责令书面检查、通报批评或诫勉处理，但是具有本办法第四十条规定的情形之一的，可以免除处理。

第四十二条　对违规经营投资有关责任人减轻或免除处理，须由作出处理决定的上一级企业或国资委批准。

第四十三条　相关责任人已调任、离职或退休的，应当按照本办法给予相应处理。

第四十四条　相关责任人在责任认定年度已不在本企业领取绩效年薪的，按离职前一年度全部绩效年薪及前三年任期激励收入总和计算，参照本办法有关规定追索扣回其薪酬。

第四十五条　对违反规定，未履行或未正确履行职责造成国有资产损失或其他严重不良后果的中央企业董事、监事以及其他有关人员，依照国家法律法规、有关规章制度和本办法等对其进行相应处理。

## 第六章 责任追究工作职责

第四十六条 国资委和中央企业原则上按照国有资本出资关系和干部管理权限，组织开展责任追究工作。

第四十七条 国资委在责任追究工作中的主要职责：

（一）研究制定中央企业责任追究有关制度。

（二）组织开展中央企业发生的重大资产损失或产生严重不良后果的较大资产损失，以及涉及中央企业负责人的责任追究工作。

（三）认为有必要直接组织开展的中央企业及其所属子企业责任追究工作。

（四）对中央企业存在的共性问题进行专项核查。

（五）对需要中央企业整改的问题，督促企业落实有关整改工作要求。

（六）指导、监督和检查中央企业责任追究相关工作。

（七）其他有关责任追究工作。

第四十八条 国资委内设专门责任追究机构，受理有关方面按规定程序移交的中央企业及其所属子企业违规经营投资的有关问题和线索，初步核实后进行分类处置，并采取督办、联合核查、专项核查等方式组织开展有关核查工作，认定相关人员责任，研究提出处理的意见建议，督促企业整改落实。

第四十九条 中央企业在责任追究工作中的主要职责：

（一）研究制定本企业责任追究有关制度。

（二）组织开展本级企业发生的一般或较大资产损失，二级子企业发生的重大资产损失或产生严重不良后果的较大资产损失，以及涉及二级子企业负责人的责任追究工作。

（三）认为有必要直接组织开展的所属子企业责任追究工作。

（四）指导、监督和检查所属子企业责任追究相关工作。

（五）按照国资委要求组织开展有关责任追究工作。

（六）其他有关责任追究工作。

第五十条 中央企业应当明确相应的职能部门或机构，负责组织开展责任追究工作，并做好与企业纪检监察机构的协同配合。

**第五十一条** 中央企业应当建立责任追究工作报告制度,对较大和重大违规经营投资的问题和线索,及时向国资委书面报告,并按照有关工作要求定期报送责任追究工作开展情况。

**第五十二条** 中央企业未按规定和有关工作职责要求组织开展责任追究工作的,国资委依据相关规定,对有关中央企业负责人进行责任追究。

**第五十三条** 国资委和中央企业有关人员,对企业违规经营投资等重大违规违纪违法问题,存在应当发现而未发现或发现后敷衍不追、隐匿不报、查处不力等失职渎职行为的,严格依纪依规追究纪律责任;涉嫌犯罪的,移送国家监察机关或司法机关查处。

## 第七章 责任追究工作程序

**第五十四条** 开展中央企业责任追究工作一般应当遵循受理、初步核实、分类处置、核查、处理和整改等程序。

**第五十五条** 受理有关方面按规定程序移交的违规经营投资问题和线索,并进行有关证据、材料的收集、整理和分析工作。

**第五十六条** 国资委专门责任追究机构受理下列企业违规经营投资的问题和线索:

(一)国有资产监督管理工作中发现的。

(二)审计、巡视、纪检监察以及其他有关部门移交的。

(三)中央企业报告的。

(四)其他有关违规经营投资的问题和线索。

**第五十七条** 对受理的违规经营投资问题和线索,及相关证据、材料进行必要的初步核实工作。

**第五十八条** 初步核实的主要工作内容包括:

(一)资产损失及其他严重不良后果的情况。

(二)违规违纪违法的情况。

(三)是否属于责任追究范围。

(四)有关方面的处理建议和要求等。

**第五十九条** 初步核实的工作一般应于30个工作日内完成,根据工作需要可以适当延长。

第六十条  根据初步核实情况,对确有违规违纪违法事实的,按照规定的职责权限和程序进行分类处置。

第六十一条  分类处置的主要工作内容包括:

(一)属于国资委责任追究职责范围的,由国资委专门责任追究机构组织实施核查工作。

(二)属于中央企业责任追究职责范围的,移交和督促相关中央企业进行责任追究。

(三)涉及中管干部的违规经营投资问题线索,报经中央纪委国家监委同意后,按要求开展有关核查工作。

(四)属于其他有关部门责任追究职责范围的,移送有关部门。

(五)涉嫌违纪或职务违法的问题和线索,移送纪检监察机构。

(六)涉嫌犯罪的问题和线索,移送国家监察机关或司法机关。

第六十二条  国资委对违规经营投资事项及时组织开展核查工作,核实责任追究情形,确定资产损失程度,查清资产损失原因,认定相关人员责任等。

第六十三条  结合中央企业减少或挽回资产损失工作进展情况,可以适时启动责任追究工作。

第六十四条  核查工作可以采取以下工作措施核查取证:

(一)与被核查事项有关的人员谈话,形成核查谈话记录,并要求有关人员作出书面说明。

(二)查阅、复制被核查企业的有关文件、会议纪要(记录)、资料和账簿、原始凭证等相关材料。

(三)实地核查企业实物资产等。

(四)委托具有相应资质的专业机构对有关问题进行审计、评估或鉴证等。

(五)其他必要的工作措施。

第六十五条  在核查期间,对相关责任人未支付或兑现的绩效年薪、任期激励收入、中长期激励收益等均应暂停支付或兑现;对有可能影响核查工作顺利开展的相关责任人,可视情况采取停职、调离工作岗位、免职等措施。

第六十六条  在重大违规经营投资事项核查工作中,对确有工作需要的,负责核查的部门可请纪检监察机构提供必要支持。

**第六十七条** 核查工作一般应于6个月内完成,根据工作需要可以适当延长。

**第六十八条** 核查工作结束后,一般应当听取企业和相关责任人关于核查工作结果的意见,形成资产损失情况核查报告和责任认定报告。

**第六十九条** 国资委根据核查工作结果,按照干部管理权限和相关程序对相关责任人追究处理,形成处理决定,送达有关企业及被处理人,并对有关企业提出整改要求。

**第七十条** 被处理人对处理决定有异议的,可以在处理决定送达之日起15个工作日内,提出书面申诉,并提供相关证明材料。申诉期间不停止原处理决定的执行。

**第七十一条** 国资委或中央企业作出处理决定的,被处理人向作出该处理决定的单位申诉;中央企业所属子企业作出处理决定的,向上一级企业申诉。

**第七十二条** 国资委和企业应当自受理申诉之日起30个工作日内复核,作出维持、撤销或变更原处理决定的复核决定,并以适当形式告知申诉人及其所在企业。

**第七十三条** 中央企业应当按照整改要求,认真总结吸取教训,制定和落实整改措施,优化业务流程,完善内控体系,堵塞经营管理漏洞,建立健全防范经营投资风险的长效机制。

**第七十四条** 中央企业应在收到处理决定之日起60个工作日内,向国资委报送整改报告及相关材料。

**第七十五条** 国资委和中央企业应当按照国家有关信息公开规定,逐步向社会公开违规经营投资核查处理情况和有关整改情况等,接受社会监督。

**第七十六条** 积极运用信息化手段开展责任追究工作,推进相关数据信息的报送、归集、共享和综合利用,逐步建立违规经营投资损失和责任追究工作信息报送系统、中央企业禁入限制人员信息查询系统等,加大信息化手段在发现问题线索、专项核查、责任追究等方面的运用力度。

## 第八章 附 则

**第七十七条** 中央企业应根据本办法,结合本企业实际情况,细化责任追究的范围、资产损失程度划分标准等，研究制定责任追究相关制度规定，并报国资委备案。

**第七十八条** 各地区国有资产监督管理机构可以参照本办法，结合实际情况制定本地区责任追究相关制度规定。

**第七十九条** 国有参股企业责任追究工作，可参照本办法向国有参股企业股东会提请开展责任追究工作。

**第八十条** 对发生生产安全、环境污染责任事故和不稳定事件的，按照国家有关规定另行处理。

**第八十一条** 本办法由国资委负责解释。

**第八十二条** 本办法自2018年8月30日起施行。《中央企业资产损失责任追究暂行办法》（国资委令第20号）同时废止。

# 关于做好贯彻落实《中央企业违规经营投资责任追究实施办法（试行）》有关事项的通知

（2018年8月17日　国资发监督二〔2018〕72号）

各中央企业：

《中央企业违规经营投资责任追究实施办法（试行）》（国资委令第37号，以下简称《实施办法》）将于2018年8月30日正式施行。为进一步推动《实施办法》的贯彻落实工作，现将有关事项通知如下：

## 一、进一步提高对责任追究工作重要性的认识

党中央、国务院高度重视国有资产监管工作，明确要求构建权责清晰、约束有效的经营投资责任体系，严格责任追究。《实施办法》是国资委落实党中央、国务院关于以管资本为主推进职能转变要求，完善国有资产监督机制，强化责任追究工作的重要举措。各中央企业要认真贯彻落实好《实施办法》，站在夯实中国特色社会主义的重要物质基础和政治基础的高度，深刻理解责任追究工作在有效防止国有资产流失、落实国有资产保值增值责任方面的作用，将贯彻落实《实施办法》作为推进依法治企的抓手，不断提高经营投资管理的规范化、科学化水平，促进企业高质量发展。

## 二、建立健全责任追究工作体系

各中央企业要高度重视责任追究工作，将建立健全责任追究工作体系作为提升合规经营水平防范化解重大风险的抓手来落实，切实加强组织领导，

明确相应的职能部门或机构负责组织开展责任追究工作，配强配实工作力量，并做好与企业纪检监察机构的协同配合。要加强对所属企业责任追究工作的指导、监督和检查，在2020年底前，全面建立企业责任追究工作体系，形成职责明确、流程清晰、规范有序的工作机制。各中央企业要按照《实施办法》第五十条的规定，于2018年9月30日前将本企业责任追究工作相应职能部门或机构的有关情况以书面形式（见附件）报告国资委。

### 三、加快建立完善企业责任追究制度

各中央企业要按照《实施办法》第四十九条、第七十七条的规定，抓紧制定修改本企业的违规经营投资责任追究制度和配套文件，细化责任追究的范围、依据、损失标准、启动机制、程序、方式和职责，督促指导所属企业建立健全相关制度和责任倒查机制，不断提高责任追究工作科学化、制度化、规范化水平，保障责任追究工作有章可循、规范有序。请各中央企业于2018年12月31日前将本企业的违规经营投资责任追究制度报送国资委备案。

### 四、加强责任追究工作报告机制建设

按照《实施办法》第五十一条的规定，为及时掌握违规经营投资问题线索以及责任追究工作情况，各中央企业要建立健全责任追究工作报告机制，及时发现处置企业违规经营投资问题线索，对可能或已经造成较大和重大资产损失或损失风险的，应当第一时间向国资委"一事一报告"，同时定期汇总报告年度责任追究工作情况，具体要求另行通知。

### 五、强化责任追究工作教育惩治建设作用

各中央企业要切实加大宣传培训力度，加强政策解读和舆论引导，因地制宜地开展对《实施办法》和企业责任追究制度的宣传培训，确保企业经营管理人员了解掌握有关规定要求，为促进企业合法合规经营凝聚共识，营造良好氛围和工作环境。要依法依规严肃查处违规经营投资责任案件，及时总结和通报典型案例，加强警示教育，发挥震慑作用。同时，举一反三，不断完善规章制度，堵塞经营管理漏洞，建立长效机制，有效防止国有资产流失，促进国有资产保值增值。

中央企业在执行《实施办法》过程中对发现的新情况和新问题及时报告国资委。

联系人及电话：国资委监督二局　邵兵　64470452

监督三局　闫世栋　64471900

附件：责任追究工作职能部门或机构情况表（略）

**国资委**
2018 年 8 月 17 日

# 关于做好中央企业违规经营投资责任追究工作体系建设有关事项的通知

（2019年4月30日　国资发监督二〔2019〕43号）

各中央企业：

根据《国务院办公厅关于建立国有企业违规经营投资责任追究制度的意见》（国办发〔2016〕63号，以下简称63号文件），按照国资委有关要求，各中央企业高度重视，均成立了违规经营投资责任追究工作领导小组或工作小组，其中大部分由企业主要负责人任组长，有序推进制度建设、组织建设和体系建设。目前，责任追究工作专门制度、职能部门、报告机制已基本实现全覆盖，责任倒查机制基本形成，以追责促进企业强化管理、完善制度等取得积极成效，保障企业合规经营及高质量发展作用逐步显现，63号文件明确的第一阶段目标初步完成。为进一步落实63号文件"在2020年底前，全面建立覆盖各级履行出资人职责的机构及国有企业的责任追究工作体系，形成职责明确、流程清晰、规范有序的责任追究工作机制"的第二阶段目标，做好中央企业责任追究工作体系建设，现将有关事项通知如下：

一、进一步提高对责任追究工作重要性的认识。党中央、国务院高度重视强化国有资产监管、落实国有企业经营投资责任，党的十八届三中全会以及国资国企改革系列文件对强化经营投资责任追究，建立健全国有企业重大决策失误和失职、渎职责任追究倒查机制等作出一系列部署。各中央企业要切实提高思想认识，站在守护好全体人民共同财富的高度，深刻理解责任追究工作在有效防止国有资产流失、落实国有资产保值增值责任方面的重要作用，将推进责任追究工作体系建设作为提升合规经营水平和防范化解重大风险的重要抓手，通过有效开展责任追究工作，促进各级经营管理人员规范履职、勤勉尽责,推动企业合规经营、行稳致远。

二、深入推进组织体系建设。各中央企业要健全责任追究组织体系,严格落实责任,层层传导压力,持续深入推进责任追究工作。一要加强工作组织领导。企业主要负责人要主持研究审议责任追究工作重要事项,统筹谋划,部署推动,保障工作有效开展。分管负责人要靠前指挥,指导把关核查质量,督促工作深入推进。职能部门要切实担负起直接责任,抓紧编制工作体系建设方案,与人力资源、巡视、纪检监察等部门密切配合,做好具体组织实施。二要进一步强化职能部门建设。要切实落实职能部门编制、人员、资金等工作保障,确保专项工作独立有效开展。要配齐配强配优工作队伍,加强培训教育和实践锻炼,提升专业能力和专业精神。三要推进所属企业责任追究工作组织体系建设。按照分级管理、分层负责的原则,结合企业实际、行业特性等,实现职责主体上有人管,监督范围上全覆盖。

三、持续完善责任追究制度体系。各中央企业要加快构建内容协调、流程清晰、配套完备、有效管用的责任追究制度体系,不断提高工作规范化、制度化、科学化水平。一要推进制度深度覆盖和有效约束。根据所属企业规模体量差异、业务模式特点等,因企施策细化责任追究范围、划分资产损失标准等,防止尺度范围宽松,责任约束不足。二要完善配套制度。研究制定损失认定、责任认定、离职退休人员违规责任追究处理等实施细则,规范工作流程和标准,实现责任追究工作标准一致、有章可循、规范有序。三要夯实制度基础。落实63号文件要求,进一步完善重大决策评估、决策事项履职记录等规定;细化各类经营投资责任条款和清单,明确岗位职责和履职程序;在有关外聘董事、职业经理人聘任合同中,要明确违规经营投资责任追究的原则要求。

四、扎实做好违规问题线索查处。各中央企业要违规必究,追责必严,切实增强国资监管法规制度和企业内部管理规定刚性约束。一要加大责任追究工作力度。对受理查办的违规经营投资问题线索实行对账销号管理,集中力量抓好国有资产重大损失调查,依法依规追究有关人员责任。对发现的涉嫌违纪、职务违法及犯罪的问题线索,要及时移送纪检监察或司法机关查处。二要强化责任追究工作指导监督。组织对所属企业责任追究工作的监督检查,强化定性、定损、定责等关键环节的指导把关,根据需要可由上级企业直接开展核查。三要加强案例通报和有关信息公开。要结合具体案例的调查处理，在适当范围总结、通报及公开调查处理情况，以案为鉴，发挥"追责一个、警示一片"的警示教育作用，不断提高监督追责工作的影响力和透明度。

五、探索工作方式方法。责任追究工作政策性强、涉及面广、专业要求高，各中央企业要积极探索工作的新途径新方法。一要探索开展境外核查追责。逐步推进境外损失调查和追责工作，关注重大决策、重大合同、大额资金管控和境外子企业治理等方面的资产流失风险，确保国有资本投到哪里，监管追责就延伸到哪里。二要探索建立追责信息管理系统。提升工作信息化水平，逐步实现线上填报提交责任追究工作报告，对受理、初步核实、分类处置、核查、处理和整改等环节全过程监督，研究通过共享经营管理信息和构建大数据模型，精准发现违规问题。三要探索推进容错机制落实落地。进一步研究落实"三个区分开来"的落地举措，具体问题具体分析，既防止追责不力，又防止追责泛化简单化。同时，结合实际，研究加强基金投资、混合所有制等新业态领域的责任追究工作。

六、不断健全以追责促发展的长效机制。责任追究是手段不是目的，各中央企业要注重做好监督"后半篇文章"，把追责成果转化为促进企业健康发展的监管效能。一要促进防范化解重大风险。举一反三，以点带面，深入开展共性问题核查，排查问题隐患，预警提示经营风险。适时介入风险事件处置，跟踪关注或有资产损失，以追责促追损，及时化解资产损失风险。二要推动完善企业内部控制体系。针对发现的内控缺陷和管控漏洞，标本兼治，强化整改落实，及时制定修订各项管理制度，完善内控体系，提升管理水平。三要保障企业合规经营健康发展。以责任追究为重要抓手，通过惩治教育建设相结合，强化各级管理人员合规履职的自觉性和主动性，全面推进依法治企，有效促进企业稳健经营和可持续发展。

国资委将加强对各中央企业责任追究工作的指导，组织培训和交流，根据需要检查企业贯彻落实63号文件、《中央企业违规经营投资责任追究实施办法（试行）》（国资委令第37号，以下简称37号令）的工作情况等。各中央企业要认真制定责任追究工作体系建设方案并于2019年5月底前将有关情况书面报送国资委，具体实施落实情况纳入年度定期报告一并报送。同时，要注意收集执行 37 号令以及推进责任追究工作体系建设过程中的新情况、新问题，及时报告国资委。

联系人及电话：监督二局　张小红、柳明教
64470402、64471930

电子邮箱：zhangxiaohong@sasac.gov.cn

国资委

2019 年 4 月 30 日

# 关于印发《关于加强中央企业内部控制体系建设与监督工作的实施意见》的通知

（2019年10月19日　国资发监督规〔2019〕101号）

各中央企业：

《关于加强中央企业内部控制体系建设与监督工作的实施意见》已经国资委第14次委务会议审议通过，现印发给你们，请遵照执行。

国资委
2019年10月19日

## 关于加强中央企业内部控制体系建设与监督工作的实施意见

为深入贯彻习近平新时代中国特色社会主义思想和党的十九大精神，认真落实党中央、国务院关于防范化解重大风险和推动高质量发展的决策部署，充分发挥内部控制（以下简称内控）体系对中央企业强基固本作用，进一步提升中央企业防范化解重大风险能力，加快培育具有全球竞争力的世界一流企业，根据《中共中央　国务院关于深化国有企业改革的指导意见》、《国务院关于印发改革国有资本授权经营体制方案的通知》、《国务院办公厅关于加强和改进企业国有资产监督防止国有资产流失的意见》，制定本实施意见。

## 一、建立健全内控体系，进一步提升管控效能

（一）优化内控体系。建立健全以风险管理为导向、合规管理监督为重点，严格、规范、全面、有效的内控体系。进一步树立和强化管理制度化、制度流程化、流程信息化的内控理念，通过"强监管、严问责"和加强信息化管理，严格落实各项规章制度，将风险管理和合规管理要求嵌入业务流程，促使企业依法合规开展各项经营活动，实现"强内控、防风险、促合规"的管控目标，形成全面、全员、全过程、全体系的风险防控机制，切实全面提升内控体系有效性，加快实现高质量发展。

（二）强化集团管控。进一步完善企业内部管控体制机制，中央企业主要领导人员是内控体系监管工作第一责任人，负责组织领导建立健全覆盖各业务领域、部门、岗位，涵盖各级子企业全面有效的内控体系。中央企业应明确专门职能部门或机构统筹内控体系工作职责；落实各业务部门内控体系有效运行责任；企业审计部门要加强内控体系监督检查工作，准确揭示风险隐患和内控缺陷，进一步发挥查错纠弊作用，促进企业不断优化内控体系。

（三）完善管理制度。全面梳理内控、风险和合规管理相关制度，及时将法律法规等外部监管要求转化为企业内部规章制度，持续完善企业内部管理制度体系。在具体业务制度的制定、审核和修订中嵌入统一的内控体系管控要求，明确重要业务领域和关键环节的控制要求和风险应对措施。将违规经营投资责任追究内容纳入企业内部管理制度中，强化制度执行刚性约束。

（四）健全监督评价体系。统筹推进内控、风险和合规管理的监督评价工作，将风险、合规管理制度建设及实施情况纳入内控体系监督评价范畴，制定定性与定量相结合的内控缺陷认定标准、风险评估标准和合规评价标准，不断规范监督评价工作程序、标准和方式方法。

## 二、强化内控体系执行，提高重大风险防控能力

（五）加强重点领域日常管控。聚焦关键业务、改革重点领域、国有资本运营重要环节以及境外国有资产监管，定期梳理分析相关内控体系执行情况，认真查找制度缺失或流程缺陷，及时研究制定改进措施，确保体系完整、全面控制、执行有效。要在投资并购、改革改制重组等重大经营事项决策前开展专

项风险评估,并将风险评估报告(含风险应对措施和处置预案)作为重大经营事项决策的必备支撑材料,对超出企业风险承受能力或风险应对措施不到位的决策事项不得组织实施。

(六)加强重要岗位授权管理和权力制衡。不断深化内控体系管控与各项业务工作的有机结合,以保障各项经营业务规范有序开展。按照不相容职务分离控制、授权审批控制等内控体系管控要求,严格规范重要岗位和关键人员在授权、审批、执行、报告等方面的权责,实现可行性研究与决策审批、决策审批与执行、执行与监督检查等岗位职责的分离。不断优化完善管理要求,重点强化采购、销售、投资管理、资金管理和工程项目、产权(资产)交易流转等业务领域各岗位的职责权限和审批程序,形成相互衔接、相互制衡、相互监督的内控体系工作机制。

(七)健全重大风险防控机制。积极采取措施强化企业防范化解重大风险全过程管控,加强经济运行动态、大宗商品价格以及资本市场指标变化监测,提高对经营环境变化、发展趋势的预判能力,同时结合内控体系监督评价工作中发现的经营管理缺陷和问题,综合评估企业内外部风险水平,有针对性地制订风险应对方案,并根据原有风险的变化情况及应对方案的执行效果,有效做好企业间风险隔离,防止风险由"点"扩"面",避免发生系统性、颠覆性重大经营风险。

## 三、加强信息化管控,强化内控体系刚性约束

(八)提升内控体系信息化水平。各中央企业要结合国资监管信息化建设要求,加强内控信息化建设力度,进一步提升集团管控能力。内控体系建设部门要与业务部门、审计部门、信息化建设部门协同配合,推动企业"三重一大"、投资和项目管理、财务和资产、物资采购、全面风险管理、人力资源等集团管控信息系统的集成应用,逐步实现内控体系与业务信息系统互联互通、有机融合。要进一步梳理和规范业务系统的审批流程及各层级管理人员权限设置,将内控体系管控措施嵌入各类业务信息系统,确保自动识别并终止超越权限、逾越程序和审核材料不健全等行为,促使各项经营管理决策和执行活动可控制、可追溯、可检查,有效减少人为违规操纵因素。集团管控能力和信息化基础较好的企业要逐步探索利用大数据、云计算、人工智能等技术,实现内控

体系实时监测、自动预警、监督评价等在线监管功能,进一步提升信息化和智能化水平。

## 四、加大企业监督评价力度,促进内控体系持续优化

(九)全面实施企业自评。督促所属企业每年以规范流程、消除盲区、有效运行为重点,对内控体系的有效性进行全面自评,客观、真实、准确揭示经营管理中存在的内控缺陷、风险和合规问题,形成自评报告,并经董事会或类似决策机构批准后按规定报送上级单位。

(十)加强集团监督评价。要在子企业全面自评的基础上,制定年度监督评价方案,围绕重点业务、关键环节和重要岗位,组织对所属企业内控体系有效性进行监督评价,确保每3年覆盖全部子企业。要将海外资产纳入监督评价范围,重点对海外项目的重大决策、重大项目安排、大额资金运作以及境外子企业公司治理等进行监督评价。

(十一)强化外部审计监督。要根据监督评价工作结果,结合自身实际情况,充分发挥外部审计的专业性和独立性,委托外部审计机构对部分子企业内控体系有效性开展专项审计,并出具内控体系审计报告。内控体系监管不到位、风险事件和合规问题频发的中央企业,必须聘请具有相应资质的社会中介机构进行审计评价,切实提升内控体系管控水平。

(十二)充分运用监督评价结果。要加大督促整改工作力度,指导所属企业明确整改责任部门、责任人和完成时限,对整改效果进行检查评价,按照内控体系一体化工作要求编制内控体系年度工作报告并及时报国资委,同时抄送企业纪委(纪检监察组)、组织人事部门等。指导所属企业建立健全与内控体系监督评价结果挂钩的考核机制,对内控制度不健全、内控体系执行不力、瞒报漏报谎报自评结果、整改落实不到位的单位或个人,应给予考核扣分、薪酬扣减或岗位调整等处理。

## 五、加强出资人监督,全面提升内控体系有效性

(十三)建立出资人监督检查工作机制。加强对中央企业国有资产监管政策制度执行情况的综合检查工作,建立内控体系定期抽查评价工作制度,每年组织专门力量对中央企业经营管理重要领域和关键环节开展内控体系有效性抽

查评价，发现和堵塞管理漏洞，完善相关政策制度，并加大监督检查工作结果在各项国有资产监管及干部管理工作中的运用力度。

（十四）充分发挥企业内部监督力量。通过完善公司治理，健全相关制度，整合企业内部监督力量，发挥企业董事会或委派董事决策、审核和监督职责，有效利用企业监事会、内部审计、企业内部巡视巡察等监督检查工作成果，以及出资人监管和外部审计、纪检监察、巡视反馈问题情况，不断完善企业内控体系建设。

（十五）强化整改落实工作。进一步强化对企业重大风险隐患和内控缺陷整改工作跟踪检查力度，将企业整改落实情况纳入每年内控体系抽查评价范围，完善对中央企业提示函和通报工作制度，对整改不力的印发提示函和通报，进一步落实整改责任，避免出现重复整改、形式整改等问题。

（十六）加大责任追究力度。严格按照《中央企业违规经营投资责任追究实施办法（试行）》（国资委令第37号）等有关规定，及时发现并移交违规违纪违法经营投资问题线索，强化监督警示震慑作用。对中央企业存在重大风险隐患、内控缺陷和合规管理等问题失察，或虽发现但没有及时报告、处理，造成重大资产损失或其他严重不良后果的，要严肃追究企业集团的管控责任；对各级子企业未按规定履行内控体系建设职责、未执行或执行不力，以及瞒报、漏报、谎报或迟报重大风险及内控缺陷事件的，坚决追责问责，层层落实内控体系监督责任，有效防止国有资产流失。

# 关于印发《国资监管提示函工作规则》和《国资监管通报工作规则》的通知

(2020年1月7日　国资发监督规〔2020〕4号)

各中央企业，委内各厅局：

《国资监管提示函工作规则》和《国资监管通报工作规则》已经国资委第18次委务会议审议通过，现印发给你们，请遵照执行。制定提示函和通报工作规则是贯彻以管资本为主加强国有资产监管要求，形成以管资本为主的国有资产监管体制的具体举措。各中央企业要高度重视，强化主体责任，认真做好提示函和通报事项整改落实工作，进一步提升集团管控水平和抗风险能力，促进实现高质量发展。

国资委

2020年1月7日

## 国资监管提示函工作规则

**第一条**　为加快形成以管资本为主的国有资产监管体制，加大对中央企业存在风险和问题警示力度，指导和督促中央企业提高防范化解重大风险能力，切实做好相关整改落实工作，推动企业实现高质量发展，制定本规则。

**第二条**　本规则所称提示函是指国资委在国资监管工作中提示特定中央企业有效应对、整改存在风险和问题的公文。

**第三条**　提示函主要适用于中央企业发生以下情形：

（一）贯彻党中央、国务院重大决策部署力度不够，进度缓慢或成效欠佳的；

（二）执行党章和党内其他法规以及国资委党委规范性文件不到位的；

（三）执行国家法律法规、国资监管规章和规范性文件以及国资监管工作要求不到位或推动改革不力，可能造成资产损失或其他不良后果的；

（四）企业改革发展、党的建设、董事会运行中存在苗头性、倾向性问题或较大风险隐患的；

（五）企业未按规定执行重大事项请示报告制度或报告情况不准确、不及时，可能对国资监管工作造成不良影响的；

（六）落实出资人监管和审计、纪检监察、巡视监督等整改要求可能逾期或不达标的；

（七）在国际化经营、国际交流合作、外事管理等工作中行为不当，可能造成较大负面影响的；

（八）其他需要提示的事项。

**第四条** 国资委在国资监管工作中发现中央企业存在上述第三条所列情形的，按照相关工作程序，拟制提示函，报经分管委领导审签后，统一编号，以国资委办公厅函件形式向有关中央企业印发提示函。

**第五条** 有关中央企业收到提示函后，认真组织落实，明确相关企业领导人员和职能部门的工作责任，对提示函事项进行分析研判，制定工作方案，采取有效措施，做好风险防控或整改落实工作。

**第六条** 对于提出的风险事项，有关中央企业应当开展全面排查，准确评估风险涉及的范围、影响程度等，积极应对风险，做好企业间风险隔离。

**第七条** 对于需要整改落实的事项，有关中央企业要严格对照相关整改要求，细化整改措施，明确整改时限，切实整改落实到位。

**第八条** 有关中央企业应当在收到提示函10个工作日内将风险防控或整改落实工作方案报送国资委；对提示函事项持有异议的，应当正式向国资委作出书面解释说明。

**第九条** 有关中央企业要按照确定的工作方案，积极采取措施防控风险，落实整改要求，完善关键环节和重点领域的管控制度，优化管理流程，强化内控体系有效执行，并通过企业内部审计监督检查、巡视巡察等工作，确保风险可控在控，整改工作落实落地。

第十条　对于需要长期整改落实的事项，有关中央企业应当定期向国资委报告工作进展情况；对于可能造成较大、重大资产损失或其他严重不良后果的，应当及时报告国资委。

第十一条　有关中央企业在提示函事项办结后，要将相关工作开展情况、具体举措、整改成效等形成专项工作报告，正式报送国资委。

第十二条　国资委将加强对中央企业提示函事项的监督检查工作，跟踪评估整改成效，切实消除风险隐患，提升国资监管效能。

第十三条　国资委将定期汇总分析提示函反映中央企业存在的风险隐患和问题，有针对性地完善国资监管政策制度，并将典型性、普遍性、多发性和系统性问题纳入年度综合检查或专项检查范围进行抽查复核。

第十四条　国资委对提示函事项整改不及时、不彻底或敷衍整改的中央企业，进行约谈、通报；对违规经营投资造成资产损失或其他严重不良后果的，严肃追究责任；对涉嫌违纪违法的，及时移交有关纪检监察机构。

第十五条　本规则由国资委负责解释。

第十六条　本规则自印发之日起施行。

# 国资监管通报工作规则

第一条　为加快形成以管资本为主的国有资产监管体制，有效开展对中央企业重大违规问题和资产损失事件的通报工作，发挥警示教育和惩戒震慑作用，强化整改落实工作，推动企业实现高质量发展，制定本规则。

第二条　本规则所称通报是指国资委在国资监管工作中，对中央企业存在的典型性、普遍性或重大违规问题和资产损失事件，在中央企业范围内予以批评、教育和警示的公文。

第三条　通报主要适用于中央企业发生以下情形：

（一）贯彻落实习近平总书记重要指示批示以及党中央、国务院决策部署存在重大问题或产生其他严重不良后果的；

（二）严重违反党章和党内其他法规以及国资委党委规范性文件的；

（三）严重违反国家法律法规和国有资产监管规章、规范性文件及政策规定的；

（四）企业改革发展、党的建设、董事会运行中存在突出问题，造成重大资产损失、重大风险或其他严重不良后果的；

（五）企业未按规定执行重大事项请示报告制度，或恶意瞒报漏报谎报，对国资监管工作造成严重不良影响的；

（六）对出资人监管和审计、纪检监察、巡视监督等工作中发现的问题拒绝整改、敷衍整改或反复整改不到位的；

（七）在国际化经营、国际交流合作、外事管理等工作中行为不当，造成重大负面影响或其他严重不良后果的；

（八）其他需要通报的事项。

**第四条** 国资委在国资监管工作中发现中央企业存在上述第三条所列情形的，按照有关工作程序，拟制通报稿，报经委主要领导审签后，统一编号，以国资委函件的形式向各中央企业印发通报。

**第五条** 有关中央企业收到通报后，及时传达部署，企业主要领导人员、领导班子成员及有关职能部门认真分析通报事项产生的根源，研究制定整改工作方案，明确整改措施、责任主体和时间进度，认真落实整改要求。

**第六条** 有关中央企业在收到通报20个工作日内将相关工作情况及整改工作方案报送国资委。

**第七条** 有关中央企业相关职能部门应当积极采取措施，立即纠正违规行为，消除不良影响，减少或挽回资产损失，有效防范类似事件发生。

**第八条** 有关中央企业内控（风险）管理部门对照通报事项反映的重大缺陷和管理漏洞，完善关键环节和重点领域的管控制度，优化管理流程，强化内控体系有效执行，切实提升内控体系管控水平。

**第九条** 有关中央企业审计部门、企业内部巡视巡察应当将通报事项纳入年度工作重点，强化对企业重大风险和问题整改工作跟踪检查力度，检验整改工作成效，确保整改工作落实落地。

**第十条** 对于通报事项涉及违反党规党纪、违规经营投资造成资产损失或其他严重不良后果的，有关中央企业要严格按照规定对相关责任人严肃问责。

**第十一条** 对于需要长期整改落实的通报事项，有关中央企业应当定期向国资委报告整改工作进展情况。

**第十二条** 有关中央企业对通报事项整改落实后,要将整改工作开展情况、具体举措、整改成效及人员处理情况等形成专项工作报告,正式报送国资委。

**第十三条** 各中央企业要从通报事项中吸取教训,引以为戒,举一反三,主动开展对照检查,发现类似问题应当按照通报相关要求做好整改落实工作。

**第十四条** 国资委将加强对中央企业通报事项整改落实工作的监督检查,评估整改成效,推动企业不断完善内部管控机制。

**第十五条** 国资委将定期汇总分析通报反映中央企业存在的重大风险事件和突出问题,有针对性地完善国资监管政策制度,并纳入年度综合检查或专项检查范围进行抽查复核。

**第十六条** 国资委对整改不到位或拒绝整改、拖延整改的中央企业,要严肃追究责任;对涉嫌违纪违法的,及时移交有关纪检监察机构。

**第十七条** 本规则由国资委负责解释。

**第十八条** 本规则自印发之日起施行。

# 关于印发《关于深化中央企业内部审计监督工作的实施意见》的通知

(2020 年 9 月 28 日　国资发监督规〔2020〕60 号)

各中央企业：

《关于深化中央企业内部审计监督工作的实施意见》已经国资委第 325 次党委会议、第 40 次委务会议审议通过，现印发给你们，请遵照执行。

国资委

2020 年 9 月 28 日

## 关于深化中央企业内部审计监督工作的实施意见

为有效推动中央企业构建集中统一、全面覆盖、权威高效的审计监督体系，贯彻落实党中央、国务院关于深化国有企业和国有资本审计监督的工作部署，根据《中华人民共和国企业国有资产法》《中华人民共和国审计法》，按照《中共中央　国务院关于深化国有企业改革的指导意见》(中发〔2015〕22 号)、《国务院办公厅关于加强和改进企业国有资产监督防止国有资产流失的意见》(国办发〔2015〕79 号)、《审计署关于内部审计工作的规定》(审计署令第 11 号)等有关要求，制定本意见。

### 一、总体要求

深入贯彻落实党中央、国务院关于加快建立健全国有企业、国有资本审计监督体系和制度的工作部署，围绕形成以管资本为主的国有资产监管体制，推动中央企业建立符合中国特色现代企业制度要求的内部审计领导和管理体制机制，做到应审尽审、凡审必严，促进中央企业落实党和国家方针政策以及国有资产监管各项政策制度。深化企业改革，服务企业发展战略，提升公司治理水平和风险防范能力，助力中央企业加快实现转型升级、高质量发展和做强做优做大。

## 二、强化统一管控能力，进一步完善内部审计领导和管理体制机制

（一）建立健全内部审计领导体制。建立健全党委（党组）、董事会（或主要负责人）直接领导下的内部审计领导体制。党委（党组）要加强对内部审计工作的领导，不断健全和完善党委（党组）领导内部审计工作的制度和工作机制，强化对内部审计重大工作的顶层设计、统筹协调和督促落实。董事会负责审议内部审计基本制度、审计计划、重要审计报告，决定内部审计机构设置及其负责人，加强对内部审计重要事项的管理。董事长具体分管内部审计，是内部审计工作第一责任人。加快建立总审计师制度，协助党组织、董事会（或主要负责人）管理内部审计工作。经理层接受并积极配合内部审计监督，落实对内部审计发现问题的整改。内部审计机构向党委（党组）、董事会（或主要负责人）负责并报告工作。

（二）切实发挥董事会审计委员会管理和指导作用。落实董事会审计委员会作为董事会专门工作机构的职责，审计委员会要定期或不定期召开有关会议并形成会议记录、纪要，加强对审计计划、重点任务、整改落实等重要事项的管理和指导，督促年度审计计划及任务组织实施，研究重大审计结论和整改落实工作，评价内部审计机构工作成效，及时将有关情况报告董事会或提请董事会审议。

（三）不断完善集团统一管控的内部审计管理体制。强化集团总部对内部审计工作统一管控，统一制定审计计划、确定审计标准、调配审计资源，加快形成"上审下"的内部审计管理体制。推动所属二级子企业及二级以下重要子企业设置内部审计机构，未设置内部审计机构的子企业内部审计工作由上一级审计机构负责。所属子企业户数多、分布广或人员力量薄弱的企业，需设立审计中心或区域审计中心，规范开展集中审计或区域集中审计。各级内部审计机

构审计计划、审计报告、审计发现问题、整改落实情况以及违规违纪违法问题线索移送等事项，在向本级党委（党组）及董事会报告的同时，应向上一级内部审计机构报告，审计发现的重大损失、重要事件和重大风险应及时向集团总部报告。

（四）健全内部审计制度体系。在不断完善内部审计各项制度规定基础上，对落实党和国家方针政策、国企改革重点任务、国有资产监管政策以及境外国有资产监管、内控体系建设等重要事项、重点领域和关键环节，补短板、填空白，持续构建符合国有资产监管要求和公司治理需要的企业内部审计制度体系。

（五）强化激励约束机制。落实审计工作结果签字背书责任制度，明确审计项目负责人及相关审计人员对审计结论和审计程序分别承担相应的审计责任。研究制定本企业审计质量考评标准，推动审计人员绩效考核结果与薪酬兑现、职业晋升、任职交流等挂钩，探索建立与其他业务部门差异化的内部审计考核体系，作为被审计对象的同级业务部门不参与对内部审计机构及其负责人的绩效测评。对审计工作中存在失职、渎职的要严肃追责问责，涉嫌违纪违法的，按程序移送纪检监察机构处理。下一级内部审计机构负责人任免和年度绩效考核结果需报上一级内部审计机构备案。

## 三、有效履行工作职责，全面提升内部审计监督效能

（六）积极推动内部审计监督无死角、全覆盖。坚持应审尽审、凡审必严，在贯彻执行党和国家重大方针政策、国资监管工作要求、完成国企改革重点任务、领导人员履行经济责任以及管理、使用和运营国有资本情况等方面全面规范开展各类审计监督，重点关注深化国有企业改革进程中的苗头性、倾向性、典型性问题。对所属子企业确保每5年至少轮审1次；对重大投资项目、重大风险领域和重要子企业实施重点审计，确保每年至少1次。企业可以根据审计工作需要，规范购买社会审计服务开展相关工作。

（七）加快推动内部审计信息化建设与应用。按照国有资产监管信息化建设要求，落实经费和技术保障措施，构建与"三重一大"决策、投资、财务、资金、运营、内控等业务信息系统相融合的"业审一体"信息化平台。及时准确提供审计所需电子数据，并根据审计人员层级赋予相应的数据查询权限。信

息化基础较好的企业要积极运用大数据、云计算、人工智能等方式，探索建立审计实时监督平台，对重要子企业实施联网审计，提高审计监督时效性和审计质量。

（八）加强企业内部监督协同配合。加强与企业监事会、纪检监察、巡视以及法律、财务、违规责任追究等部门的沟通协调，将各方面集中反映的问题领域作为重点关注事项。通过联席会议、联合检查等方式，加强信息通报与交流、问题线索移送与协查等工作协同，对内部监督发现的共性问题或警示性问题在一定范围内进行通报，提高企业内部监督透明度和影响力。

（九）提升审计队伍专业化、职业化水平。选拔政治过硬、德才兼备、具备专业技能和业务知识的复合型人才充实审计队伍，鼓励审计人员参加相关执业资格考试。加大与财务、内控、运营、采购、销售、企业管理等业务部门之间的人员交流力度，拓宽内部审计人员职业发展通道，将内部审计岗位打造成企业内部人才培养和选拔任用的重要平台。落实审计专项经费预算，配备与企业规模、审计业务量等相适应的审计人员，打造专业化、职业化的内部审计工作队伍。

## 四、聚焦经济责任，促进权力规范运行和责任有效落实

（十）深化和改善经济责任审计工作。贯彻落实党中央、国务院关于深化和改善经济责任审计工作要求，围绕权力运行和责任落实，坚持以对领导人员任职期间审计为主，对所属二级子企业主要领导人员履行经济责任情况任期内至少审计1次，对掌握重要资金决策权、分配权、管理权、执行权和监督权等关键岗位的主要领导人员加大审计力度。完善定性评价与定量评价相结合的审计评价体系，落实"三个区分开来"要求，审慎作出评价和结论，鼓励探索创新，激励担当作为，保护企业领导人员干事创业的积极性、主动性、创造性。

（十一）规范有效开展经济责任审计。聚焦经济责任，突出对党和国家重大方针政策、国资监管工作要求、企业改革发展目标任务等落实情况，企业法人治理结构的健全完善、投资经营、风险管控、内控体系建设与运行、整改落实等方面以及领导人员廉洁从业和贯彻落实中央八项规定精神情况的监督检查。研究确定经济责任审计中长期规划，制定年度审计计划，强化审计计划刚性约束，不断完善企业内部经济责任审计组织协调、审计程序、审计评价、审

计结果运用等工作机制。建立健全经济责任审计情况通报、责任追究、整改落实、结果公告等制度，有效落实企业领导人员经济责任。

## 五、突出关键环节，强化对重点领域的监督力度

（十二）围绕提质增效稳增长开展全面监督。适应常态化疫情防控和国际形势变化，结合经营业绩考核指标，重点关注会计政策和会计估计变更、合并报表范围调整、期初数大额调整、收入确认、减值计提等会计核算事项，保障会计信息真实性。加大对成本费用管控目标实现情况、应收账款和存货"两金"管控目标完成情况、资金集中管控情况、人工成本管控情况以及降杠杆减负债等工作的审计力度。

（十三）突出主责主业专项监督。围绕持续推动国有资本布局优化，聚焦主责主业发展实体经济等工作要求，加大对非主业、非优势业务的"两非"剥离和无效资产、低效资产的"两资"处置情况的审计力度。将打通供应链、稳住产业链等工作落实情况以及投资项目负面清单执行、长期不分红甚至亏损的参股股权清理、通过股权代持或虚假合资等方式被民营企业挂靠等情况纳入内部审计重要任务。对国有资产监管机构政策措施和监管要求落实情况进行跟踪审计，推动各项工作要求落实到位。

（十四）对混合所有制改革全过程进行审计监督。将混合所有制改革过程中的决策审批、资产评估、交易定价、职工安置等环节纳入内部审计重点工作任务，及时纠正混合所有制改革过程中出现的问题和偏差。规范开展混合所有制改革中参股企业的审计，通过公司章程、参股协议等保障国有股东审计监督权限，对参股企业财务信息和经营情况进行审计监督，坚决杜绝"只投不管"现象。

（十五）强化大额资金管控监督。针对近年来电子支付、网络交易等新兴资金结算手段的普遍使用等资金管理新形态，重点关注关键岗位授权、不相容岗位分离等内控环节的健全完善及执行情况，深入揭示资金审批、结算、对账等各日常业务环节的薄弱点。对资金中心等资金管理机构每年至少应当审计1次，对负责资金审批和具体操作的关键岗位和重要环节应进行常态化监督。

（十六）加强对赌模式并购投资监督。将使用对赌模式开展的并购投资项目纳入内部审计重点工作任务，对对赌期内的被并购企业开展跟踪审计，对赌

期结束后开展专项审计。重点关注对赌指标完成情况的真实性、完整性以及作为分期支付投资款或限售股份解禁、收取对赌补偿等程序重要依据的合规性,及时揭示问题,防止国有资产流失。

(十七)加大对高风险金融业务的监督力度。加大对金融业务领域贯彻中央重大决策部署、执行国家宏观调控和经济金融政策等方面审计力度,重点关注脱离主业盲目发展金融业务、脱实向虚、风险隐患较大业务清理整顿,以及投机开展金融衍生业务、"一把手"越权操作、超授权交易等内容。对重点金融子企业和信托、债券、金融衍生品等高风险金融业务每年至少开展1次专项审计,切实防止风险交叉传导。

(十八)落实对"三重一大"事项的跟踪审计。对重大决策、重要项目安排和大额资金使用情况进行全过程跟踪审计。加强对可行性研究论证、尽职调查、资产评估、风险评估等对重大决策、重要项目具有重要影响环节的监督力度,强化对决策规范性、科学性的监督,促进企业提高投资经营决策水平。

## 六、强化境外内部审计,有力保障境外国有资产安全完整

(十九)加大境外企业内部审计监督力度。结合境外企业所在国家或地区的法律法规及政治、经济、文化特点,研究制定境外内部审计制度规定,在与外方签订的投资协议(合同)或公司章程等法定文件中推动落实中方审计权限。切实推进境外审计全覆盖、常态化,对重点境外经营投资项目(投资额1亿美元以上)或重要境外企业(机构),每年至少应审计1次。完善审计方式方法,配备具备外语能力、熟悉国际法律的复合型审计人员,探索开展向重要境外企业(机构)和重大境外项目派驻审计人员,根据工作需要可聘请境内外中介机构提供服务支持。

(二十)突出境外内部审计重点关注领域。聚焦境外经营投资立项、决策、签约、风险管理等关键环节,围绕境外经营投资重点领域以及境外大额资金使用、大额采购等重要事项,对重大决策机制、重要管控制度和内控体系有效性进行监督,保障境外国有资产安全,提升国际化经营水平。

## 七、加强内控体系审计,促进提升企业内控体系有效性

(二十一)规范有效开展内控审计。将企业内控体系审计纳入内部审计重

点工作任务，围绕企业内部权力运行和责任落实、制度制定和执行、授权审批控制和不相容职务分离控制等开展监督，倒查企业内控体系设计和运行缺陷。突出重大风险防控审计，重点检查企业重大风险评估、监测、预警和重大风险事件及时报告和应急处置等工作开展情况，以及企业合规建设、合规审查、合规事件应对等情况。规范开展对投资决策、资金管理、招投标、物资采购、担保、委托贷款、高风险贸易业务、金融衍生业务、PPP 业务等重点环节、重要事项以及行业监管机构发现的风险和问题的专项内控审计，切实促进提升内控体系有效性。

## 八、压实整改落实责任，促进审计整改与结果运用

（二十二）压实整改落实责任。内部审计机构对审计发现问题整改落实负有监督检查责任，被审计单位对问题整改落实负有主体责任，单位主要负责人是整改第一责任人，相关业务职能部门对业务领域内相关问题负有整改落实责任。加快建立完善审计整改工作制度，完善整改落实工作规范和流程，强化内部审计机构监督检查职责，积极构建各司其职、各负其责的整改工作机制，促进整改落实工作有效落地。

（二十三）强化整改跟踪审计及审计结果运用。密切结合国家审计、巡视巡察、国资监管等各类监督发现问题的整改落实，建立和完善问题整改台账管理及"销号"制度，由内部审计机构制定统一标准并对已整改问题进行审核认定、验收销号。对长期未完成整改、屡审屡犯的问题开展跟踪审计和整改"回头看"等，细化普遍共性问题举一反三整改机制，确保真抓实改、落实到位。建立审计通报制度，将审计发现问题及整改成效依法依规在企业一定范围内进行通报。将内部审计结果及整改情况作为干部考核、任免、奖惩的重要依据之一，对审计发现的违规违纪违法问题线索，按程序及时移送相关部门或纪检监察机构处理。

## 九、加强出资人对内部审计工作的监管，组织开展检查评价和责任追究

（二十四）强化对内部审计工作的监管。国资委指导中央企业按照国家审计机关对内部审计工作有关要求，围绕国资监管重点任务研究制订本企业年度

内部审计工作计划，有效开展内部审计各项工作。加强对内部审计工作的统筹谋划和资源整合，充分发挥内部审计力量在国资监管工作中的专业优势。各中央企业要定期向国资委报送年度审计计划、年度工作报告等情况，及时报送审计发现的重大资产损失、重要事件和重大风险等情况。认真做好对企业报送的年度内部审计工作报告审核工作，持续加强企业内部审计工作情况的汇总、分析和评价。

（二十五）建立健全出资人检查评估工作机制。国资委探索研究制定内部审计工作效能评估指标体系，对企业内部审计体系建设、审计监督、整改落实等工作开展抽查，对审计计划执行、审计质量控制、审计结果运用等工作效能进行评估，每5年全部评估1次。对内部审计工作开展不力和存在重大问题的企业印发提示函或通报，压紧压实内部审计监督责任。

（二十六）加大内部审计责任追究力度。中央企业内部审计机构对重大事项应列入审计计划而不列入，或发现重大问题后拖延不查、敷衍不追、隐匿不报等失职渎职行为，要严肃追究直接责任人员的责任及企业相应领导人员的分管或协管责任；对重大问题应当发现而未发现、查办不力或审计程序不到位的，要逐级落实责任，坚决追责问责。

各省、自治区、直辖市及计划单列市和新疆生产建设兵团国资委可以参照本意见，制定本地区所出资企业内部审计工作监督管理相关工作规范。

# 关于印发《国资监管责任约谈工作规则》的通知

(2021年2月20日　国资发监责规〔2021〕14号)

各中央企业,委内各厅局:

　　《国资监管责任约谈工作规则》(以下简称《工作规则》)已经国资委第342次党委会议、第51次委务会议审议通过。制定责任约谈工作规则是落实国企改革三年行动部署,完善业务监督、综合监督、责任追究三位一体监督机制,健全以管资本为主的国有资产监管体制具体举措。各中央企业要高度重视,强化主体责任,自觉接受约谈,认真做好整改落实工作,进一步提高依法经营和合规管理水平,夯实高质量发展基础,促进做强做优做大国有资本和国有企业。现将《工作规则》印发给你们,请遵照执行。执行过程中遇到的问题,请及时反映。

国资委<br>
2021年2月20日

## 国资监管责任约谈工作规则

　　**第一条**　为健全管资本为主的国有资产监管体制,规范开展中央企业责任约谈工作,指导督促中央企业加强国有资产监管,加大整改追责问责力度,有效防范化解重大风险,促进企业高质量发展,推动做强做优做大国有资本和国有企业,依据《中华人民共和国公司法》《中华人民共和国企业国有资产法》《企业国有资产监督管理暂行条例》《中央企业违规经营投资责任追究实施办法

（试行）》等法律法规和有关规定，制定本规则。

第二条　本规则所称责任约谈，是指针对中央企业存在的重大问题、资产损失或风险隐患以及其他造成或可能造成严重不良后果的重大事项等，国资委依法依规对企业有关人员进行告诫谈话，提出监管意见建议、责令整改追责的监管措施。

第三条　国资委在国资监管工作中发现中央企业存在下列情形之一的，可以开展责任约谈：

（一）贯彻落实习近平总书记重要指示批示和党中央、国务院决策部署存在问题的；

（二）违反党章和党内法规以及国资委党委规范性文件的；

（三）违反国家法律法规和国有资产监管规章、规范性文件及政策规定的；

（四）规划投资、财务管控、经济运行、产权管理、改革重组、国企混改、公司治理、业绩考核、薪酬分配、资本运营、科技创新、依法经营、合规管理、内部控制、风险管控、内部审计、监督追责、网络安全、选人用人、巡视巡察和党的建设等方面存在突出问题的；

（五）存在重大风险隐患或发生可能造成严重不良后果的重大事项的；

（六）发生重大资产损失及损失风险，因减少或挽回资产损失等工作需要，暂未启动责任追究程序的；

（七）未按规定执行重大事项请示报告制度，或瞒报漏报谎报迟报重大资产损失及损失风险的；

（八）对出资人监管、审计、纪检监察、巡视监督、督查等工作以及国资监管提示函、通报中提出的整改要求，拒绝整改、拖延整改、整改不力或弄虚作假的；

（九）在国际化经营、国际交流合作、外事管理等工作中有严重不当行为的；

（十）其他需要责任约谈的事项。

第四条　出现第三条所列责任约谈情形的，国资委相关厅局根据职责启动责任约谈工作，拟制《责任约谈通知书》，报经国资委分管负责同志审签同意后，以国资委名义印发被约谈中央企业，根据需要抄送国资委责任追究机构、有关纪检监察机构、组织人事部门、巡视机构等。

《责任约谈通知书》实行统一编号管理，内容主要包括约谈事由、时间、地点、参加人员和需要提交的材料及提交时限等。

第五条　责任约谈由国资委相关厅局负责人主持，必要时可请国资委分管负责同志主持。根据工作需要，可请中央纪委国家监委驻国资委纪检监察组以及国资委有关厅局共同参加责任约谈，在责任约谈前，就有关责任约谈内容和意见要求等进行沟通协商。

第六条　责任约谈形式分为个别约谈和集体约谈。多家中央企业存在同类问题或约谈事项涉及多家中央企业的，可以开展集体约谈。

第七条　责任约谈对象为中央企业有关负责人及相关责任人。根据需要，国资委可指定中央企业及所属子企业相关人员参加约谈。

第八条　责任约谈包括以下内容：

（一）说明约谈事由和目的，指出企业存在的问题，提示相关人员的责任风险，提出监管要求和整改意见。

（二）听取被约谈人员对相关问题的陈述，主要包括有关问题基本情况，造成的资产损失、损失风险或影响，问题原因分析，已采取整改或责任追究措施，下一步工作计划等情况。

（三）对被约谈人员进行必要的询问。

（四）其他需要约谈的内容。

第九条　国资委相关厅局应当做好责任约谈记录，约谈结束后形成约谈纪要，可以根据工作需要印送被约谈中央企业。约谈纪要内容主要包括：约谈时间、地点，约谈主持及参加人员，约谈事由、被约谈人陈述情况、国资监管意见要求等。

第十条　有关中央企业收到《责任约谈通知书》后，应当以书面或电话形式确认通知事项，按要求安排有关人员准时参加约谈并提交相关书面陈述材料。

第十一条　有关中央企业应当按照责任约谈意见要求，研究制定工作方案，明确落实措施、责任主体和时间安排。工作方案于责任约谈后10个工作日内报送国资委。

第十二条　有关中央企业应当认真组织落实责任约谈意见要求和工作方案，主动采取措施，制止纠正违规行为，减少或挽回资产损失，降低损失风险，消除不良影响。

第十三条　有关中央企业对于责任约谈涉及违反党规党纪、违规经营投资造成资产损失或其他严重不良后果的，应当依据有关规定对相关责任人严肃追责问责。

第十四条　有关中央企业应当针对责任约谈中提出的问题风险，在本企业开展同类问题风险排查，举一反三，堵塞管理漏洞，有效防范类似问题发生。

第十五条　有关中央企业应当及时向国资委报告约谈事项整改工作进展情况。约谈意见要求落实完成后，应当将相关工作开展情况、采取措施、落实成效及责任追究情况等形成专项工作报告，正式报送国资委。

第十六条　国资委对有关中央企业整改落实工作进行指导督促和评估，推动中央企业提升管理水平。

第十七条　国资委将责任约谈反映中央企业存在的重大问题风险、整改措施及成效、责任追究情况等，作为被约谈中央企业负责人年度经营业绩考核、企业领导班子和领导人员综合考核评价等重要参考。

第十八条　国资委对被约谈中央企业拒绝整改、拖延整改、整改不力或弄虚作假的，按照有关规定，严肃追究责任。对涉嫌违纪或职务违法的，移送有关纪检监察机构。

责任约谈整改落实情况将作为认定违规经营投资损失及责任，以及作出从重、加重或从轻、减轻责任处理意见建议的重要参考。

第十九条　国资委责任追究机构将定期汇总分析责任约谈反映中央企业存在的重大问题风险以及责任追究情况，对典型性、普遍性问题，组织开展共性问题专项核查，督促指导中央企业健全管控机制和责任追究工作体系。

第二十条　国资委相关厅局应当按照"谁组织、谁负责"的原则，将《责任约谈通知书》、约谈纪要、企业报送的有关材料等立卷归档。涉及违规经营投资问题和线索的有关材料，移送国资委责任追究机构按照有关业务档案进行管理。

第二十一条　责任约谈工作应该严格遵守保密制度规定，《责任约谈通知书》、约谈纪要等有关材料按照有关规定进行定密和管理。

第二十二条　对生产安全事故、环境污染事件的约谈工作，按照有关规定执行。

第二十三条　本规则自印发之日起施行。

附

## 责任约谈通知书
### （样式）

监管约谈函〔20××〕××号

×××集团有限公司：

根据《国资监管责任约谈工作规则》有关规定，定于××××年××月××日××时，在国资委×××（地点），由×××（约谈单位）×××（约谈主持人及职务）就×××（约谈事由）事项与你公司进行责任约谈。请你公司主要负责人/分管负责人/相关部门负责人/有关子企业负责人/相关责任人等（被约谈对象）按时参加。

请于××××年××月××日将责任约谈事项有关说明材料报送国资委（纸质件加盖单位公章，同时附电子版）。

联系人：×××局×××联系电话：×××

国资委<br>年 月 日

抄送：×××

## 责任约谈纪要
### （样式）

约谈时间：××××年××月××日 上(下)午××：××。

约谈地点：国资委×××

约谈主持人：×××(姓名及职务)

约谈单位及人员：×××局×××、×××(姓名及职务)

共同约谈单位及人员：×××局×××、×××(姓名及职务)

被约谈企业及人员：×××集团有限公司×××(姓名及职务)

记录人：×××

约谈事由：×××等问题

约谈要求：

一、被约谈人员陈述情况

二、有关监管意见要求

（一）……。

（二）……。

……

三、其他事项

# 七、完善国有资产管理体制

# 国务院关于改革和完善国有资产
# 管理体制的若干意见

（2015年10月25日 国发〔2015〕63号）

各省、自治区、直辖市人民政府，国务院各部委、各直属机构：

改革开放以来，我国国有资产管理体制改革稳步推进，国有资产出资人代表制度基本建立，保值增值责任初步得到落实，国有资产规模、利润水平、竞争能力得到较大提升。但必须看到，现行国有资产管理体制中政企不分、政资不分问题依然存在，国有资产监管还存在越位、缺位、错位现象；国有资产监督机制不健全，国有资产流失、违纪违法问题在一些领域和企业比较突出；国有经济布局结构有待进一步优化，国有资本配置效率不高等问题亟待解决。按照《中共中央关于全面深化改革若干重大问题的决定》和国务院有关部署，现就改革和完善国有资产管理体制提出以下意见。

## 一、总体要求

（一）指导思想。深入贯彻落实党的十八大和十八届二中、三中、四中全会精神，按照党中央、国务院决策部署，坚持和完善社会主义基本经济制度，坚持社会主义市场经济改革方向，尊重市场经济规律和企业发展规律，正确处理好政府与市场的关系，以管资本为主加强国有资产监管，改革国有资本授权经营体制，真正确立国有企业的市场主体地位，推进国有资产监管机构职能转变，适应市场化、现代化、国际化新形势和经济发展新常态，不断增强国有经济活力、控制力、影响力和抗风险能力。

（二）基本原则。坚持权责明晰。实现政企分开、政资分开、所有权与经营权分离，依法理顺政府与国有企业的出资关系。切实转变政府职能，依法确立国有企业的市场主体地位，建立健全现代企业制度。坚持政府公共管理职能与国有资产出资人职能分开，确保国有企业依法自主经营，激发企业活力、创新力和内生动力。

坚持突出重点。按照市场经济规则和现代企业制度要求，以管资本为主，以资本为纽带，以产权为基础，重点管好国有资本布局、规范资本运作、提高资本回报、维护资本安全。注重通过公司法人治理结构依法行使国有股东权利。

坚持放管结合。按照权责明确、监管高效、规范透明的要求，推进国有资产监管机构职能和监管方式转变。该放的依法放开，切实增强企业活力，提高国有资本运营效率；该管的科学管好，严格防止国有资产流失，确保国有资产保值增值。

坚持稳妥有序。处理好改革、发展、稳定的关系，突出改革和完善国有资产管理体制的系统性、协调性，以重点领域为突破口，先行试点，分步实施，统筹谋划，协同推进相关配套改革。

## 二、推进国有资产监管机构职能转变

（三）准确把握国有资产监管机构的职责定位。国有资产监管机构作为政府直属特设机构，根据授权代表本级人民政府对监管企业依法履行出资人职责，科学界定国有资产出资人监管的边界，专司国有资产监管，不行使政府公共管理职能，不干预企业自主经营权。以管资本为主，重点管好国有资本布局、规范资本运作、提高资本回报、维护资本安全，更好服务于国家战略目标，实现保值增值。发挥国有资产监管机构专业化监管优势，逐步推进国有资产出资人监管全覆盖。

（四）进一步明确国有资产监管重点。加强战略规划引领，改进对监管企业主业界定和投资并购的管理方式，遵循市场机制，规范调整存量，科学配置增量，加快优化国有资本布局结构。加强对国有资本运营质量及监管企业财务状况的监测，强化国有产权流转环节监管，加大国有产权进场交易力度。按照国有企业的功能界定和类别实行分类监管。改进考核体系和办法，综合考核资本运营质量、效率和收益，以经济增加值为主，并将转型升级、创新驱动、合规经营、履行社会责任等纳入考核指标体系。着力完善激励约束机制，将国有企业领导人员考核结果与职务任免、薪酬待遇有机结合，严格规范国有企业领导人员薪酬分配。建立健全与劳动力市场基本适应，与企业经济效益、劳动生产率挂钩的工资决定和正常增长机制。推动监管企业不断优化公司法人治理结构，把加强党的领导和完善公司治理统一起来，建立国有企业领导人员分类分层管理制度。强化国有资产监督，加强和改进外派监事会制度，建立健全国有企业违法违规经营责任追究体系、国有企业重大决策失误和失职渎职责任追究倒查机制。

（五）推进国有资产监管机构职能转变。围绕增强监管企业活力和提高效率，聚焦监管内容，该管的要科学管理、绝不缺位，不该管的要依法放权、绝不越位。将国有资产监管机构行使的投资计划、部分产权管理和重大事项决策等出资人权利，授权国有资本投资、运营公司和其他直接监管的企业行使；将依法应由企业自主经营决策的事项归位于企业；加强对企业集团的整体监管，将延伸到子企业的管理事项原则上归位于一级企业，由一级企业依法依规决策；将国有资产监管机构配合承担的公共管理职能，归位于相关政府部门和单位。

（六）改进国有资产监管方式和手段。大力推进依法监管，着力创新监管方式和手段。按照事前规范制度、事中加强监控、事后强化问责的思路，更多运用法治化、市场化的监管方式，切实减少出资人审批核准事项，改变行政化管理方式。通过"一企一策"制定公司章程、规范董事会运作、严格选派和管理股东代表和董事监事，将国有出资人意志有效体现在公司治理结构中。针对企业不同功能定位，在战略规划制定、资本运作模式、人员选用机制、经营业绩考核等方面，实施更加精准有效的分类监管。调整国有资产监管机构内部组织设置和职能配置，建立监管权力清单和责任清单，优化监管流程，提高监管效率。建立出资人监管信息化工作平台，推进监管工作协同，实现信息共享和动态监管。完善国有资产和国有企业信息公开制度，设立统一的信息公开网络平台，在不涉及国家秘密和企业商业秘密的前提下，依法依规及时准确地披露国有资本整体运营情况、企业国有资产保值增值及经营业绩考核总体情况、国有资产监管制度和监督检查情况，以及国有企业公司治理和管理架构、财务状况、关联交易、企业负责人薪酬等信息，建设阳光国企。

### 三、改革国有资本授权经营体制

（七）改组组建国有资本投资、运营公司。主要通过划拨现有商业类国有企业的国有股权，以及国有资本经营预算注资组建，以提升国有资本运营效率、提高国有资本回报为主要目标，通过股权运作、价值管理、有序进退等方式，促进国有资本合理流动，实现保值增值；或选择具备一定条件的国有独资企业集团改组设立，以服务国家战略、提升产业竞争力为主要目标，在关系国家安全、国民经济命脉的重要行业和关键领域，通过开展投资融资、产业培育和资本整合等，推动产业集聚和转型升级，优化国有资本布局结构。

（八）明确国有资产监管机构与国有资本投资、运营公司关系。政府授权国有资产监管机构依法对国有资本投资、运营公司履行出资人职责。国有资产监管机构按照"一企一策"原则，明确对国有资本投资、运营公司授权的内容、范围和方式，依法落实国有资本投资、运营公司董事会职权。国有资本投资、运营公司对授权范围内的国有资本履行出资人职责，作为国有资本市场化运作的专业平台，依法自主开展国有资本运作，对所出资企业行使股东职责，维护股东合法权益，按照责权对应原则切实承担起国有资产保值增值责任。

（九）界定国有资本投资、运营公司与所出资企业关系。国有资本投资、运营公司依据公司法等相关法律法规，对所出资企业依法行使股东权利，以出资额为限承担有限责任。以财务性持股为主，建立财务管控模式，重点关注国有资本流动和增值状况；或以对战略性核心业务控股为主，建立以战略目标和财务效益为主的管控模式，重点关注所出资企业执行公司战略和资本回报状况。

（十）开展政府直接授权国有资本投资、运营公司履行出资人职责的试点工作。中央层面开展由国务院直接授权国有资本投资、运营公司试点等工作。地方政府可以根据实际情况，选择开展直接授权国有资本投资、运营公司试点工作。

### 四、提高国有资本配置和运营效率

（十一）建立国有资本布局和结构调整机制。政府有关部门制定完善经济社会发展规划、产业政策和国有资本收益管理规则。国有资产监管机构根据政府宏观政策和有关管理要求,建立健全国有资本进退机制,制定国有资本投资负面清单,推动国有资本更多投向关系国家安全、国民经济命脉和国计民生的重要行业和关键领域。

(十二)推进国有资本优化重组。坚持以市场为导向、以企业为主体,有进有退、有所为有所不为,优化国有资本布局结构,提高国有资本流动性,增强国有经济整体功能和提升效率。按照国有资本布局结构调整要求,加快推动国有资本向重要行业、关键领域、重点基础设施集中,向前瞻性战略性产业集中,向产业链关键环节和价值链高端领域集中,向具有核心竞争力的优势企业集中。清理退出一批、重组整合一批、创新发展一批国有企业,建立健全优胜劣汰市场化退出机制,加快淘汰落后产能和化解过剩产能,处置低效无效资产。推动国有企业加快技术创新、管理创新和商业模式创新。推进国有资本控股经营的自然垄断行业改革,根据不同行业特点放开竞争性业务,实现国有资本和社会资本更好融合。

(十三)建立健全国有资本收益管理制度。财政部门会同国有资产监管机构等部门建立覆盖全部国有企业、分级管理的国有资本经营预算管理制度,根据国家宏观调控和国有资本布局结构调整要求,提出国有资本收益上交比例建议,报国务院批准后执行。在改组组建国有资本投资、运营公司以及实施国有企业重组过程中,国家根据需要将部分国有股权划转社会保障基金管理机构持有,分红和转让收益用于弥补养老等社会保障资金缺口。

## 五、协同推进相关配套改革

(十四)完善有关法律法规。健全国有资产监管法律法规体系,做好相关法律法规的立、改、废、释工作。按照立法程序,抓紧推动开展企业国有资产法修订工作,出台相关配套法规,为完善国有资产管理体制夯实法律基础。根据国有企业公司制改革进展情况,推动适时废止全民所有制工业企业法。研究起草企业国有资产基础管理条例,统一管理规则。

(十五)推进政府职能转变。进一步减少行政审批事项,大幅度削减政府通过国有企业行政性配置资源事项,区分政府公共管理职能与国有资产出资人管理职能,为国有资产管理体制改革完善提供环境条件。推进自然垄断行业改革,实行网运分开、特许经营。加快推进价格机制改革,严格规范政府定价行为，完善市场发现、形成价格的机制。推进行政性垄断行业成本公开、经营透明，发挥社会监督作用。

（十六）落实相关配套政策。落实和完善国有企业重组整合涉及的资产评估增值、土地变更登记和国有资产无偿划转等方面税收优惠政策，切实明确国有企业改制重组过程中涉及的债权债务承接主体和责任，完善国有企业退出的相关政策，依法妥善处理劳动关系调整和社会保险关系接续等相关问题。

（十七）妥善解决历史遗留问题。加快剥离企业办社会职能，针对"三供一业"（供水、供电、供热和物业管理）、离退休人员社会化管理、厂办大集体改革等问题，制定统筹规范、分类施策的措施，建立政府和国有企业合理分担成本的机制。国有资本经营预算支出优先用于解决国有企业历史遗留问题。

（十八）稳步推进经营性国有资产集中统一监管。按照依法依规、分类推进、规范程序、市场运作的原则，以管资本为主，稳步将党政机关、事业单位所属企业的国有资本纳入经营性国有资产集中统一监管体系，具备条件的进入国有资本投资、运营公司。

金融、文化等国有企业的改革，中央另有规定的依其规定执行。

各地区要结合本地实际，制定具体改革实施方案，确保国有资产管理体制改革顺利进行，全面完成各项改革任务。

国务院
2015 年 10 月 25 日

# 国务院办公厅关于转发《国务院国资委以管资本为主推进职能转变方案》的通知

（2017年4月27日 国办发〔2017〕38号）

各省、自治区、直辖市人民政府，国务院各部委、各直属机构：

《国务院国资委以管资本为主推进职能转变方案》已经国务院同意，现转发给你们，请认真贯彻执行。

国务院办公厅
2017年4月27日

## 国务院国资委以管资本为主推进职能转变方案

党的十八大以来，国务院国资委认真贯彻落实党中央、国务院关于深化国有企业改革的决策部署，准确把握国有资产监管机构的出资人代表职责定位，坚定不移深化国有企业改革，探索完善国有资产监管体制机制，积极推进国有企业结构调整、创新发展，为实现国有资产保值增值、防止国有资产流失、发展壮大国有经济作出了积极贡献。但与此同时，国有资产监督机制尚不健全，国有资产监管中越位、缺位、错位问题依然存在，亟须加快调整优化监管职能和方式，推进国有资产监管机构职能转变，进一步提高国有资本运营和配置效率。按照《中共中央 国务院关于深化国有企业改革的指导意见》、《国务院关于改革和完善国有资产管理体制的若干意见》（国发〔2015〕63号）有关要求，制定本方案。

国有产权管理法规文件速查手册（混改篇）

## 一、总体要求

（一）指导思想。

全面贯彻党的十八大和十八届二中、三中、四中、五中、六中全会精神，深入学习贯彻习近平总书记系列重要讲话精神和治国理政新理念新战略，坚持党的领导不动摇，统筹推进"五位一体"总体布局和协调推进"四个全面"战略布局，牢固树立和贯彻落实创新、协调、绿色、开放、共享的发展理念，按照深化简政放权、放管结合、优化服务改革的要求，依法履行职责，以管资本为主加强国有资产监管，以提高国有资本效率、增强国有企业活力为中心，明确监管重点，精简监管事项，优化部门职能，改进监管方式，全面加强党的建设，进一步提高监管的科学性、针对性和有效性，加快实现以管企业为主向以管资本为主的转变。

（二）基本原则。

坚持准确定位。按照政企分开、政资分开、所有权与经营权分离要求，科学界定国有资产出资人监管的边界，国务院国资委作为国务院直属特设机构，根据授权代表国务院依法履行出资人职责，专司国有资产监管，不行使社会公共管理职能，不干预企业依法行使自主经营权。

坚持依法监管。按照有关法律法规规定，建立和完善出资人监管的权力和责任清单，健全监管制度体系，重点管好国有资本布局、规范资本运作、提高资本回报、维护资本安全。全面加强国有资产监督，充实监督力量，完善监督机制，严格责任追究，切实防止国有资产流失。

坚持搞活企业。遵循市场经济规律和企业发展规律，突出权责一致，确保责任落实，将精简监管事项与完善国有企业法人治理结构相结合，依法落实企业法人财产权和经营自主权，激发企业活力、创造力和市场竞争力，打造适应市场竞争要求、以提高核心竞争力和资源配置效率为目标的现代企业。

坚持提高效能。明确国有资产监管重点，调整优化监管职能配置和组织设置，改进监管方式和手段，整合监管资源，优化监管流程，提高监管效率，加强监管协同，推进监管信息共享和动态监管，实现依法监管、分类监管、阳光监管。

坚持党的领导。坚持党对国有企业政治领导、思想领导、组织领导的有机统一，发挥国有企业党组织的领导核心和政治核心作用，把方向、管大局、保落实。健全完善党建工作责任制，落实党建工作主体责任，为国有企业改革发展提供坚强有力的政治保证、组织保证和人才支撑。

## 二、调整优化监管职能

按照职权法定、规范行权的要求，调整、精简、优化监管职能，将强化出资人监管与落实管党治党责任相结合、落实保值增值责任与搞活企业相结合，做好整合监管职能与优化机构设置的衔接，强化3项管资本职能，精简43项监管事项，整合三方面相关职能。加大简政放权力度，更好维护企业市场主体地位，推动完善现代企业制度，健全各司其职、各负其责、协调运转、有效制衡的国有企业法人治理结构。坚持权利和责任相统一、相匹配，层层建立权利和责任清单，确保企业接住管好精简的监管事项，体现国资监管要求，落实保值增值责任。按照全面从严治党战略部署，严格落实管党治党责任，全面加强国有企业党的建设，保证党和国家方针政策、重大部署在国有企业贯彻执行。

（一）强化管资本职能，落实保值增值责任。

完善规划投资监管。服从国家战略和重大决策，落实国家产业政策和重点产业发展总体要求，调整优化国有资本布局，加大对中央企业投资的规划引导力度，加强对发展战略和规划的审核，制定并落实中央企业国有资本布局结构整体规划。改进投资监管方式，通过制定中央企业投资负面清单、强化主业管理、核定非主业投资比例等方式，管好投资方向，根据投资负面清单探索对部分企业和投资项目实施特别监管制度。落实企业投资主体责任，完善投资监管制度，开展投资项目第三方评估，防止重大违规投资，依法依规追究违规责任。加强对中央企业国际化经营的指导，强化境外投资监管体系建设，加大审核把关力度，严控投资风险。

突出国有资本运营。围绕服务国家战略目标和优化国有资本布局结构，推动国有资本优化配置，提升国有资本运营效率和回报水平。牵头改组组建国有资本投资、运营公司，实施资本运作，采取市场化方式推动设立国有企业结构调整基金、国有资本风险投资基金、中央企业创新发展投资引导基金等相关投资基金。建立健全国有资本运作机制，组织、指导和监督国有资本运作平台开展资本运营,鼓励国有企业追求长远收益,推动国有资本向关系国家安全、国民经济命脉和国计民生的重要行业和关键领域、重点基础设施集中,向前瞻性战略性产业集中,向具有核心竞争力的优势企业集中。

强化激励约束。实现业绩考核与薪酬分配协同联动,进一步发挥考核分配对企业发展的导向作用,实现"业绩升、薪酬升,业绩降、薪酬降"。改进考核体系和办法,突出质量效益与推动转型升级相结合,强化目标管理、对标考核、分类考核,对不同功能定位、不同行业领域、不同发展阶段的企业实行差异化考核。严格贯彻落实国有企业负责人薪酬制度改革相关政策,建立与选任方式相匹配、与企业功能性质相适应、与经营业绩相挂钩的差异化薪酬分配办法。

(二)加强国有资产监督,防止国有资产流失。

坚持出资人管理和监督的有机统一。健全规范国有资本运作、防止国有资产流失的监管制度,加强对制度执行情况的监督检查。增加监督专门力量,分类处置和督办发现的问题,组织开展国有资产重大损失调查,形成发现、调查、处理问题的监督工作闭环。进一步强化监督成果在业绩考核、薪酬分配、干部管理等方面的运用。

强化外派监事会监督。进一步加强和改进监事会监督,完善监督工作体制机制,明确外派监事会由政府派出、作为出资人监督专门力量的职责定位。突出监督重点,围绕企业财务和重大决策、运营过程中可能造成国有资产流失的事项和关键环节以及董事会和经理层依法依规履职情况等重点,着力强化当期和事中监督。改进监事会监督方式,落实外派监事会纠正违规决策、罢免或者调整领导人员的建议权,建立外派监事会可追溯、可量化、可考核、可问责的履职记录制度,提升监督效能。

严格落实责任。建立健全违法违规经营投资责任追究制度体系,完善责任倒查和追究机制,构建权责清晰、约束有效的经营投资责任体系。加大对违法违规经营投资责任的追究力度,综合运用组织处理、经济处罚、禁入限制、党纪政纪处分和追究刑事责任等手段,依法依规查办违法违规经营投资导致国有资产重大损失的案件。

(三)精简监管事项,增强企业活力。

取消一批监管事项。严格按照出资关系界定监管范围。减少对企业内部

## 国务院办公厅关于转发《国务院国资委以管资本为主推进职能转变方案》的通知

改制重组的直接管理，不再直接规范上市公司国有股东行为，推动中央企业严格遵守证券监管规定。减少薪酬管理事项，取消中央企业年金方案、中央企业子企业分红权激励方案审批，重点加强事后备案和规范指导。减少财务管理事项，取消与借款费用、股份支付、应付债券等会计事项相关的会计政策和会计估计变更事前备案，重点管控企业整体财务状况。取消中央企业职工监事选举结果、工会组织成立和工会主席选举等事项审批，由企业依法自主决策。

下放一批监管事项。将延伸到中央企业子企业和地方国有企业的管理事项，原则上归位于企业集团和地方国资委。将中央企业所持有部分非上市股份有限公司的国有股权管理方案和股权变动事项，企业集团内部国有股东所持有上市公司股份流转、国有股东与上市公司非重大资产重组、国有股东通过证券交易系统转让一定比例或数量范围内所持有上市公司股份等事项以及中央企业子企业股权激励方案的审批权限，下放给企业集团。国有企业要进一步明确各治理主体行权履职边界，层层落实责任，确保国有资产保值增值。落实国家所有、分别代表原则，将地方国有上市公司的国有股权管理事项的审批权限下放给省级国资委。

授权一批监管事项。结合落实董事会职权等试点工作，将出资人的部分权利授权试点企业董事会行使，同时健全完善制度规范，切实加强备案管理和事后监督。依法将中央企业五年发展战略规划制定权授予试点企业董事会，进一步落实试点企业董事会对经理层成员选聘、业绩考核、薪酬管理以及企业职工工资总额管控、重大财务事项管理的职权，充分发挥董事会的决策作用。试点企业董事会要进一步健全和规范决策制度，明确授权事项在企业内部的决策、执行、监督机制，落实相应责任，严格责任追究。

移交一批社会公共管理事项。落实政资分开原则，立足国有资产出资人代表职责定位，全面梳理配合承担的社会公共管理职能，结合工作实际，提出分类处理建议，交由相关部门和单位行使。

（四）整合相关职能，提高监管效能。

整合国有企业改革职能。对承担的企业重组整合、结构优化、改制上市、规范董事会建设以及解决历史遗留问题等职能进行统筹整合，集中力量加大对改革改制、管理创新和商业模式创新的指导服务力度，加快完善现代企业制度。

整合经济运行监测职能。集中统一开展财务动态监测和经济运行分析，综合分析行业与企业情况、经营与财务情况，及时、准确提供运行数据，全面掌握中央企业运行状况，为国家宏观调控和国有资产监管工作提供基础支撑。

整合推动科技创新职能。明确中央企业科技创新方向和重点任务，整合新兴产业培育、知识产权保护、企业品牌建设等职能，推动企业完善技术创新体系，组建产业协同发展平台，协调落实重大科技政策和项目，更好发挥中央企业在大众创业、万众创新中的引领带动作用。

（五）全面加强党的建设，强化管党治党责任。

建立健全党建工作责任制。强化中央企业党建工作考核，落实"四同步"、"四对接"要求，加强基层党组织和党员队伍建设，保证党组织工作机构健全、党务工作者队伍稳定、党组织和党员作用得到有效发挥。注重加强混合所有制企业党建工作。

加强党的领导与完善公司治理相统一。明确和落实党组织在国有企业法人治理结构中的法定地位，把党建工作总体要求写入公司章程，健全党组织参与重大问题决策的规则和程序，使党组织发挥作用组织化、制度化、具体化。处理好党组织和其他治理主体的关系，明确权责边界，做到无缝衔接。

坚持党管干部原则与市场化机制相结合。保证党对干部人事工作的领导权和对重要干部的管理权，严格执行国有企业领导人员对党忠诚、勇于创新、治企有方、兴企有为、清正廉洁的选任标准，党组织要在确定标准、规范程序、参与考察、推荐人选等方面把好关，按照市场规律对经理层进行管理，建立科学合理的考核评价体系，为国有企业领导人员树立正向激励的鲜明导向。

加大纪检监察工作力度。深入推进党风廉政建设和反腐败斗争。认真落实《中国共产党问责条例》等规定，加大对中央企业党委（党组）和党员领导人员履行管党治党责任不力的问责力度。对国务院国资委党委管理主要负责人的中央企业开展巡视监督，加强对中央企业开展内部巡视的领导和指导。

## 三、改进监管方式手段

按照事前制度规范、事中跟踪监控、事后监督问责的要求，积极适应监管职能转变和增强企业活力、强化监督管理的需要，创新监管方式和手段，更多采用市场化、法治化、信息化监管方式，提高监管的针对性、实效性。

（一）强化依法监管。

严格依据公司法、企业国有资产法、企业国有资产监督管理暂行条例等法律法规规定的权限和程序行权履职。健全完善国有资产监管法规制度体系，建立出资人监管的权利和责任清单，清单以外的事项由企业依法自主决策。加强公司章程管理，规范董事会运作，严格选派、管理股东代表和董事、监事，注重通过国有企业法人治理结构依法履行出资人职责。

（二）实施分类监管。

针对商业类和公益类国有企业的不同战略定位和发展目标，研究制定差异化的监管目标、监管重点和监管措施，因企施策推动企业改革发展，促进经济效益和社会效益有机统一。在战略规划制定、资本运作模式、人员选用机制、经营业绩考核等方面，实施更加精准有效的分类监管。

（三）推进阳光监管。

依法推进国有资产监管信息公开，主动接受社会监督。健全信息公开制度，加强信息公开平台建设，依法向社会公开国有资本整体运营情况、企业国有资产保值增值及经营业绩考核总体情况、国有资产监管制度和监督检查情况。指导中央企业加大信息公开力度，依法依规公开治理结构、财务状况、关联交易、负责人薪酬等信息，积极打造阳光企业。

（四）优化监管流程。

按照程序简化、管理精细、时限明确的原则，深入推进分事行权、分岗设权、分级授权和定期轮岗，科学设置内设机构和岗位职责权限，确保权力运行协调顺畅。推进监管信息化建设，整合信息资源，统一工作平台，畅通共享渠道，健全中央企业产权、投资、财务等监管信息系统，实现动态监测，提升整体监管效能。

## 四、切实抓好组织实施

国务院国资委要依据本方案全面梳理并优化调整具体监管职能，相应调整内设机构，明确取消、下放、授权的监管事项，加快制定出资人监管的权利和责任清单，按程序报批后向社会公开。要坚持试点先行，结合企业实际，继续推进简政放权、放管结合、优化服务改革,分类放权、分步实施,确保放得下、接得住、管得好。要积极适应职能转变要求,及时清理完善涉及的国有资产监管法规和政策文件。

各地区可参照本方案要求,结合实际情况,制定本地区国有资产监管机构的职能转变方案。

# 国务院关于推进国有资本投资、运营公司改革试点的实施意见

（2018年7月30日　国发〔2018〕23号）

各省、自治区、直辖市人民政府，国务院各部委、各直属机构：

改组组建国有资本投资、运营公司，是以管资本为主改革国有资本授权经营体制的重要举措。按照《中共中央　国务院关于深化国有企业改革的指导意见》《国务院关于改革和完善国有资产管理体制的若干意见》有关要求和党中央、国务院工作部署，为加快推进国有资本投资、运营公司改革试点工作，现提出以下实施意见。

## 一、总体要求

（一）指导思想。

全面贯彻党的十九大和十九届二中、三中全会精神，以习近平新时代中国特色社会主义思想为指导，坚持社会主义市场经济改革方向，坚定不移加强党对国有企业的领导，着力创新体制机制，完善国有资产管理体制，深化国有企业改革，促进国有资产保值增值，推动国有资本做强做优做大，有效防止国有资产流失，切实发挥国有企业在深化供给侧结构性改革和推动经济高质量发展中的带动作用。

（二）试点目标。

通过改组组建国有资本投资、运营公司，构建国有资本投资、运营主体，改革国有资本授权经营体制，完善国有资产管理体制，实现国有资本所有权与企业经营权分离，实行国有资本市场化运作。发挥国有资本投资、运营公司平台作用，促进国有资本合理流动，优化国有资本投向，向重点行业、关键

领域和优势企业集中,推动国有经济布局优化和结构调整,提高国有资本配置和运营效率,更好服务国家战略需要。试点先行,大胆探索,及时研究解决改革中的重点难点问题,尽快形成可复制、可推广的经验和模式。

(三)基本原则。

坚持党的领导。建立健全中国特色现代国有企业制度,把党的领导融入公司治理各环节,把企业党组织内嵌到公司治理结构之中,明确和落实党组织在公司法人治理结构中的法定地位,充分发挥党组织的领导作用,确保党和国家方针政策、重大决策部署的贯彻执行。

坚持体制创新。以管资本为主加强国有资产监管,完善国有资本投资运营的市场化机制。科学合理界定政府及国有资产监管机构,国有资本投资、运营公司和所持股企业的权利边界,健全权责利相统一的授权链条,进一步落实企业市场主体地位,培育具有创新能力和国际竞争力的国有骨干企业。

坚持优化布局。通过授权国有资本投资、运营公司履行出资人职责,促进国有资本合理流动,优化国有资本布局,使国有资本投资、运营更好地服务于国家战略目标。

坚持强化监督。正确处理好授权经营和加强监督的关系,明确监管职责,构建并强化政府监督、纪检监察监督、出资人监督和社会监督的监督体系,增强监督的协同性、针对性和有效性,防止国有资产流失。

## 二、试点内容

(一)功能定位。

国有资本投资、运营公司均为在国家授权范围内履行国有资本出资人职责的国有独资公司,是国有资本市场化运作的专业平台。公司以资本为纽带、以产权为基础依法自主开展国有资本运作,不从事具体生产经营活动。国有资本投资、运营公司对所持股企业行使股东职责,维护股东合法权益,以出资额为限承担有限责任,按照责权对应原则切实承担优化国有资本布局、提升国有资本运营效率、实现国有资产保值增值等责任。

国有资本投资公司主要以服务国家战略、优化国有资本布局、提升产业竞争力为目标,在关系国家安全、国民经济命脉的重要行业和关键领域,按照政府确定的国有资本布局和结构优化要求,以对战略性核心业务控股为主,通过开展投资融资、产业培育和资本运作等，发挥投资引导和结构调整作用，推动产业集聚、化解过剩产能和转型升级，培育核心竞争力和创新能力，积极参与国际竞争，着力提升国有资本控制力、影响力。

国有资本运营公司主要以提升国有资本运营效率、提高国有资本回报为目标，以财务性持股为主，通过股权运作、基金投资、培育孵化、价值管理、有序进退等方式，盘活国有资产存量，引导和带动社会资本共同发展，实现国有资本合理流动和保值增值。

（二）组建方式。

按照国家确定的目标任务和布局领域，国有资本投资、运营公司可采取改组和新设两种方式设立。根据国有资本投资、运营公司的具体定位和发展需要，通过无偿划转或市场化方式重组整合相关国有资本。

划入国有资本投资、运营公司的资产，为现有企业整体股权（资产）或部分股权。股权划入后，按现行政策加快剥离国有企业办社会职能和解决历史遗留问题，采取市场化方式处置不良资产和业务等。股权划入涉及上市公司的，应符合证券监管相关规定。

（三）授权机制。

按照国有资产监管机构授予出资人职责和政府直接授予出资人职责两种模式开展国有资本投资、运营公司试点。

1. 国有资产监管机构授权模式。政府授权国有资产监管机构依法对国有资本投资、运营公司履行出资人职责；国有资产监管机构根据国有资本投资、运营公司具体定位和实际情况，按照"一企一策"原则，授权国有资本投资、运营公司履行出资人职责，制定监管清单和责任清单，明确对国有资本投资、运营公司的监管内容和方式，依法落实国有资本投资、运营公司董事会职权。国有资本投资、运营公司对授权范围内的国有资本履行出资人职责。国有资产监管机构负责对国有资本投资、运营公司进行考核和评价，并定期向本级人民政府报告，重点说明所监管国有资本投资、运营公司贯彻国家战略目标、国有资产保值增值等情况。

2. 政府直接授权模式。政府直接授权国有资本投资、运营公司对授权范围内的国有资本履行出资人职责。国有资本投资、运营公司根据授权自主开展国有资本运作，贯彻落实国家战略和政策目标，定期向政府报告年度工作情况，重大事项及时报告。政府直接对国有资本投资、运营公司进行考核和评价等。

(四)治理结构。

国有资本投资、运营公司不设股东会,由政府或国有资产监管机构行使股东会职权,政府或国有资产监管机构可以授权国有资本投资、运营公司董事会行使股东会部分职权。按照中国特色现代国有企业制度的要求,国有资本投资、运营公司设立党组织、董事会、经理层,规范公司治理结构,建立健全权责对等、运转协调、有效制衡的决策执行监督机制,充分发挥党组织的领导作用、董事会的决策作用、经理层的经营管理作用。

1.党组织。把加强党的领导和完善公司治理统一起来,充分发挥党组织把方向、管大局、保落实的作用。坚持党管干部原则与董事会依法产生、董事会依法选择经营管理者、经营管理者依法行使用人权相结合。按照"双向进入、交叉任职"的原则,符合条件的党组织领导班子成员可以通过法定程序进入董事会、经理层,董事会、经理层成员中符合条件的党员可以依照有关规定和程序进入党组织领导班子。党组织书记、董事长一般由同一人担任。对于重大经营管理事项,党组织研究讨论是董事会、经理层决策的前置程序。国务院直接授权的国有资本投资、运营公司,应当设立党组。纪检监察机关向国有资本投资、运营公司派驻纪检监察机构。

2.董事会。国有资本投资、运营公司设立董事会,根据授权,负责公司发展战略和对外投资,经理层选聘、业绩考核、薪酬管理,向所持股企业派出董事等事项。董事会成员原则上不少于9人,由执行董事、外部董事、职工董事组成。保障国有资本投资、运营公司按市场化方式选择外部董事等权利,外部董事应在董事会中占多数,职工董事由职工代表大会选举产生。董事会设董事长1名,可设副董事长。董事会下设战略与投资委员会、提名委员会、薪酬与考核委员会、审计委员会、风险控制委员会等专门委员会。专门委员会在董事会授权范围内开展相关工作,协助董事会履行职责。

国有资产监管机构授权的国有资本投资、运营公司的执行董事、外部董事由国有资产监管机构委派。其中,外部董事由国有资产监管机构根据国有资本投资、运营公司董事会结构需求,从专职外部董事中选择合适人员担任。董事长、副董事长由国有资产监管机构从董事会成员中指定。

政府直接授权的国有资本投资、运营公司执行董事、外部董事(股权董事)

由国务院或地方人民政府委派，董事长、副董事长由国务院或地方人民政府从董事会成员中指定。其中，依据国有资本投资、运营公司职能定位，外部董事主要由政府综合管理部门和相关行业主管部门提名，选择专业人士担任，由政府委派。外部董事可兼任董事会下属专门委员会主席，按照公司治理结构的议事规则对国有资本投资、运营公司的重大事项发表相关领域专业意见。

政府或国有资产监管机构委派外部董事要注重拓宽外部董事来源，人员选择要符合国有资本投资、运营公司定位和专业要求，建立外部董事评价机制，确保充分发挥外部董事作用。

3. 经理层。国有资本投资、运营公司的经理层根据董事会授权负责国有资本日常投资运营。董事长与总经理原则上不得由同一人担任。

国有资产监管机构授权的国有资本投资、运营公司党组织隶属中央、地方党委或国有资产监管机构党组织管理，领导班子及其成员的管理，以改组的企业集团为基础，根据具体情况区别对待。其中，由中管企业改组组建的国有资本投资、运营公司，领导班子及其成员由中央管理；由非中管的中央企业改组组建或新设的国有资本投资、运营公司，领导班子及其成员的管理按照干部管理权限确定。

政府直接授权的国有资本投资、运营公司党组织隶属中央或地方党委管理，领导班子及其成员由中央或地方党委管理。

国有资本投资、运营公司董事长、董事（外部董事除外）、高级经理人员，原则上不得在其他有限责任公司、股份有限公司或者其他经济组织兼职。

（五）运行模式。

1. 组织架构。国有资本投资、运营公司要按照市场化、规范化、专业化的管理导向，建立职责清晰、精简高效、运行专业的管控模式，分别结合职能定位具体负责战略规划、制度建设、资源配置、资本运营、财务监管、风险管控、绩效评价等事项。

2. 履职行权。国有资本投资、运营公司应积极推动所持股企业建立规范、完善的法人治理结构，并通过股东大会表决、委派董事和监事等方式行使股东权利，形成以资本为纽带的投资与被投资关系，协调和引导所持股企业发展，实现有关战略意图。国有资本投资、运营公司委派的董事、监事要依法履职行权，对企业负有忠实义务和勤勉义务，切实维护股东权益，不干预所持股企业日常经营。

3. 选人用人机制。国有资本投资、运营公司要建立派出董事、监事候选人员库，由董事会下设的提名委员会根据拟任职公司情况提出差额适任人选，报董事会审议、任命。同时，要加强对派出董事、监事的业务培训、管理和考核评价。

4. 财务监管。国有资本投资、运营公司应当严格按照国家有关财务制度规定，加强公司财务管理，防范财务风险。督促所持股企业加强财务管理，落实风险管控责任，提高运营效率。

5. 收益管理。国有资本投资、运营公司以出资人身份，按照有关法律法规和公司章程，对所持股企业的利润分配进行审议表决，及时收取分红，并依规上交国有资本收益和使用管理留存收益。

6. 考核机制。国有资本投资公司建立以战略目标和财务效益为主的管控模式，对所持股企业考核侧重于执行公司战略和资本回报状况。国有资本运营公司建立财务管控模式，对所持股企业考核侧重于国有资本流动和保值增值状况。

（六）监督与约束机制。

1. 完善监督体系。整合出资人监管和审计、纪检监察、巡视等监督力量，建立监督工作会商机制，按照事前规范制度、事中加强监控、事后强化问责的原则，加强对国有资本投资、运营公司的统筹监督，提高监督效能。纪检监察机构加强对国有资本投资、运营公司党组织、董事会、经理层的监督，强化对国有资本投资、运营公司领导人员廉洁从业、行使权力等的监督。国有资本投资、运营公司要建立内部常态化监督审计机制和信息公开制度，加强对权力集中、资金密集、资源富集、资产聚集等重点部门和岗位的监管，在不涉及国家秘密和企业商业秘密的前提下，依法依规、及时准确地披露公司治理以及管理架构、国有资本整体运营状况、关联交易、企业负责人薪酬等信息，建设阳光国企，主动接受社会监督。

2. 实施绩效评价。国有资本投资、运营公司要接受政府或国有资产监管机构的综合考核评价。考核评价内容主要包括贯彻国家战略、落实国有资本布局和结构优化目标、执行各项法律法规制度和公司章程、重大问题决策和重要干部任免、国有资本运营效率、保值增值、财务效益等方面。

## 三、实施步骤

国有资本投资、运营公司试点工作应分级组织、分类推进、稳妥开展,并根据试点进展情况及时总结推广有关经验。中央层面,继续推进国有资产监管机构授权的国有资本投资、运营公司深化试点,并结合本实施意见要求不断完善试点工作。同时推进国务院直接授权的国有资本投资、运营公司试点,选择由财政部履行国有资产监管职责的中央企业以及中央党政机关和事业单位经营性国有资产集中统一监管改革范围内的企业稳步开展。地方层面,试点工作由各省级人民政府结合实际情况组织实施。

## 四、配套政策

(一)推进简政放权。围绕落实出资人职责的定位,有序推进对国有资本投资、运营公司的放权。将包括国有产权流转等决策事项的审批权、经营班子业绩考核和薪酬管理权等授予国有资本投资、运营公司,相关管理要求和运行规则通过公司组建方案和公司章程予以明确。

(二)综合改革试点。国有资本投资、运营公司所持股国有控股企业中,符合条件的可优先支持同时开展混合所有制改革、混合所有制企业员工持股、推行职业经理人制度、薪酬分配差异化改革等其他改革试点,充分发挥各项改革工作的综合效应。

(三)完善支持政策。严格落实国有企业重组整合涉及的资产评估增值、土地变更登记和国有资产无偿划转等方面税收优惠政策。简化工商税务登记、变更程序。鼓励国有资本投资、运营公司妥善解决历史遗留问题、处置低效无效资产。制定国有资本投资、运营公司的国有资本经营预算收支管理政策。

## 五、组织实施

加快推进国有资本投资、运营公司改革试点,是深化国有企业改革的重要组成部分,是改革和完善国有资产管理体制的重要举措。国务院国有企业改革领导小组负责国有资本投资、运营公司试点工作的组织协调和督促落实。中央组织部、国家发展改革委、财政部、人力资源和社会保障部、国务院国资委等部门按照职责分工制定落实相关配套措施,密切配合、协同推进试点工作。

中央层面的国有资本投资、运营公司试点方案,按程序报党中央、国务院批准后实施。

各省级人民政府对本地区国有资本投资、运营公司试点工作负总责,要紧密结合本地区实际情况,制定本地区国有资本投资、运营公司改革试点实施方案,积极稳妥组织开展试点工作。各省级人民政府要将本地区改革试点实施方案报国务院国有企业改革领导小组备案。

国务院<br>
2018 年 7 月 14 日

# 国务院关于印发《改革国有资本授权经营体制方案》的通知

(2019年4月19日 国发〔2019〕9号)

各省、自治区、直辖市人民政府,国务院各部委、各直属机构:

现将《改革国有资本授权经营体制方案》印发给你们,请认真贯彻落实。

国务院

2019年4月19日

## 改革国有资本授权经营体制方案

按照党中央、国务院关于深化国有企业改革的决策部署,近年来,履行国有资本出资人职责的部门及机构(以下简称出资人代表机构)坚持以管资本为主积极推进职能转变,制定并严格执行监管权力清单和责任清单,取消、下放、授权一批工作事项,监管效能有效提升,国有资产管理体制不断完善。但也要看到,政企不分、政资不分的问题依然存在,出资人代表机构与国家出资企业之间权责边界不够清晰,国有资产监管越位、缺位、错位的现象仍有发生,国有资本运行效率有待进一步提高。党中央、国务院对此高度重视,党的十九大明确提出,要完善各类国有资产管理体制,改革国有资本授权经营体制。为贯彻落实党的十九大精神,加快推进国有资本授权经营体制改革,进一步完善国有资产管理体制,推动国有经济布局结构调整,打造充满生机活力的现代国有企业,现提出以下方案。

**国有产权管理法规文件速查手册（混改篇）**

## 一、总体要求

（一）指导思想。以习近平新时代中国特色社会主义思想为指导，全面贯彻落实党的十九大和十九届二中、三中全会精神，坚持和加强党的全面领导，坚持和完善社会主义基本经济制度，坚持社会主义市场经济改革方向，以管资本为主加强国有资产监管，切实转变出资人代表机构职能和履职方式，实现授权与监管相结合、放活与管好相统一，切实保障国有资本规范有序运行，促进国有资本做强做优做大，不断增强国有经济活力、控制力、影响力和抗风险能力，培育具有全球竞争力的世界一流企业。

（二）基本原则。

——坚持党的领导。将坚持和加强党对国有企业的领导贯穿国有资本授权经营体制改革全过程和各方面，充分发挥党组织的领导作用，确保国有企业更好地贯彻落实党和国家方针政策、重大决策部署。

——坚持政企分开政资分开。坚持政府公共管理职能与国有资本出资人职能分开，依法理顺政府与国有企业的出资关系，依法确立国有企业的市场主体地位，最大限度地减少政府对市场活动的直接干预。

——坚持权责明晰分类授权。政府授权出资人代表机构按照出资比例对国家出资企业履行出资人职责，科学界定出资人代表机构权责边界。国有企业享有完整的法人财产权和充分的经营自主权，承担国有资产保值增值责任。按照功能定位、治理能力、管理水平等企业发展实际情况，一企一策地对国有企业分类授权，做到权责对等、动态调整。

——坚持放管结合完善机制。加快调整优化出资人代表机构职能和履职方式，加强清单管理和事中事后监管，该放的放权到位、该管的管住管好。建立统一规范的国有资产监管制度体系，精简监管事项，明确监管重点，创新监管手段，提升监管水平，防止国有资产流失，确保国有资产保值增值。

（三）主要目标。出资人代表机构加快转变职能和履职方式，切实减少对国有企业的行政干预。国有企业依法建立规范的董事会，董事会职权得到有效落实。将更多具备条件的中央企业纳入国有资本投资、运营公司试点范围，赋予企业更多经营自主权。到2022年，基本建成与中国特色现代国有企业制度相适应的国有资本授权经营体制，出资人代表机构与国家出资企业的权责边界界定清晰，授权放权机制运行有效，国有资产监管实现制度完备、标准统一、管理规范、实时在线、精准有力，国有企业的活力、创造力、市场竞争力和风险防控能力明显增强。

## 二、优化出资人代表机构履职方式

国务院授权国资委、财政部及其他部门、机构作为出资人代表机构，对国家出资企业履行出资人职责。出资人代表机构作为授权主体，要依法科学界定职责定位，加快转变履职方式，依据股权关系对国家出资企业开展授权放权。

（一）实行清单管理。制定出台出资人代表机构监管权力责任清单，清单以外事项由企业依法自主决策，清单以内事项要大幅减少审批或事前备案。将依法应由企业自主经营决策的事项归位于企业，将延伸到子企业的管理事项原则上归位于一级企业，原则上不干预企业经理层和职能部门的管理工作，将配合承担的公共管理职能归位于相关政府部门和单位。

（二）强化章程约束。依法依规、一企一策地制定公司章程，规范出资人代表机构、股东会、党组织、董事会、经理层和职工代表大会的权责，推动各治理主体严格依照公司章程行使权利、履行义务，充分发挥公司章程在公司治理中的基础作用。

（三）发挥董事作用。出资人代表机构主要通过董事体现出资人意志，依据股权关系向国家出资企业委派董事或提名董事人选，规范董事的权利和责任，明确工作目标和重点；建立出资人代表机构与董事的沟通对接平台，建立健全董事人才储备库和董事选聘、考评与培训机制，完善董事履职报告、董事会年度工作报告制度。

（四）创新监管方式。出资人代表机构以企业功能分类为基础，对国家出资企业进行分类管理、分类授权放权，切实转变行政化的履职方式，减少审批事项，强化事中事后监管，充分运用信息化手段，减轻企业工作负担，不断提高监管效能。

## 三、分类开展授权放权

出资人代表机构对国有资本投资、运营公司及其他商业类企业（含产业集团，下同）、公益类企业等不同类型企业给予不同范围、不同程度的授权放权，定期评估效果，采取扩大、调整或收回等措施动态调整。

（一）国有资本投资、运营公司。出资人代表机构根据《国务院关于推进国有资本投资、运营公司改革试点的实施意见》（国发〔2018〕23号）有关要求，结合企业发展阶段、行业特点、治理能力、管理基础等，一企一策有侧重、分先后地向符合条件的企业开展授权放权，维护好股东合法权益。授权放权内容主要包括战略规划和主业管理、选人用人和股权激励、工资总额和重大财务事项管理等，也可根据企业实际情况增加其他方面授权放权内容。

战略规划和主业管理。授权国有资本投资、运营公司根据出资人代表机构的战略引领，自主决定发展规划和年度投资计划。国有资本投资公司围绕主业开展的商业模式创新业务可视同主业投资。授权国有资本投资、运营公司依法依规审核国有资本投资、运营公司之间的非上市公司产权无偿划转、非公开协议转让、非公开协议增资、产权置换等事项。

选人用人和股权激励。授权国有资本投资、运营公司董事会负责经理层选聘、业绩考核和薪酬管理（不含中管企业），积极探索董事会通过差额方式选聘经理层成员，推行职业经理人制度，对市场化选聘的职业经理人实行市场化薪酬分配制度，完善中长期激励机制。授权国有资本投资、运营公司董事会审批子企业股权激励方案，支持所出资企业依法合规采用股票期权、股票增值权、限制性股票、分红权、员工持股以及其他方式开展股权激励，股权激励预期收益作为投资性收入，不与其薪酬总水平挂钩。支持国有创业投资企业、创业投资管理企业等新产业、新业态、新商业模式类企业的核心团队持股和跟投。

工资总额和重大财务事项管理。国有资本投资、运营公司可以实行工资总额预算备案制，根据企业发展战略和薪酬策略、年度生产经营目标和经济效益，综合考虑劳动生产率提高和人工成本投入产出率、职工工资水平市场对标等情况，结合政府职能部门发布的工资指导线，编制年度工资总额预算。授权国有资本投资、运营公司自主决策重大担保管理、债务风险管控和部分债券类融资事项。

政府直接授权的国有资本投资、运营公司按照有关规定对授权范围内的国有资本履行出资人职责，遵循有关法律和证券市场监管规定开展国有资本运作。

（二）其他商业类企业和公益类企业。对未纳入国有资本投资、运营公司试点的其他商业类企业和公益类企业，要充分落实企业的经营自主权，出资人代表机构主要对集团公司层面实施监管或依据股权关系参与公司治理，不干预集团公司以下各级企业生产经营具体事项。对其中已完成公司制改制、董事会建设较规范的企业，要逐步落实董事会职权，维护董事会依法行使重大决策、选人用人、薪酬分配等权利，明确由董事会自主决定公司内部管理机构设置、基本管理制度制定、风险内控和法律合规管理体系建设以及履行对所出资企业的股东职责等事项。

## 四、加强企业行权能力建设

指导推动国有企业进一步完善公司治理体系，强化基础管理，优化集团管控，确保各项授权放权接得住、行得稳。

（一）完善公司治理。按照建设中国特色现代国有企业制度的要求，把加强党的领导和完善公司治理统一起来，加快形成有效制衡的公司法人治理结构、灵活高效的市场化经营机制。建设规范高效的董事会，完善董事会运作机制，提升董事会履职能力，激发经理层活力。要在所出资企业积极推行经理层市场化选聘和契约化管理，明确聘期以及企业与经理层成员双方的权利与责任，强化刚性考核，建立退出机制。

（二）夯实管理基础。按照统一制度规范、统一工作体系的原则，加强国有资产基础管理。推进管理创新，优化总部职能和管理架构。深化企业内部三项制度改革，实现管理人员能上能下、员工能进能出、收入能增能减。不断强化风险防控体系和内控机制建设，完善内部监督体系，有效发挥企业职工代表大会和内部审计、巡视、纪检监察等部门的监督作用。

（三）优化集团管控。国有资本投资公司以对战略性核心业务控股为主，建立以战略目标和财务效益为主的管控模式，重点关注所出资企业执行公司战略和资本回报状况。国有资本运营公司以财务性持股为主，建立财务管控模式，重点关注国有资本流动和增值状况。其他商业类企业和公益类企业以对核心业务控股为主，建立战略管控和运营管控相结合的模式，重点关注所承担国家战略使命和保障任务的落实状况。

（四）提升资本运作能力。国有资本投资、运营公司作为国有资本市场化运作的专业平台，以资本为纽带、以产权为基础开展国有资本运作。在所出资企业积极发展混合所有制，鼓励有条件的企业上市，引进战略投资者，提高资本流动性，放大国有资本功能。增强股权运作、价值管理等能力，通过清理退出一批、重组整合一批、创新发展一批，实现国有资本形态转换，变现后投向更需要国有资本集中的行业和领域。

### 五、完善监督监管体系

通过健全制度、创新手段，整合监督资源，严格责任追究，实现对国有资本的全面有效监管，切实维护国有资产安全，坚决防止国有资产流失。

（一）搭建实时在线的国资监管平台。出资人代表机构要加快优化监管流程、创新监管手段，充分运用信息技术，整合包括产权、投资和财务等在内的信息系统，搭建连通出资人代表机构与企业的网络平台，实现监管信息系统全覆盖和实时在线监管。建立模块化、专业化的信息采集、分析和报告机制，加强信息共享，增强监管的针对性和及时性。

（二）统筹协同各类监督力量。加强国有企业内部监督、出资人监督和审计、纪检监察、巡视监督以及社会监督，结合中央企业纪检监察机构派驻改革的要求，依照有关规定清晰界定各类监督主体的监督职责，有效整合企业内外部监督资源，增强监督工作合力，形成监督工作闭环，加快建立全面覆盖、分工明确、协同配合、制约有力的国有资产监督体系，切实增强监督有效性。

（三）健全国有企业违规经营投资责任追究制度。明确企业作为维护国有资产安全、防止流失的责任主体，健全内部管理制度，严格执行国有企业违规经营投资责任追究制度。建立健全分级分层、有效衔接、上下贯通的责任追究工作体系，严格界定违规经营投资责任，严肃追究问责，实行重大决策终身责任追究制度。

### 六、坚持和加强党的全面领导

将坚持和加强党的全面领导贯穿改革的全过程和各方面，在思想上政治上行动上同党中央保持高度一致，为改革提供坚强有力的政治保证。

（一）加强对授权放权工作的领导。授权主体的党委（党组）要加强对授权放权工作的领导，深入研究授权放权相关问题，加强行权能力建设，加快完善有效监管体制，抓研究谋划、抓部署推动、抓督促落实，确保中央关于国有资本授权经营体制改革的决策部署落实到位。

（二）改进对企业党建工作的领导、指导和督导。上级党组织加强对国有企业党建工作的领导，出资人代表机构党组织负责国家出资企业党的建设。国家出资企业党组织要认真落实党中央、上级党组织、出资人代表机构党组织在党的领导、党的建设方面提出的工作要求。在改组组建国有资本投资、运营公司过程中，按照"四同步"、"四对接"的要求调整和设置党的组织、开展党的工作，确保企业始终在党的领导下开展工作。

（三）充分发挥企业党组织的领导作用。企业党委（党组）要切实发挥领导作用，把方向、管大局、保落实，依照有关规定讨论和决定企业重大事项，并作为董事会、经理层决策重大事项的前置程序。要妥善处理好各治理主体的关系，董事会、经理层等治理主体要自觉维护党组织权威，根据各自职能分工发挥作用，既要保证董事会对重大问题的决策权，又要保证党组织的意图在重大决策中得到体现。董事会、经理层中的党员要坚决贯彻落实党组织决定，向党组织报告落实情况。在推行经理层成员聘任制和契约化管理、探索职业经理人制度等改革过程中，要把坚持党管干部原则和发挥市场机制作用结合起来，保证党对干部人事工作的领导权和对重要干部的管理权，落实董事会、经理层的选人用人权。

## 七、周密组织科学实施

各地区、各部门、各出资人代表机构和广大国有企业要充分认识推进国有资本授权经营体制改革的重要意义，准确把握改革精神，各司其职、密切配合，按照精细严谨、稳妥推进的工作要求，坚持一企一策、因企施策，不搞批发式、不设时间表，对具备条件的，成熟一个推动一个，运行一个成功一个，不具备条件的不急于推进，确保改革规范有序进行，推动国有企业实现高质量发展。

（一）加强组织领导，明确职责分工。国务院国有企业改革领导小组负责统筹领导和协调推动国有资本授权经营体制改革工作，研究协调相关重大问题。出资人代表机构要落实授权放权的主体责任。国务院国有企业改革领导小组各成员单位及有关部门根据职责分工,加快研究制定配套政策措施,指导推动改革实践,形成合力共同推进改革工作。

(二)健全法律政策,完善保障机制。加快推动国有资本授权经营体制改革涉及的法律法规的立、改、废、释工作,制定出台配套政策法规,确保改革于法有据。建立健全容错纠错机制,全面落实"三个区分开来",充分调动和激发广大干部职工参与改革的积极性、主动性和创造性。

(三)强化跟踪督导,确保稳步推进。建立健全督查制度,加强跟踪督促,定期总结评估各项改革举措的执行情况和实施效果,及时研究解决改革中遇到的问题,确保改革目标如期实现。

(四)做好宣传引导,营造良好氛围。坚持鼓励探索、实践、创新的工作导向和舆论导向,采取多种方式解读宣传改革国有资本授权经营体制的方针政策,积极宣介推广改革典型案例和成功经验,营造有利于改革的良好环境。

各省(自治区、直辖市)人民政府要按照本方案要求,结合实际推进本地区国有资本授权经营体制改革工作。

金融、文化等国有企业的改革,按照中央有关规定执行。

# 关于印发《国务院国资委授权放权清单（2019年版）》的通知

（2019年6月3日　国资发改革〔2019〕52号）

各中央企业，各省、自治区、直辖市及计划单列市和新疆生产建设兵团国资委：

为深入贯彻党中央、国务院关于深化国资国企改革的决策部署，落实《国务院关于印发改革国有资本授权经营体制方案的通知》（国发〔2019〕9号）精神，加快实现从管企业向管资本转变，更好履行出资人职责，进一步加大授权放权力度，切实增强微观主体活力，国资委制定了《国务院国资委授权放权清单（2019年版）》（以下简称《清单》），现印发给你们，并将有关事项通知如下：

## 一、分类开展授权放权

《清单》结合企业的功能定位、治理能力、管理水平等企业改革发展实际，分别针对各中央企业、综合改革试点企业、国有资本投资、运营公司试点企业以及特定企业相应明确了授权放权事项。同时，集团公司要对所属企业同步开展授权放权，做到层层"松绑"，全面激发各层级企业活力。

## 二、加强行权能力建设

各中央企业要坚持中国特色现代国有企业制度，把加强党的领导和完善公司治理统一起来，加快形成有效制衡的公司法人治理结构、灵活高效的市场化经营机制。要夯实管理基础，优化集团管控，健全完善风险、内控和合规体系，确保各项授权放权接得住、行得稳。

### 三、完善监督管理体系

国务院国资委将加强事中事后监管,采取健全监管制度、统筹监督力量、严格责任追究、搭建实时在线的国资监管平台等方式,确保该放的放权到位、该管的管住管好,实现授权与监管相结合、放活与管好相统一。

### 四、建立动态调整机制

国务院国资委将加强跟踪督导,定期评估授权放权的执行情况和实施效果,采取扩大、调整或收回等措施动态调整授权放权事项。

请各中央企业结合实际抓好贯彻落实,工作中遇到的情况和问题及时报告国务院国资委。

各地国资委要按照国发〔2019〕9号文件要求,结合实际积极推进本地区国有资本授权经营体制改革,制定授权放权清单,赋予企业更多自主权,促进激发微观主体活力与管住管好国有资本有机结合。国务院国资委将加强指导督促,推动授权放权工作有序开展、全面落实。

国务院国资委

2019年6月3日

## 国务院国资委授权放权清单(2019年版)

### 一、对各中央企业的授权放权事项

1. 中央企业审批所属企业的混合所有制改革方案(主业处于关系国家安全、国民经济命脉的重要行业和关键领域,主要承担重大专项任务的子企业除外)。

2. 中央企业决定国有参股非上市企业与非国有控股上市公司的资产重组事项。

3. 授权中央企业决定集团及所属企业以非公开协议方式参与其他子企业的增资行为及相应的资产评估(主业处于关系国家安全、国民经济命脉的重要行业和关键领域，主要承担重大专项任务的子企业除外）。

4. 中央企业审批所持有非上市股份有限公司的国有股权管理方案和股权变动事项（主业处于关系国家安全、国民经济命脉的重要行业和关键领域，主要承担重大专项任务的子企业除外）。

5. 中央企业审批国有股东所持有上市公司股份在集团内部的无偿划转、非公开协议转让事项。

6. 中央企业审批国有参股股东所持有上市公司国有股权公开征集转让、发行可交换公司债券事项。

7. 中央企业审批未导致上市公司控股权转移的国有股东通过证券交易系统增持、协议受让、认购上市公司发行股票等事项。

8. 中央企业审批未触及证监会规定的重大资产重组标准的国有股东与所控股上市公司进行资产重组事项。

9. 中央企业审批国有股东通过证券交易系统转让一定比例或数量范围内所持有上市公司股份事项，同时应符合国有控股股东持股比例不低于合理持股比例的要求。

10. 中央企业审批未导致国有控股股东持股比例低于合理持股比例的公开征集转让、发行可交换公司债券及所控股上市公司发行证券事项。

11. 授权中央企业决定公司发行短期债券、中长期票据和所属企业发行各类债券等部分债券类融资事项。对于中央企业集团公司发行的中长期债券，国资委仅审批发债额度，在额度范围内的发债不再审批。

12. 支持中央企业所属企业按照市场化选聘、契约化管理、差异化薪酬、市场化退出的原则，采取公开遴选、竞聘上岗、公开招聘、委托推荐等市场化方式选聘职业经理人，合理增加市场化选聘比例，加快建立职业经理人制度。

13. 支持中央企业所属企业市场化选聘的职业经理人实行市场化薪酬分配制度，薪酬总水平由相应子企业的董事会根据国家相关政策，参考境内市场同类可比人员薪酬价位，统筹考虑企业发展战略、经营目标及成效、薪酬策略等因素，与职业经理人协商确定，可以采取多种方式探索完善中长期激励机制。

14. 对商业一类和部分符合条件的商业二类中央企业实行工资总额预算备案制管理。

15. 中央企业审批所属科技型子企业股权和分红激励方案，企业实施分红激励所需支出计入工资总额,但不受当年本单位工资总额限制、不纳入本单位工资总额基数,不作为企业职工教育经费、工会经费、社会保险费、补充养老及补充医疗保险费、住房公积金等的计提依据。

16. 中央企业集团年金总体方案报国资委事后备案,中央企业审批所属企业制定的具体年金实施方案。

17. 中央企业控股上市公司股权激励计划报国资委同意后,中央企业审批分期实施方案。

18. 支持中央企业在符合条件的所属企业开展多种形式的股权激励,股权激励的实际收益水平,不与员工个人薪酬总水平挂钩,不纳入本单位工资总额基数。

19. 中央企业决定与借款费用、股份支付、应付债券等会计事项相关的会计政策和会计估计变更。

20. 授权中央企业(负债水平高、财务风险较大的中央企业除外)合理确定公司担保规模,制定担保风险防范措施,决定集团内部担保事项,向集团外中央企业的担保事项不再报国资委备案。但不得向中央企业以外的其他企业进行担保。

21. 授权中央企业(负债水平高、财务风险较大的中央企业除外)根据《中央企业降杠杆减负债专项工作目标责任书》的管控目标,制定债务风险管理制度,合理安排长短期负债比重,强化对所属企业的资产负债约束,建立债务风险动态监测和预警机制。

## 二、对综合改革试点企业的授权放权事项(包括国有资本投资、运营公司试点企业、创建世界一流示范企业、东北地区中央企业综合改革试点企业、落实董事会职权试点企业等)

1. 授权董事会审批企业五年发展战略和规划,向国资委报告结果。中央企业按照国家规划周期、国民经济和社会发展五年规划建议,以及国有经济布局结构调整方向和中央企业中长期发展规划要求,组织编制本企业五年发展战略和规划,经董事会批准后实施。

2. 授权董事会按照《中央企业投资监督管理办法》(国资委令第34号)要求批准年度投资计划,报国资委备案。

3. 授权董事会决定在年度投资计划的投资规模内，将主业范围内的计划外新增投资项目与计划内主业投资项目进行适当调剂。相关投资项目应符合负面清单要求。

4. 授权董事会决定主业范围内的计划外新增股权投资项目，总投资规模变动超过10%的，应及时调整年度投资计划并向国资委报告。相关投资项目应符合负面清单要求。

### 三、对国有资本投资、运营公司试点企业的授权放权事项

1. 授权董事会按照企业发展战略和规划决策适度开展与主业紧密相关的商业模式创新业务，国资委对其视同主业投资管理。

2. 授权董事会在已批准的主业范围以外，根据落实国家战略需要、国有经济布局结构调整方向、中央企业中长期发展规划、企业五年发展战略和规划，研究提出拟培育发展的1~3个新业务领域，报国资委同意后，视同主业管理。待发展成熟后，可向国资委申请将其调整为主业。

3. 授权董事会在5%~15%的比例范围内提出年度非主业投资比例限额，报国资委同意后实施。

4. 授权国有资本投资、运营公司按照国有产权管理规定审批国有资本投资、运营公司之间的非上市企业产权无偿划转、非公开协议转让、非公开协议增资、产权置换等事项。

5. 授权董事会审批所属创业投资企业、创业投资管理企业等新产业、新业态、新商业模式类企业的核心团队持股和跟投事项，有关事项的开展情况按年度报国资委备案。

6. 授权中央企业探索更加灵活高效的工资总额管理方式。

### 四、对特定企业的授权放权事项

1. 对集团总部在香港地区、澳门地区的中央企业在本地区的投资，可视同境内投资进行管理。

2. 授权落实董事会职权试点中央企业董事会根据中央企业负责人薪酬管理有关制度，制定经理层成员薪酬管理办法，决定经理层成员薪酬分配。企业经理层成员薪酬管理办法和薪酬管理重大事项报国资委备案。

3. 授权落实董事会职权试点中央企业董事会对副职经理人员进行评价，评价结果按一定权重计入国资委对企业高管人员的评价中。

4. 授权行业周期性特征明显、经济效益年度间波动较大或者存在其他特殊情况的中央企业，工资总额预算可以探索按周期进行管理，周期最长不超过三年，周期内的工资总额增长应当符合工资与效益联动的要求。

# 关于印发《国务院国资委关于以管资本为主加快国有资产监管职能转变的实施意见》的通知

(2019年11月27日　国资发法规〔2019〕114号)

委内各厅局，各省、自治区、直辖市及计划单列市和新疆生产建设兵团国资委：

贯彻落实党的十九届四中全会关于形成以管资本为主的国有资产监管体制的决策部署，按照党中央、国务院关于深化国资国企改革的有关要求，根据巡视整改意见，为加快实现从管企业向管资本转变，不断提升国资监管的能力和水平，我们制定了《国务院国资委关于以管资本为主加快国有资产监管职能转变的实施意见》，现印发给你们，请认真贯彻落实。

国务院国资委<br>
2019年11月27日

## 国务院国资委关于以管资本为主加快国有资产监管职能转变的实施意见

党的十九届四中全会明确要求，形成以管资本为主的国有资产监管体制，这是以习近平同志为核心的党中央立足党和国家事业发展全局、对深化国资国企改革作出的重大决策，对于优化国有资本布局、发挥国有经济主导作用、促进国民经济持续健康发展具有十分重要的意义。贯彻落实习近平总书记关于加快实现从管企业向管资本转变的重要指示,推进国家治理体系和治理能力现代化,按照《中共中央　国务院关于深化国有企业改革的指导意见》等有关要求,现提出以下实施意见。

## 一、以管资本为主转变国有资产监管职能

适应国有资产资本化、国有企业股权多元化的发展阶段和市场化、法治化、国际化发展趋势,针对当前国有资产监管越位、缺位、错位问题,按照形成以管资本为主的国有资产监管体制的要求,从监管理念、监管重点、监管方式、监管导向等方面作出全方位、根本性转变。

(一)转变监管理念,从对企业的直接管理转向更加强调基于出资关系的监管。坚持政企分开、政资分开,进一步厘清职责边界,依法对国有资本投资、运营公司和其他直接监管的企业履行出资人职责,将应由企业自主经营决策的事项归位于企业,将延伸到子企业的管理事项原则上归位于一级企业,确保该管的科学管理、绝不缺位,不该管的依法放权、绝不越位。

(二)调整监管重点,从关注企业个体发展转向更加注重国有资本整体功能。立足国资监管工作全局,着眼于国有资本整体功能和效率,加强系统谋划、整体调控,在更大范围、更深层次、更广领域统筹配置国有资本,持续优化布局结构,促进国有资本合理流动、保值增值,推动国有经济不断发展壮大,更好服务国家战略目标。

(三)改进监管方式,从习惯于行政化管理转向更多运用市场化法治化手段。坚持权由法定、权依法使,严格依据法律法规规定的权限和程序行权履职。改变重审批、轻监督等带有行政化色彩的履职方式,更加注重以产权为基础、以资本为纽带,依靠公司章程,通过法人治理结构履行出资人职责,将监管要求转化为股东意志。

(四)优化监管导向,从关注规模速度转向更加注重提升质量效益。坚持质量第一、效益优先,按照高质量发展的要求,完善考核规则,更好引导企业加快转变发展方式,推动国有企业质量变革、效率变革、动力变革,不断增强国有经济竞争力、创新力、控制力、影响力、抗风险能力。

关于印发《国务院国资委关于以管资本为主加快国有资产监管职能转变的实施意见》的通知

## 二、突出管资本的重要内容

深刻领会管资本的实质内涵,聚焦优化国有资本配置,管好资本布局;聚焦增强国有企业活力,管好资本运作;聚焦提高国有资本回报,管好资本收益;聚焦防止国有资产流失,管好资本安全;聚焦加强党的领导,管好国有企业党的建设。

(五)加强资本布局整体调控,进一步发挥国有资本功能作用。统筹国有资本布局方向,服务国家重大战略、区域发展战略和产业政策规划,构建全国国有资本规划体系。着力优化资本配置,坚持出资人主导与市场化原则相结合,大力推进国有资本的战略性重组、专业化整合和前瞻性布局。通过强化战略规划和主业管理、制定投资负面清单、核定非主业投资控制比例等方式,引导企业聚焦主责主业。大力化解过剩产能,加快处置低效无效资产,有效盘活国有资本。

(六)强化资本运作,进一步提高国有资本运营效率。建立完善国有资本运作制度,加强国有资本运作统筹谋划,加快打造市场化专业平台。发挥国有资本投资公司功能作用,通过开展投资融资、产业培育和资本运作等,推动产业集聚、化解过剩产能和转型升级,培育核心竞争力和创新能力。优化国有资本运营,通过股权运作、基金投资、培育孵化、价值管理、有序进退等方式,实现国有资本合理流动和保值增值。加强产权登记、国有资产交易流转、资产评估、资产统计、清产核资等基础管理工作,确保资本运作依法合规、规范有序。

(七)优化资本收益管理,进一步促进国有资本保值增值。完善考核指标体系,对不同功能定位、不同行业领域、不同发展阶段的企业实行分类、差异化考核。充分发挥考核导向作用,突出质量第一效益优先、服务国家战略、创新驱动发展、供给侧结构性改革等重点,完善激励约束机制。优化国有资本经营预算的收益与支出管理,更多体现出资人调控要求,提高资本金注入占预算支出的比重,推动资本预算市场化运作。加强上市公司市值管理,提高股东回报。强化财务预决算管理和重大财务事项监管,实现资本收益预期可控和保值增值。

(八)维护国有资本安全,进一步筑牢防止国有资产流失的底线。健全覆盖国资监管全部业务领域的出资人监督制度,加强对所监管企业关键业务、改革重点领域和国有资本运营重要环节以及境外国有资产的监督。完善问责机制,加大违规经营投资责任追究力度,构建业务监督、综合监督、责任追究三位一体的监督工作闭环。强化监督协同,统筹出资人监督和纪检监察监督、巡视监督、审计监督以及社会监督力量,建立有效的监督协同联动和会商机制,切实防止国有资产流失。

(九)全面加强党的领导,进一步以高质量党建引领国有企业高质量发展。坚持"两个一以贯之",将加强党的领导与完善公司治理相统一,指导推动国有企业党委(党组)发挥领导作用,把方向、管大局、保落实。着力抓好党的建设,坚持管资本就要管党建,把党的建设融入管资本的全过程各方面,加强混合所有制企业党的组织建设,推进基层党组织全覆盖,不断增强基层党组织的组织力凝聚力战斗力。推动全面从严治党向纵深发展,加强国有企业党风廉政建设和反腐败工作,为国有企业改革发展营造风清气正的良好环境。

### 三、优化管资本的方式手段

坚持授权与监管相结合、放活与管好相统一,在明确管资本重点内容的基础上,同步调整优化监管方式,实现监管职能与方式相互融合、相互促进,增强向管资本转变的系统性和有效性。

(十)实行清单管理。依照《中华人民共和国公司法》《中华人民共和国企业国有资产法》等法律法规和国资委"三定"规定,建立完善权利和责任清单,落实以管资本为主的要求,明确履职重点,厘清职责边界。按照权责法定原则,将不该有的权利拦在清单之外;保证清单内的权利规范运行,督促责任落实到位。根据职能转变进展情况,对清单实施动态调整,规范权责事项履职内容和方式。

(十一)通过法人治理结构履职。依法制定或参与制定公司章程,推动各治理主体严格依照公司章程行权履职,充分发挥公司章程在公司治理中的基础作用。依据股权关系向国家出资企业委派董事或提名董事人选,规范董事的权利和责任,强化对外部董事的监督管理,督促履职尽责,加强沟通,健全工作联动机制,更好落实出资人意志。

（十二）分类授权放权。加大授权放权力度，结合企业功能界定与分类、治理能力、管理水平等改革发展实际，根据国有资本投资、运营公司和其他直接监管企业的不同特点，有针对性地开展授权放权，充分激发微观主体活力。定期评估授权放权事项的执行情况和实施效果，建立动态调整机制。

（十三）加强事中事后监管。切实减少审批事项，打造事前制度规范、事中跟踪监控、事后监督问责的完整工作链条。推进信息化与监管业务深度融合，统一信息工作平台，实现实时在线动态监管，提高监管的针对性和有效性。加大对国有资产监管制度执行情况的监督检查力度，不断健全监督制度，创新监督手段，严格责任追究。

## 四、强化管资本的支撑保障

围绕以管资本为主的目标任务，需要进一步统一思想认识、加强组织领导、健全监管制度、强化队伍建设，为形成以管资本为主的国有资产监管体制提供坚实保障。

（十四）统一思想认识，凝聚系统共识。牢牢把握国资监管机构职责定位，全面履行好中央企业出资人职责、国有资产监管职责和中央企业党的建设三方面职责，按照以管资本为主的要求，强化重点职能，调整履职方式。加强中央关于国资监管职能转变精神宣贯，突出做好对地方国资监管工作的指导监督，形成国资监管系统向管资本转变的合力，加快构建国资监管大格局、形成国资监管一盘棋。

（十五）加强组织领导，有效落实责任。立足党和国家工作全局谋划推进国资监管职能转变工作，将管资本的要求贯穿各个专业监管领域。全面查找当前履职中与管资本要求不符合、不适应的问题，主动作为，勇于担当，拿出务实管用的措施，确保改革要求落实到位。按照调整后内设机构职能，理顺运行机制，主动沟通衔接，避免工作交叉和监管空白，提高监管效能。

（十六）完善制度体系，强化法治保障。积极参与国资监管重点领域立法，推动将管资本有关要求体现到《中华人民共和国公司法》等有关法律法规修订中。及时开展文件清理，修改废止与中央精神不一致、与管资本要求不相符的国资监管规章规范性文件。完善规范性文件合法性审查机制，确保各项制度在基本方向和原则、履职重点和方式等方面符合以管资本为主的国有资产监管体制的要求。

（十七）改进工作作风，提升队伍素质。进一步提高政治站位，坚决做到对党忠诚，把加快自身改革、推进职能转变的实际行动作为检验干部增强"四个意识"、坚定"四个自信"、做到"两个维护"的重要标准。强化服务意识，加强调查研究，主动从企业角度考虑问题、推进工作，不断提高服务企业的质量和水平。加强国资监管业务知识学习，注重实践能力提升，建设一支适应管资本要求、具备管资本能力、忠诚干净担当的高素质专业化国资监管干部队伍。

# 八、加强和改进党对国有企业的领导

# 中组部负责人就《关于在深化国有企业改革中坚持党的领导加强党的建设的若干意见》有关问题答记者问

近日,中共中央办公厅印发了《关于在深化国有企业改革中坚持党的领导加强党的建设的若干意见》(以下简称《若干意见》)。对此,中央组织部负责人接受采访,就《若干意见》有关情况回答了记者提问。

**问:请您介绍一下为什么要制定《若干意见》?**

答:制定《若干意见》可以说是中央的要求、企业的期盼、现实的需要。中央全面深化改革领导小组在审议《若干意见》时强调,坚持党的领导是我国国有企业的独特优势。在协调推进"四个全面"战略布局的伟大进程中,必须毫不动摇坚持党对国有企业的领导,毫不动摇加强国有企业党的建设。我们党历来高度重视国有企业党的建设,先后作出一系列重大部署。各地区各有关部门和各国有企业按照中央精神,积极探索,大胆实践,初步走出一条具有时代特点、符合国有企业实际的党建工作新路子。当前,国有企业正处于全面深化改革的新的历史时期,越是在这样的时候,越要增强党的意识,越要高度重视国有企业党的建设,越要坚定不移加强党对国有企业的领导,制定《若干意见》目的也正在于此。

《若干意见》作为国有企业党建工作的重要指导性文件,是多年来的实践总结,是解决当前突出问题的有力举措,是新时期做好国有企业党建工作的基本遵循。它的印发实施,对于保证国有企业改革发展的社会主义方向,提升国有企业的制度优势和竞争优势,促进国有企业做强做优做大,具有十分重要的战略意义和现实意义。

**问：请您介绍一下制定《若干意见》有哪些主要考虑？主要内容有哪些？**

答：制定《若干意见》主要考虑是，按照"聚焦改革、突出重点、逐步完善"的总体思路，重点把握好三个方面：一是体现中央新精神新要求。深入贯彻党的十八大、十八届三中、四中全会和习近平总书记系列重要讲话精神，按照"四个全面"的战略布局，对新时期国有企业党建工作提出要求、作出部署。二是坚持问题导向。我们根据调研和巡视审计情况，系统梳理了当前国有企业党建工作存在的突出问题，并针对这些问题，研究提出明确要求和具体措施。三是注重指导性和操作性相结合。《若干意见》对一些有一定实践基础又比较成熟的做法进行了总结提炼，作出明确规定；对实践中正在探索、方向正确，但目前又难以作出具体规范的，提出原则性要求，力争使措施办法简便易行，在企业能够落地见效。

《若干意见》共8部分16条，主要内容包括：第一部分提出，必须坚持党的领导，在深化国有企业改革中加强党的建设；第二部分提出，坚持党管干部原则，建立适应现代企业制度要求和市场竞争需要的选人用人机制；第三部分提出，国有企业党组织要切实承担好、落实好从严管党治党责任；第四部分提出，把加强党的领导和完善公司治理统一起来，明确国有企业党组织在公司法人治理结构中的法定地位；第五部分提出，坚持从严管理国有企业领导人员；第六部分提出，适应国有资本授权经营体制改革需要，加强对国有资本投资、运营公司的领导；第七部分提出，积极推进混合所有制企业党建工作；第八部分提出，强化对国有企业党建工作的领导和指导。

**问：在《若干意见》中如何体现党管干部原则，如何建立适应现代企业制度要求和市场竞争需要的选人用人机制？**

答：坚持党管干部原则是实现党对国有企业领导的根本保证，任何时候不能动摇。《若干意见》回答了坚持党管干部原则与董事会、经营管理者依法行使用人权，与市场化选聘、建立职业经理人制度的关系问题。他们之间不是对立的关系，关键是要有机结合。《若干意见》提出，有序推进董事会选聘经理层成员工作，上级党组织及其组织部门、国有资产监管机构党委应当在董事会选聘经理层成员工作中发挥确定标准、规范程序、参与考察、推荐人选等作用。关于发挥市场机制作用方面,《若干意见》提出,进一步完善坚持党管干部原则与市场化选聘、建立职业经理人制度相结合的有效途径,扩大选人用人视野,合理增加市场化选聘比例。同时,为避免职业经理人队伍固化和标签化,进一步激发企业内部经营管理者队伍活力,《若干意见》提出,实行内部培养和外部引进相结合,推进职业经理人队伍建设。

**问:《若干意见》对国有企业党组织落实从严管党治党责任提出了哪些要求?**

答:当前,全面从严治党任务十分艰巨,在国有企业显得尤为紧迫。《若干意见》提出,国有企业党组(党委)要坚持从严治党、思想建党、制度治党,增强管党治党意识,落实管党治党责任,聚精会神抓好党建工作,做到守土有责、守土负责、守土尽责。党组(党委)书记要树立抓好党建是本职、不抓党建是失职、抓不好党建是不称职的责任意识,切实履行党建工作第一责任人职责;党组(党委)领导班子其他成员要切实履行"一岗双责",结合业务分工抓好党建工作;纪检组组长(纪委书记)要坚持原则,主动作为,强化监督,执纪必严。同时,为进一步加强国有企业党建工作的领导力量,确保有人心无旁骛抓企业党建、全部精力抓企业党建,《若干意见》提出,中央企业党组(党委)书记同时担任企业其他主要领导职务的,应当设立1名专职抓企业党建工作的党组(党委)副书记。

国有企业党组(党委)要切实履行好党风廉政建设主体责任,纪检组(纪委)履行好监督责任。《若干意见》明确要求,国有企业党组(党委)要定期研究党建工作特别是党风廉政建设工作,定期向上级党组织和纪检监察机关报告责任落实情况。对违反党的政治纪律和政治规矩、组织纪律,"四风"问题突出、发生顶风违纪问题,出现区域性、系统性腐败案件的国有企业,既追究主体责任、监督责任,又严肃追究领导人员责任。

**问:在现代企业制度下,如何把握党组织在公司法人治理结构中的定位?**

答:建立中国特色现代国有企业制度,是国有企业的改革方向,是现代企业制度的重大理论创新和实践创新,其核心就在于党组织是公司法人治理结构的重要组成部分,就在于充分发挥党建工作与公司治理两个优势。据此,《若干意见》强调，把加强党的领导和完善公司治理统一起来，明确国有企业党组织在公司法人治理结构中的法定地位。明确要求各国有企业应当在章程中明确党建工作总体要求，将党组织的机构设置、职责分工、工作任务纳入企业的管理体制、管理制度、工作规范，明确党组织在企业决策、执行、监督各环节的权责和工作方式以及与其他治理主体的关系，使党组织成为公司法人治理结构的有机组成部分，使党组织发挥领导核心作用和政治核心作用组织化、制度化、具体化。

**问：《若干意见》对从严管理国有企业领导人员提出了哪些要求？**

答：针对当前对国有企业领导人员管理失之于宽、失之于软的问题，《若干意见》从教育、管理、监督三个方面明确提出了从严管理企业领导人员的具体内容、措施和要求。比如，教育方面，《若干意见》明确要求，加强党性教育和道德教育、法治教育、警示教育，引导企业领导人员自觉按照党对党员领导干部的要求严格要求自己。管理方面，《若干意见》提出，加大企业领导人员交流力度，董事长（未设立董事会企业的总经理）在同一职位任职超过3个任期，同时还能任满1个任期以上的，一般应当进行交流。监督方面，《若干意见》提出，强化对权力集中、资金密集、资源富集、资产聚集的部门和岗位的监管，特别是加强对主要领导履职行权的监督约束。严厉查处利益输送、侵吞挥霍国有资产、腐化堕落等违纪违法问题。

**问：党的十八届三中全会提出，组建若干国有资本运营公司，支持有条件的国有企业改组为国有资本投资公司。对于这两类公司的管理，《若干意见》有什么考虑？**

答：改组组建国有资本投资、运营公司，是完善国有资产管理体系、改革国有资本授权经营体制的重要探索，在这项工作中必须坚持党的领导、加强党的建设。《若干意见》提出，对因改革国有资本授权经营体制而新成立的国有资本投资、运营公司，属于国务院授权的，根据《中国共产党章程》《中国共产党党组工作条例（试行）》规定，应当设立党组，党组成员通过法定程序进入董事会、监事会、经理层。上级党组织及其组织部门、国有资产监管机构党委要加强对国有资本投资、运营公司领导人员的管理。

中组部负责人就《关于在深化国有企业改革中坚持党的领导加强党的建设的若干意见》有关问题答记者问

**问**：党的十八届三中全会提出，积极发展混合所有制经济。当前，很多国有企业也在积极探索推进混合所有制改革。对于混合所有制企业党建工作，《若干意见》提出了哪些具体要求？

答：发展混合所有制经济对国有企业党建工作提出了新要求、新任务，需要从制度层面对一些重点难点问题予以规范。《若干意见》提出，把建立党的组织、开展党的工作，作为国有企业推进混合所有制改革的必要前提。同时，根据国有资本比例、控制力等情况，分类确定了不同类型混合所有制企业党组织的职责定位。国有资本绝对控股、相对控股或者具有实际控制力的混合所有制企业，党组织发挥政治核心作用；其他混合所有制企业，比照非公有制企业开展党建工作，党组织在职工群众中发挥政治核心作用，在企业发展中发挥政治引领作用。

# 附录

# 一、"科改示范企业名单"

(截至 2021 年 5 月 15 日  来源:国务院国资委网站)

**中国核工业集团有限公司**
1. 中核武汉核电运行技术股份有限公司
2. 中核第七设计研究院有限公司

**中国航天科技集团有限公司**
3. 中国东方红卫星股份有限公司
4. 西安航天发动机有限公司

**中国航天科工集团有限公司**
5. 贵州航天电器股份有限公司
6. 航天信息股份有限公司

**中国航空工业集团有限公司**
7. 江西洪都航空工业集团有限责任公司
8. 成都凯天电子股份有限公司

**中国船舶集团有限公司**
9. 中船重工信息科技有限公司
10. 海丰通航科技有限公司

**中国兵器工业集团有限公司**
11. 北方夜视技术股份有限公司
12. 云南北方奥雷德光电科技股份有限公司

**中国兵器装备集团有限公司**

13. 成都光明光电股份有限公司
14. 湖南云箭集团有限公司

**中国电子科技集团有限公司**

15. 中电海康集团有限公司
16. 中电科软件信息服务有限公司

**中国航空发动机集团有限公司**

17. 北京航空材料研究院有限公司
18. 青岛云路先进材料技术股份有限公司

**中国石油天然气集团有限公司**

19. 中国石油天然气管道工程有限公司
20. 北京石油机械有限公司

**中国石油化工集团有限公司**

21. 德州大陆架石油工程技术有限公司
22. 中国石化催化剂有限公司

**中国海洋石油集团有限公司**

23. 中海油天津化工研究设计院有限公司
24. 中海油常州涂料化工研究院有限公司

**国家电网有限公司**

25. 中国电力科学研究院有限公司
26. 南瑞联研半导体有限责任公司

**中国南方电网有限责任公司**

27. 南方电网数字电网研究院有限公司
28. 广东电科院能源技术有限责任公司

**中国华能集团有限公司**

29. 西安热工研究院有限公司

# 一、"科改示范企业名单"

**中国华电集团有限公司**

30. 国电南京自动化股份有限公司

**中国大唐集团有限公司**

31. 中国大唐集团科学技术研究院有限公司

**国家电力投资集团有限公司**

32. 国家电投集团氢能科技发展有限公司
33. 中能融合智慧科技有限公司

**中国长江三峡集团有限公司**

34. 三峡科技有限责任公司

**国家能源投资集团有限责任公司**

35. 国能信控互联技术有限公司
36. 国能（山东）能源环境有限公司

**中国电信集团有限公司**

37. 中国电信集团系统集成有限责任公司

**中国联合网络通信集团有限公司**

38. 联通大数据有限公司
39. 联通在线信息科技有限公司

**中国移动通信集团有限公司**

40. 中移物联网有限公司
41. 中移（苏州）软件技术有限公司

**中国电子信息产业集团有限公司**

42. 天津飞腾信息技术有限公司
43. 麒麟软件有限公司

**东风汽车集团有限公司**

44. 深圳联友科技有限公司

45. 南斗六星系统集成有限公司

**中国一重集团有限公司**

46. 天津重型装备工程研究有限公司

**中国机械工业集团有限公司**

47. 洛阳轴研科技股份有限公司
48. 中国重型机械研究院股份公司

**哈尔滨电气集团有限公司**

49. 哈电发电设备国家工程研究中心有限公司

**中国东方电气集团有限公司**

50. 东方电气（武汉）核设备有限公司

**鞍钢集团有限公司**

51. 成都先进金属材料产业技术研究院有限公司

**中国宝武钢铁集团有限公司**

52. 上海欧冶金融信息服务股份有限公司
53. 上海宝信软件股份有限公司
54. 山西太钢不锈钢精密带钢有限公司

**中国铝业集团有限公司**

55. 中铝郑州有色金属研究院有限公司
56. 长沙有色冶金设计研究院有限公司

**中国远洋海运集团有限公司**

57. 上海船舶运输科学研究所

**中国航空集团有限公司**

58. 成都富凯飞机工程服务有限公司

**中国东方航空集团有限公司**

59. 东航技术应用研发中心有限公司

# 一、"科改示范企业名单"

**中国南方航空集团有限公司**

60. 珠海翔翼航空技术有限公司

**中国中化集团有限公司**

61. 中化环境控股有限公司
62. 沈阳化工研究院有限公司

**中粮集团有限公司**

63. 国贸食品科技（北京）有限公司

**中国五矿集团有限公司**

64. 长沙矿冶研究院有限责任公司
65. 中冶京诚工程技术有限公司

**中国通用技术（集团）控股有限责任公司**

66. 中国汽车工程研究院股份有限公司
67. 中仪英斯泰克进出口有限公司

**中国建筑集团有限公司**

68. 中建科工集团有限公司
69. 中建科技有限公司

**中国储备粮管理集团有限公司**

70. 中储粮成都储藏研究院有限公司

**国家开发投资集团有限公司**

71. 中国电子工程设计院有限公司
72. 国投新疆罗布泊钾盐有限责任公司

**招商局集团有限公司**

73. 运易通科技有限公司

**华润（集团）有限公司**

74. 华润三九医药股份有限公司

75. 华润生物医药（深圳）有限公司

## 中国商用飞机有限责任公司
76. 商飞软件有限公司

## 中国节能环保集团有限公司
77. 中节能万润股份有限公司
78. 中节能环保装备股份有限公司

## 中国诚通控股集团有限公司
79. 广东冠豪高新技术股份有限公司

## 中国中煤能源集团有限公司
80. 中煤天津设计工程有限责任公司

## 中国煤炭科工集团有限公司
81. 中煤科工集团重庆研究院有限公司
82. 中煤科工集团上海有限公司

## 机械科学研究总院集团有限公司
83. 北京机科国创轻量化科学研究院有限公司
84. 机科发展科技股份有限公司

## 中国中钢集团有限公司
85. 中钢天源股份有限公司
86. 中钢集团鞍山热能研究院有限公司

## 中国钢研科技集团有限公司
87. 钢研纳克检测技术股份有限公司
88. 安泰环境工程技术有限公司

## 中国化工集团有限公司
89. 昊华化工科技集团股份有限公司
90. 中蓝晨光化工研究设计院有限公司

# 一、"科改示范企业名单"

**中国化学工程集团有限公司**
91. 中国天辰工程有限公司

**中国盐业集团有限公司**
92. 中盐金坛盐化有限责任公司
93. 中盐工程技术研究院有限公司

**中国建材集团有限公司**
94. 凯盛科技集团有限公司
95. 哈尔滨玻璃钢研究院有限公司
96. 北京玻钢院复合材料有限公司

**中国有色矿业集团有限公司**
97. 中色（宁夏）东方集团有限公司

**有研科技集团有限公司**
98. 有研工程技术研究院有限公司

**北京矿冶科技集团有限公司**
99. 北矿科技股份有限公司
100. 北京当升材料科技股份有限公司

**中国国际技术智力合作有限公司**
101. 中智关爱通（上海）科技股份有限公司

**中国建筑科学研究院有限公司**
102. 建科环能（北京）科技有限公司
103. 建研防火科技有限公司

**中国中车集团有限公司**
104. 中车长江运输设备集团有限公司
105. 中车唐山机车车辆有限公司

**中国铁路通信信号集团有限公司**

106. 卡斯柯信号有限公司

107. 通号城市轨道交通技术有限公司

**中国铁路工程集团有限公司**

108. 中铁大桥勘测设计院集团有限公司

109. 中铁工程装备集团有限公司

**中国铁道建筑集团有限公司**

110. 中铁上海设计院集团有限公司

**中国交通建设集团有限公司**

111. 中咨数据有限公司

112. 中交武汉港湾工程设计研究院有限公司

**中国普天信息产业集团有限公司**

113. 普天信息技术有限公司

**中国信息通信科技集团有限公司**

114. 数据通信科学技术研究所（兴唐通信科技有限公司）

115. 大唐联诚信息系统技术有限公司

**中国林业集团有限公司**

116. 中国林木种子有限公司

**中国医药集团有限公司**

117. 上海益诺思生物技术股份有限公司

**中国保利集团有限公司**

118. 中国食品发酵工业研究院有限公司

119. 中国日用化学工业研究院有限公司

**中国建设科技有限公司**

120. 中国市政工程华北设计研究总院有限公司

121. 国住人居工程顾问有限公司

**中国冶金地质总局**

122. 黑旋风锯业股份有限公司

**中国煤炭地质总局**

123. 明达海洋工程有限公司

124. 北京益而康生物工程有限公司

**新兴际华集团有限公司**

125. 新兴际华科技发展有限公司

126. 际华三五一四制革制鞋有限公司

**中国民航信息集团有限公司**

127. 广州民航信息技术有限公司

128. 青岛民航凯亚系统集成有限公司

**中国航空油料集团有限公司**

129. 上海承飞航空特种设备有限公司

**中国航空器材集团有限公司**

130. 中航材导航技术（北京）有限公司

**中国电力建设集团有限公司**

131. 中国电建集团贵阳勘测设计研究院有限公司

132. 中国水利水电第十一工程局有限公司

**中国能源建设集团有限公司**

133. 北京洛斯达科技发展有限公司

134. 中国电力工程顾问集团东北电力设计院有限公司

**中国黄金集团有限公司**

135. 中国黄金集团建设有限公司

136. 长春黄金设计院有限公司

**中国广核集团有限公司**

137. 深圳中广核工程设计有限公司

138. 北京广利核系统工程有限公司

**中国华录集团有限公司**

139. 华录光存储研究院（大连）有限公司

**中国西电集团有限公司**

140. 西安高压电器研究院有限责任公司

141. 西安西电避雷器有限责任公司

**中国铁路物资集团有限公司**

142. 新疆国统管道股份有限公司

143. 中铁物总资源科技有限公司

**北京市**

144. 北京燕东微电子有限公司

145. 北京云星宇交通科技股份有限公司

**天津市**

146. 天津七一二通信广播股份有限公司

**河北省**

147. 河钢数字技术股份有限公司

148. 华北制药集团新药研究开发有限责任公司

**山西省**

149. 山西阳煤化工机械（集团）有限公司

150. 太原重工轨道交通设备有限公司

**内蒙古自治区**

151. 包头稀土研究院

152. 内蒙古电力勘测设计院有限责任公司

## 辽宁省

153. 辽宁省城乡建设规划设计院有限责任公司
154. 辽宁艾特斯智能交通技术有限公司

## 吉林省

155. 吉林省健维天然生物科技有限公司
156. 长春东煤高技术股份有限公司

## 黑龙江省

157. 黑龙江省农投云产业有限公司
158. 黑龙江省交投千方科技有限公司

## 上海市

159. 上海和辉光电有限公司
160. 上海集成电路研发中心有限公司

## 江苏省

161. 江苏通行宝智慧交通科技股份有限公司
162. 南京工艺装备制造有限公司

## 浙江省

163. 浙江天地环保科技有限公司
164. 浙江省机电设计研究院有限公司

## 安徽省

165. 安徽皖维高新材料股份有限公司
166. 安徽星瑞齿轮传动有限公司

## 福建省

167. 福建星网锐捷通讯股份有限公司
168. 厦门金龙联合汽车工业有限公司

## 江西省

169. 江西江铜碳纳米材料有限公司

170. 江西华赣瑞林稀贵金属科技有限公司

## 山东省

171. 浪潮集团有限公司
172. 潍柴动力股份有限公司

## 河南省

173. 麦斯克电子材料有限公司
174. 洛阳LYC轴承有限公司

## 湖北省

175. 湖北省楚天云有限公司
176. 湖北交投智能检测股份有限公司

## 湖南省

177. 湖南湘投金天科技集团有限责任公司
178. 湖南省冶金材料研究院有限公司

## 广东省

179. 广东省建筑科学研究院集团股份有限公司
180. 中山凯旋真空科技股份有限公司

## 广西壮族自治区

181. 柳州欧维姆机械股份有限公司
182. 广西路桥工程集团有限公司

## 海南省

183. 海南农垦林产集团股份有限公司
184. 海南金垦赛博信息科技有限公司

## 重庆市

185. 重庆市化工研究院
186. 重庆旅游云信息科技有限公司

# 一、"科改示范企业名单"

## 四川省
187. 成都宏明电子股份有限公司
188. 四川爱联科技有限公司

## 贵州省
189. 贵州黔通智联科技产业发展有限公司

## 云南省
190. 云南南天电子信息产业股份有限公司
191. 云南钛业股份有限公司

## 陕西省
192. 陕西烽火电子股份有限公司
193. 西安立芯光电科技有限公司

## 甘肃省
194. 甘肃祁牧乳业有限责任公司
195. 甘肃省化工研究院有限责任公司

## 青海省
196. 西部矿业集团科技发展有限公司
197. 青海西部镁业有限公司

## 宁夏回族自治区
198. 宁夏丝路风情网络科技股份有限公司
199. 宁夏数据科技股份有限公司

## 新疆维吾尔自治区
200. 新疆雪峰科技（集团）股份有限公司

## 新疆生产建设兵团
201. 天康生物股份有限公司
202. 新疆天润乳业股份有限公司

### 宁波市
203. 宁波种业股份有限公司

### 厦门市
204. 厦门路桥信息股份有限公司
205. 厦门科技产业化集团有限公司

### 青岛市
206. 尼欧迪克（青岛）除尘设备有限公司
207. 青岛澳西智能科技有限公司

### 深圳市
208. 深圳市能源环保有限公司
209. 深圳市建筑科学研究院股份有限公司

# 二、"双百企业"名单

(截至 2021 年 5 月 15 日　来源：国务院国资委网站)

**中国核工业集团有限公司**
1. 中核矿业科技集团有限公司
2. 中核控制系统工程有限公司
3. 中国核工业华兴建设有限公司
4. 中国核工业二三建设有限公司

**中国航天科技集团有限公司**
5. 北京神舟航天软件技术有限公司
6. 上海航天设备制造总厂有限公司
7. 航天时代电子技术股份有限公司
8. 中国四维测绘技术有限公司

**中国航天科工集团有限公司**
9. 湖南航天有限责任公司
10. 航天云网科技发展有限责任公司
11. 航天科工空间工程发展有限公司
12. 海鹰航空通用装备有限责任公司
13. 航天科工火箭技术有限公司

**中国航空工业集团有限公司**
14. 中航通用飞机有限责任公司
15. 中国航空技术国际控股有限公司
16. 中航机载系统有限公司

### 中国船舶集团有限公司

17. 中国船舶（香港）航运租赁有限公司
18. 九江精达检测技术有限公司
19. 重庆前卫科技集团有限公司
20. 中船重工（邯郸）派瑞特种气体有限公司
21. 山西汾西重工有限责任公司

### 中国兵器工业集团有限公司

22. 武汉重型机床集团有限公司
23. 内蒙古北方重工业集团有限公司

### 中国兵器装备集团有限公司

24. 万友汽车投资有限公司
25. 四川华川工业有限公司
26. 华中药业股份有限公司

### 中国电子科技集团有限公司

27. 中国电子科技网络信息安全有限公司
28. 中电力神有限公司
29. 中电科电子装备集团有限公司

### 中国航空发动机集团有限公司

30. 中国航发商用发动机有限责任公司

### 中国石油天然气集团有限公司

31. 中国石油天然气股份有限公司吐哈油田分公司
32. 中国石油集团渤海石油装备制造有限公司
33. 昆仑能源有限公司
34. 中国石油天然气股份有限公司润滑油分公司

### 中国石油化工集团有限公司

35. 中国石化润滑油有限公司
36. 中石化石油机械股份有限公司

37. 中石化易捷销售有限公司
38. 中国石油化工股份有限公司镇海炼化分公司

**中国海洋石油集团有限公司**

39. 中海油田服务股份有限公司
40. 中海油安全技术服务有限公司

**国家电网有限公司**

41. 南瑞集团有限公司
42. 国网电动汽车服务有限公司
43. 国网江苏综合能源服务有限公司
44. 国网电子商务有限公司(国网雄安金融科技集团)
45. 平高集团有限公司
46. 浙江省送变电工程有限公司
47. 国中康健集团有限公司

**中国南方电网有限责任公司**

48. 深圳供电局有限公司
49. 南方电网综合能源有限公司
50. 广东电网能源发展有限公司
51. 南方电网科学研究院有限公司
52. 广州穗能通综合能源有限责任公司

**中国华能集团有限公司**

53. 华能新能源股份有限公司
54. 山东新能泰山发电股份有限公司
55. 华能资本服务有限公司
56. 四川华能能源销售有限公司

**中国大唐集团有限公司**

57. 大唐京津冀能源开发有限公司
58. 大唐环境产业集团股份有限公司

### 中国华电集团有限公司

59. 华电江苏能源有限公司

60. 华电重工股份有限公司

### 国家电力投资集团有限公司

61. 上海电力股份有限公司

62. 国家电投集团内蒙古能源有限公司

63. 中国电力国际发展有限公司

### 中国长江三峡集团有限公司

64. 中国长江电力股份有限公司

65. 三峡资本控股有限责任公司

66. 中国水利电力对外有限公司

### 国家能源投资集团有限责任公司

67. 神华包神铁路集团有限责任公司

68. 北京国电龙源环保工程有限公司

69. 国电联合动力技术有限公司

### 中国电信集团有限公司

70. 中国通信服务股份有限公司

71. 天翼电子商务有限公司

### 中国联合网络通信集团有限公司

72. 联通智网科技有限公司

73. 中国联合网络通信有限公司云南省分公司

### 中国移动通信集团有限公司

74. 咪咕文化科技有限公司

75. 中国移动通信集团终端有限公司

76. 中移在线服务有限公司

## 二、"双百企业"名单

**中国电子信息产业集团有限公司**
77. 中国长城科技集团股份有限公司
78. 华大半导体有限公司
79. 中国电子系统技术有限公司

**中国第一汽车集团有限公司**
80. 一汽吉林汽车有限公司
81. 一汽模具制造有限公司
82. 长春一汽富维汽车零部件股份有限公司

**东风汽车集团有限公司**
83. 东风畅行（武汉）科技股份有限公司
84. 东风锻造有限公司
85. 东风鸿泰控股集团有限公司

**中国一重集团有限公司**
86. 一重集团大连工程技术有限公司
87. 一重集团大连核电石化有限公司

**中国机械工业集团有限公司**
88. 中工国际工程股份有限公司
89. 中国联合工程有限公司
90. 中国恒天集团有限公司
91. 中国中元国际工程有限公司

**哈尔滨电气集团有限公司**
92. 哈尔滨汽轮机厂有限责任公司
93. 哈电集团哈尔滨电站阀门有限公司

**中国东方电气集团有限公司**
94. 东方电气集团东方锅炉股份有限公司
95. 东方电气风电有限公司

**鞍钢集团有限公司**

96. 鞍钢集团矿业有限公司

97. 成都积微物联集团股份有限公司

98. 鞍钢集团工程技术有限公司

**中国宝武钢铁集团有限公司**

99. 宝山钢铁股份有限公司

100. 武钢集团有限公司

101. 宝武特种冶金有限公司

102. 宝钢金属有限公司

103. 上海宝钢包装股份有限公司

104. 飞马智科信息技术股份有限公司

105. 太原钢铁(集团)有限公司

**中国铝业集团有限公司**

106. 西南铝业(集团)有限责任公司

107. 中铝华中铜业有限公司

**中国远洋海运集团有限公司**

108. 中远海运集装箱运输有限公司

109. 宁波中远海运物流有限公司

**中国航空集团有限公司**

110. 中国国际货运航空有限公司

**中国东方航空集团有限公司**

111. 东方航空物流有限公司

112. 中国联合航空有限公司

**中国南方航空集团有限公司**

113. 南航货运物流公司

114. 南航通用航空有限公司

**中国中化集团有限公司**

115. 中化能源股份有限公司

116. 中化国际（控股）股份有限公司

**中粮集团有限公司**

117. 中粮酒业投资有限公司

118. 大悦城控股集团股份有限公司

**中国五矿集团有限公司**

119. 中钨高新材料股份有限公司

120. 中冶赛迪集团有限公司

121. 五矿发展股份有限公司

122. 中国有色工程有限公司

123. 中国十七冶集团有限公司

124. 中冶南方工程技术有限公司

**中国通用技术（集团）控股有限责任公司**

125. 中国纺织科学研究院有限公司

126. 沈阳机床（集团）有限责任公司

**中国建筑集团有限公司**

127. 中建水务环保有限公司

128. 中建一局集团第二建筑有限公司

**中国储备粮管理集团有限公司**

129. 中国储备棉管理有限公司

130. 中央储备粮顺义直属库有限公司

131. 中央储备粮榆树直属库有限公司

**国家开发投资集团有限公司**

132. 中国国投高新产业投资有限公司

133. 国投生物科技投资有限公司

**招商局集团有限公司**

134. 招商局重庆交通科研设计院有限公司

135. 招商路凯国际控股有限公司

136. 招商证券股份有限公司

**华润（集团）有限公司**

137. 华润微电子控股有限公司

138. 华润化学材料科技股份有限公司

**中国旅游集团公司[香港中旅（集团）有限公司]**

139. 中国旅游旅行服务有限公司

**中国商用飞机有限责任公司**

140. 上海航空工业（集团）有限公司

141. 上海翔运国际货运有限公司

**中国节能环保集团有限公司**

142. 中国新时代控股集团有限公司

143. 中国环境保护集团有限公司

144. 中节能建筑节能有限公司

**中国国际工程咨询有限公司**

145. 中咨工程管理咨询有限公司

146. 中咨海外咨询有限公司

**中国诚通控股集团有限公司**

147. 中储发展股份有限公司

148. 岳阳林纸股份有限公司

149. 中特物流有限公司

**中国中煤能源集团有限公司**

150. 中国煤矿机械装备有限责任公司

151. 中煤西安设计工程有限责任公司

**中国煤炭科工集团有限公司**

152. 中煤科工集团西安研究院有限公司

153. 中煤科工集团重庆设计研究院有限公司

**机械科学研究总院集团有限公司**

154. 中机寰宇认证检验有限公司

155. 北自所（北京）科技发展有限公司

156. 沈阳铸造研究所有限公司

**中国中钢集团有限公司**

157. 中钢国际工程技术股份有限公司

158. 中钢集团马鞍山矿山研究总院股份有限公司

159. 中钢集团邢台机械轧辊有限公司

160. 中钢洛耐科技股份有限公司

**中国钢研科技集团有限公司**

161. 北京钢研高纳科技股份有限公司

162. 安泰科技股份有限公司

**中国化工集团有限公司**

163. 南通星辰合成材料有限公司

164. 沈阳化工股份有限公司

165. 江苏淮河化工有限公司

**中国化学工程集团有限公司**

166. 中国化学工程重型机械化有限公司

167. 中国化学工程第九建设有限公司

168. 化学工业岩土工程有限公司

**中国盐业集团有限公司**

169. 中盐股份有限公司

170. 中盐内蒙古化工股份有限公司

**中国建材集团有限公司**

171. 北新集团建材股份有限公司

172. 中材高新材料股份有限公司

173. 中国中材国际工程股份有限公司

174. 合肥水泥研究设计院有限公司

175. 赛马物联科技（宁夏）有限公司

**中国有色矿业集团有限公司**

176. 大冶有色金属集团控股有限公司

177. 中国有色集团沈阳矿业投资有限公司

178. 中国有色桂林矿产地质研究院有限公司

179. 中国有色集团（广西）平桂飞碟股份有限公司

180. 中国有色金属建设股份有限公司

**有研科技集团有限公司**

181. 国合通用测试评价认证股份公司

182. 有研粉末新材料（北京）有限公司

**北京矿冶科技集团有限公司**

183. 北矿检测技术有限公司

184. 北京北矿亿博科技有限责任公司

185. 北矿新材科技有限公司

**中国国际技术智力合作有限公司**

186. 中智上海经济技术合作公司

187. 中智人力资源管理咨询有限公司

**中国建筑科学研究院有限公司**

188. 北京建筑机械化研究院有限公司

**中国中车集团有限公司**

189. 中车株洲电机有限公司

190. 中车齐车集团有限公司

191. 中车长春轨道客车股份有限公司
192. 中车株洲电力机车研究所有限公司
193. 中车株洲电力机车有限公司
194. 中车大连机车车辆有限公司
195. 中车青岛四方机车车辆股份有限公司

**中国铁路通信信号集团有限公司**

196. 北京全路通信信号研究设计院集团有限公司
197. 通号智慧城市研究设计院有限公司

**中国铁路工程集团有限公司**

198. 中铁九局集团有限公司
199. 中铁二院工程集团有限责任公司
200. 中铁国际集团有限公司

**中国铁道建筑有限公司**

201. 中铁二十三局集团有限公司
202. 中铁第四勘察设计院集团有限公司
203. 中铁第五勘察设计院集团有限公司

**中国交通建设集团有限公司**

204. 中交房地产集团有限公司
205. 中交疏浚（集团）股份有限公司
206. 中国交通信息中心有限公司
207. 上海振华重工（集团）股份有限公司
208. 中交水运规划设计院有限公司
209. 中交一公局集团有限公司

**中国普天信息产业集团有限公司**

210. 南京南方电讯有限公司
211. 北京首信科技股份有限公司

**中国信息通信科技集团有限公司**

212. 电信科学技术第十研究所有限公司

213. 电信科学技术第一研究所有限公司

214. 辰芯科技有限公司

215. 电信科学技术第五研究所有限公司

**中国农业发展集团有限公司**

216. 中牧实业股份有限公司

217. 中国牧工商集团有限公司

218. 中农发种业集团股份有限公司

**中国林业集团有限公司**

219. 绥芬河国林木业城投资有限公司

220. 杭州千岛湖发展集团有限公司

**中国医药集团有限公司**

221. 中国医药投资有限公司

222. 中国医药集团联合工程有限公司

**中国保利集团有限公司**

223. 保利国际控股有限公司

224. 保利文化集团股份有限公司

225. 中国工艺集团有限公司

226. 中国中丝集团有限公司

227. 保利发展控股集团股份有限公司

**中国建设科技有限公司**

228. 北京国标建筑科技有限责任公司

229. 都市高科（北京）环境科技有限公司

**中国冶金地质总局**

230. 正元地理信息有限责任公司

231. 三川德青科技有限公司

## 二、"双百企业"名单

**中国煤炭地质总局**
232. 江苏中煤长江地质勘查集团有限公司
233. 中煤航测遥感集团有限公司

**新兴际华集团有限公司**
234. 南京际华三五二一环保科技有限公司
235. 新兴铸管股份有限公司

**中国民航信息集团有限公司**
236. 中国航空结算有限责任公司
237. 天信达信息技术有限公司

**中国航空油料集团有限公司**
238. 中国航油集团石油有限公司
239. 重庆市泽胜船务（集团）有限公司

**中国航空器材集团有限公司**
240. 中国民航技术装备有限责任公司
241. 昆明利顿人通信息服务有限公司

**中国电力建设集团有限公司**
242. 中国水利水电第十四工程局有限公司
243. 中国电建集团中南勘测设计研究院有限公司
244. 中电建建筑集团有限公司
245. 中国电建集团贵州工程有限公司
246. 中国电建集团市政规划设计研究院有限公司

**中国能源建设集团有限公司**
247. 中国能源建设集团湖南省电力设计院有限公司
248. 中国能源建设集团安徽电力建设第二工程有限公司

**中国黄金集团有限公司**
249. 中国黄金集团黄金珠宝股份有限公司

250. 西藏华泰龙矿业开发有限公司

**中国广核集团有限公司**

251. 中广核核电运营有限公司
252. 中广核研究院有限公司
253. 中广核核技术发展股份有限公司
254. 中广核节能产业发展有限公司
255. 中国广核新能源控股有限公司

**中国华录集团有限公司**

256. 北京易华录信息技术股份有限公司
257. 北方华录文化科技（北京）有限公司
258. 北京华录新媒信息技术有限公司

**华侨城集团有限公司**

259. 深圳华侨城文化旅游科技股份有限公司
260. 深圳市易平方网络科技有限公司

**南光（集团）有限公司 [ 中国南光集团有限公司 ]**

261. 南光国际会议展览有限公司

**中国西电集团有限公司**

262. 西安西电电力系统有限公司
263. 西安西电开关电气有限公司

**中国铁路物资集团有限公司**

264. 中铁物轨道科技服务集团有限公司
265. 武汉中铁伊通物流有限公司

**中国国新控股有限责任公司**

266. 中国国新基金管理有限公司
267. 国新资本有限公司
268. 中国文化产业发展集团有限公司

## 中国铁塔股份有限公司

269. 铁塔能源有限公司

## 北京市

270. 首钢集团有限公司
271. 北京能源集团有限责任公司
272. 唐山冀东水泥股份有限公司
273. 北京外企人力资源服务有限公司
274. 北方华创科技集团股份有限公司

## 天津市

275. 天津光电集团有限公司
276. 天津津融资产管理有限公司
277. 天津中新药业集团股份有限公司
278. 天津液压机械(集团)有限公司
279. 天津泰达建设集团有限公司
280. 天纺标检测认证股份有限公司
281. 滨海投资有限公司

## 河北省

282. 河北省资产管理有限公司
283. 唐山钢铁集团有限责任公司
284. 河北建投国融能源服务有限公司
285. 河北国控资本管理有限公司
286. 秦皇岛港股份有限公司
287. 财达证券股份有限公司

## 山西省

288. 山西杏花村汾酒集团有限责任公司
289. 山西焦煤集团有限责任公司
290. 华阳新材料科技集团有限公司
291. 格盟国际能源有限公司

292. 晋能清洁能源有限公司

293. 太重集团向明智能装备股份有限公司

### 内蒙古自治区

294. 内蒙古交通投资（集团）有限责任公司

295. 内蒙古电力集团综合能源有限责任公司

296. 内蒙古能源发电投资集团有限公司

297. 包头钢铁（集团）有限责任公司

### 辽宁省

298. 辽宁省交通规划设计院有限责任公司

299. 凌源钢铁集团有限责任公司

### 吉林省

300. 中国吉林森林工业集团有限责任公司

301. 吉林省农牧科技有限公司

302. 长春市热力（集团）有限责任公司

303. 吉林化纤集团有限责任公司

### 黑龙江省

304. 黑龙江辰能新能源开发股份有限公司

305. 龙建路桥股份有限公司

306. 黑龙江中盟龙新化工有限公司

### 上海市

307. 上海电气环保集团

308. 上海制皂（集团）有限公司

309. 上汽安吉物流股份有限公司

310. 云赛智联股份有限公司

311. 东方国际创业股份有限公司

312. 老凤祥股份有限公司

313. 上海医药集团股份有限公司

314. 上海海立（集团）股份有限公司

315. 上海燃气有限公司

## 江苏省

316. 江苏省国信资产管理集团有限公司

317. 华泰证券股份有限公司

318. 江苏省盐业集团有限责任公司

319. 南京金陵饭店集团有限公司

320. 南京旅游集团有限责任公司

321. 徐工集团工程机械有限公司

## 浙江省

322. 浙江省浙商资产管理有限公司

323. 浙江富春紫光环保股份有限公司

324. 浙江高速信息工程技术有限公司

325. 杭州热联集团股份有限公司

326. 杭州热电集团股份有限公司

## 安徽省

327. 安徽铜冠铜箔有限公司

328. 国元农业保险股份有限公司

329. 安徽华塑股份有限公司

330. 安徽皖垦种业股份有限公司

331. 安徽长城军工股份有限公司

## 福建省

332. 福建省国有资产管理有限公司

333. 厦门新立基股份有限公司

334. 福建龙溪轴承（集团）股份有限公司

335. 福建福日电子股份有限公司

336. 福人木业（福州）有限公司

337. 厦门钨业股份有限公司

338. 厦门国际港务股份有限公司

## 江西省

339. 江西铜业集团有限公司

340. 新余钢铁集团有限公司

341. 江西省绿色产业集团有限公司

342. 江西省天然气(赣投气通)控股有限公司

343. 中鼎国际建设集团有限责任公司

344. 江铃汽车集团公司

345. 江西钨业股份有限公司

## 山东省

346. 山东黄金集团有限公司

347. 鲁信创业投资集团股份有限公司

348. 万华化学集团股份有限公司

349. 兖州煤业股份有限公司

350. 山东国惠投资有限公司

351. 济南二机床集团有限公司

## 河南省

352. 郑州煤矿机械集团股份有限公司

353. 开封平煤新型炭材料科技有限公司

354. 三门峡戴卡轮毂制造有限公司

355. 河南省中原石油天然气集团有限公司

356. 安阳钢铁集团有限责任公司

357. 河南投资集团有限公司

358. 中原环保股份有限公司

## 湖北省

359. 湖北省铁路建设投资集团有限责任公司

360. 中南建筑设计院股份有限公司

361. 湖北机场集团航空物流有限公司

362. 湖北广盐蓝天盐化有限公司
363. 武汉建工集团股份有限公司

## 湖南省

364. 湖南建工集团有限公司
365. 湖南省交通水利建设集团有限公司
366. 湖南湘电动力有限公司
367. 湖南新天地保安服务有限公司
368. 湖南省建筑设计院有限公司

## 广东省

369. 广东省产权交易集团有限公司
370. 广东粤海控股集团有限公司
371. 广东广业清怡食品科技有限公司
372. 广东华隧建设集团股份有限公司
373. 广州无线电集团有限公司
374. 广州汽车集团股份有限公司
375. 广东省机场管理集团翼通商务航空服务有限公司
376. 广州医药集团有限公司
377. 广州越秀集团股份有限公司
378. 珠海华发集团有限公司
379. 中国航发湖南南方宇航工业有限公司

## 广西壮族自治区

380. 广西柳工集团有限公司
381. 广西荣桂物流集团有限公司
382. 北部湾港股份有限公司
383. 广西广投医药健康产业集团有限公司

## 海南省

384. 海南省建设集团有限公司
385. 海南海汽运输集团股份有限公司

386. 海南天然橡胶产业集团股份有限公司

387. 海南海控能源股份有限公司

**重庆市**

388. 重庆农村商业银行股份有限公司

389. 重庆渝富控股集团有限公司

390. 重庆商社（集团）有限公司

391. 重庆医药健康产业有限公司

392. 重庆三峰环境产业集团有限公司

393. 重庆对外经贸（集团）有限公司

394. 重庆交通运输控股（集团）有限公司

395. 重庆国际投资咨询集团有限公司

**四川省**

396. 四川省商业投资集团有限责任公司

397. 四川航空集团有限责任公司

398. 华西牙科有限责任公司

399. 四川交投实业有限公司

400. 成都产业投资集团有限公司

401. 四川九洲卫星导航投资发展有限公司

402. 成都市新筑路桥机械股份有限公司

**贵州省**

403. 贵州盘江煤电集团有限责任公司

404. 贵州中建伟业建设（集团）有限责任公司

405. 贵州金州电力有限责任公司

406. 贵州轮胎股份有限公司

**云南省**

407. 云南省贵金属新材料控股集团有限公司

408. 云南云天化股份有限公司

409. 云南锡业集团（控股）有限责任公司

410. 云南省能源投资集团有限公司
411. 云南省设计院集团
412. 云南天朗节能环保集团有限公司

**西藏自治区**

413. 西藏甘露藏药股份公司

**陕西省**

414. 陕西能源投资股份有限公司
415. 陕西钢铁集团有限公司
416. 陕西北元化工集团股份有限公司
417. 陕西延长中煤榆林能源化工有限公司
418. 陕西三秦环保科技股份有限公司
419. 陕西建工集团股份有限公司
420. 陕西燃气集团新能源发展有限公司
421. 陕西汽车控股集团有限公司
422. 陕西法士特汽车传动集团有限责任公司
423. 陕西旅游集团有限公司

**甘肃省**

424. 金川集团股份有限公司
425. 西北永新集团有限公司
426. 甘肃省公路交通建设集团有限公司
427. 兰州中川国际机场有限公司
428. 甘肃省国有资产投资集团有限公司
429. 甘肃工程咨询集团有限公司

**青海省**

430. 青海三江原牧农业股份有限公司
431. 西宁国家低碳产业基金投资管理有限公司

## 宁夏回族自治区

432. 宁夏水务投资集团有限公司

433. 宁夏建设投资集团有限公司

434. 银川通联资本投资运营有限公司

## 新疆维吾尔自治区

435. 西部黄金股份有限公司

436. 新疆交通建设集团股份有限公司

437. 新疆美克化工股份有限公司

438. 新疆蓝山屯河化工股份有限公司

## 新疆生产建设兵团

439. 新疆生产建设兵团石油有限公司

440. 新疆通用航空有限责任公司

441. 新疆冠农果茸集团股份有限公司

442. 新疆生产建设兵团建设工程(集团)有限责任公司

## 大连市

443. 大连市建设投资集团有限公司

444. 瓦房店轴承集团有限责任公司

445. 三寰集团有限公司

## 宁波市

446. 宁波国际投资咨询有限公司

447. 宁波市交通建设工程试验检测中心有限公司

## 厦门市

448. 厦门国贸控股集团有限公司

449. 厦门象屿集团有限公司

450. 厦门厦工机械股份有限公司

## 青岛市

451. 双星集团有限责任公司

452. 青岛啤酒集团有限公司
453. 青岛海湾集团有限公司
454. 青岛水务集团环境能源有限公司

## 深圳市

455. 深圳市投资控股有限公司
456. 深圳市粮食集团有限公司
457. 深圳国际控股有限公司
458. 深圳市特发集团有限公司
459. 深圳市资本运营集团有限公司